• 수강생 후기 •

30년이나 영어를 배워왔지만 저는 늘 영어에 발목이 잡혔습니다. 그러던 제 인생이 '딱영어'를 만난 후 180도 달라졌습니다. '딱영어'는 그 어떤 방법보다 빠르게 말문을 트게 해주는 최고의 솔루션이었습니다. '딱영어'를 시작하고부터 외국인과의 대화가 은근히 기다려지기도 했습니다. 얼마나 큰 변화인가요! '딱영어'는 똑같이 반복되는 제 일상에 활력을 주는 신선한 도전이었습니다. '딱영어'를 시작한 게 올해 한 결정 중 가장 잘한 일입니다. 영어, 잘해보고 싶지만 새로운 도전이 두려워 주저하고 있는 모든 분께 '지금은 다시 돌아오지 않으니 당장 시작하라'고 과감히 추천하고 싶습니다.

- 딱플 78기 / 변정혜 / 소아과 의사

'딱영어'를 하기 전에 문법은 어느 정도 알고 있었지만 문장을 만들지는 못했습니다. 하물며 영어로 외국인과 대화하는 건 상상도 할 수 없었지요. 그런데 수업을 듣고 나서부터는 영어로 말하는 데 겁이 없어지고, 외국인을 만나도 자연스럽게 대화를 나눌 수 있었습니다. 수업 중에 제게 가장 도움이 된 건 '엔젤과 함께하는 마투마'였습니다. 혼자 영어를 공부할 땐 지치기도 하고 쉽게 포기하기도 했는데, 다른 사람과 함께하니 동기부여도 되고 서로 문제점을 고쳐주기도 하며 실력을 키울 수 있었습니다. 신기하게도 나중에는 나도 모르는 사이 대답이 영어로 막 튀어나오더라고요!

- 딱플 79기 / 장유정 / 한국토지주택공사 양궁 선수

'영어를 입에 붙이기 위한 모든 노하우가 집약되어 있는 곳!' 저는 '딱영어'를 한마디로 이렇게 표현하고 싶습니다. 무심코 하던 사소한 습관부터 라이프 스타일까지, 일주일 내내 제 자신을 컨트롤하며 단점을 보완할 수 있었습니다. 훌륭한 선생님과 좋은 사람들을 만난 덕분에 제 삶의 가능성이 더욱 확장되었습니다. 앞으로 영어를 활용하며 삶을 꾸려가는 데 '딱영어'는 정말 중요한 계기가 되어주었습니다.

- 딱플 81기 / 김도연 / PD, 콘텐츠민주주의 대표

'딱영어'를 할 땐 멤버들끼리 끈끈하게 뭉쳐서 공부하니까 강제성이 부여되어 더 좋았습니다. 작문을 할 기회가 많지 않았는데 첨삭까지 받아볼 수 있으니 문장 만드는 실력이 느는 게 눈에 보였습니다. 특히 '마투마'는 영어의 기초를 다시 쌓는 데 큰 도움이 되었습니다. 너무 오랜만에 영어 공부를 시작해 걱정도 많이 했는데 모두 기우였습니다. '딱영어'를 통해 영어 실력은 물론이고 좋은 사람들까지 덤으로 얻었습니다!

- 딱플 81기 / 김나은 / 프리랜서 아나운서

'딱영어' 안 했으면 정말 큰일 날 뻔했다! 지금에 와서 돌이켜보면 이런 생각이 듭니다. '딱영어'를 시작한 후로는 외국인 앞에서 굳이 어렵고 고급스러운 어휘를 쓰느라 진땀을 흘리는 '무의미한 일'을 더 이상 하지 않게 되었습니다. 쉽고 명료하게 내가 하고 싶은 말을 거침없이 다 할 수 있는 기적을 경험했습니다. 막힘없이 영어로 말하는 삶이 제게도 찾아왔습니다.

- 딱플 84기 / 강재훈 / 코오롱베니트

'평생 영어 공부를 해왔는데 나는 왜 외국인만 만나면 꿀 먹은 벙어리가 될까?' '이것저것 많이 시도해봤는데 끝까지 한 건 하나도 없고, 왜 더 잘하려고 할수록 의지가 약해지고 자책만 늘어갈까?' 한 번이라도 이런 고민을 해

보셨다면 속는 셈치고 이 책이 시키는 대로 한번 따라 해보길 추천합니다. 대단한 비법은 없습니다. 다만 당신의 영어 실력이 늘 때까지 당신을 가만두지 않을 것입니다. 며칠 하다 포기하는 영어 공부가 아닙니다. 휴대폰을 보듯 너무나 일상적으로 매일 영어로 말하는 나를 발견하게 될 것입니다.

- 딱플 82기 / 김봉자 / 메트라이프생명

40대 후반의 나이에 영어 공부를 시작하려고 하니 어디서부터 어떻게 접근해야 할지 막막함이 밀려왔습니다. 영어 강의부터 영어 세미나, 영어 토론 등 닥치는 대로 이것저것 해봤지만 별 효과가 없었습니다. 아무리 해도 말이 튀어나오지 않았거든요. 영어로 자유롭게 말하려면 기초부터 탄탄히 다지고, 간단한 말부터 직접 입에서 튀어나올 수 있을 정도로 맹훈련을 해야 한다고 생각했습니다. 그리고 마침내 제게 꼭 맞는 영어 프로그램을 찾을 수 있었습니다. '딱영어'는 딱 3개월 만에 절대로 열리지 않을 것 같던 제 영어 말문을 시원하게 열어주었습니다!

- 딱플 79기 / 심유란 / ㈜스마트바이오팜 대표

3개월만 몰입하면 일상생활과 비즈니스에 필요한 모든 영어 구문이 입에 착 달라붙습니다. '딱영어'가 끝난 지금, 저는 외국인 앞에서 제 생각을 20분간 이야기할 수 있습니다. 바쁜 비즈니스맨들에게 꼭 필요한 만큼의 영어, '딱영어'를 추천합니다! 쾌속선처럼 가장 빠르게 당신이 바라는 목표에 데려다줄 것입니다.

- 딱플 58기 / 송정선 / 딜로이트안진회계법인

'딱영어'를 시작하고 저는 네 가지 효과를 얻었습니다. 첫째, 저는 매일 영어로 말하는 습관을 얻었습니다. 둘째, 저는 이제 제가 아는 영어만으로 제 생각을 표현할 수 있습니다. 셋째, 영어에 대한 기준이 낮아지고 자신감을 장착했습니다. 넷째, 같은 목표를 가진 좋은 사람들을 만났습니다. 저는 이제 영어가 두렵지 않습니다. 부족한 실력일 수밖에 없다는 걸 받아들이고 나니 한결 마음이 편해졌고 틀린 문장이라도 툭툭 뱉어보며 자신감을 얻었습니다.

- 딱플 88기 / Chorong 님

영어는 '말 따로, 듣기 따로, 문법 따로'가 아닙니다. 3개월 과정으로 진행하는 '딱영어' 프로그램은 지금껏 조금씩 쌓아왔던, 하지만 여기저기 흩어져 있었던 제 영어 공부의 흔적들을 하나로 딱 모아주었습니다. 동시다발적으로 여러 실력들이 한꺼번에 폭발적으로 성장했습니다. 여전히 말하기 어려운 문장도 있지만, '딱영어'를 마친 뒤에는 예전보다 훨씬 더 쉽게 영어를 내 것으로 흡수할 수 있게 되었습니다.

- 딱플 82기 / Lucy 님

'딱영어'에선 영어가 안 늘 수가 없습니다. 매일 영어로 이야기해야 하니까요. '영어 체화'라는 게 어떤 의미인지 비로소 몸으로 이해하게 되었습니다. 사실 처음에는 '이게 과연 될까?' 싶기도 했습니다. 하지만 어느새 2초 만에 영어가 자동으로 툭툭 튀어나오는 제 자신을 발견할 수 있었습니다!

- 박남진 / 컨설팅지원연구소 책임연구원

딱 이만큼
영어회화

시간 없는 직장인도 3개월 만에
외국인과 20분간 대화가 되는

딱
이만큼
영어 회화

김영익 지음

달<u>북</u>

들어가는 글

직장에 다니고 있나요?

직장에서 혹은 여행지에서 영어 때문에 어려움을 겪은 적이 있나요?

그래서 영어 공부에 도전했다가 결국 흐지부지돼버렸나요?

그렇다면 이 책은 바로 당신을 위한 책입니다.

안녕하세요! 딱이만큼 영어연구소 김영익 소장입니다. 정말 많은 사람이 영어를 잘하고 싶어 합니다. 특히 대한민국의 거의 모든 직장인이 원대한 포부를 갖고 매년 영어 공부에 도전합니다. 아마 이 책을 읽는 여러분도 '올해 꼭 해야 할 일 리스트'에 '영어 공부'를 써넣어본 적이 있을 것입니다. 하지만 대부분이 '외국인과 대화가 가능한 단계'까지 올라서지 못하고 또다시 포기해버리고 맙니다. 이런 과정을 매년 반복하는 사람이 너무도 많습니다.

저는 '왜 대한민국 직장인들의 영어 공부는 매번 실패할까?'라는 의문을 갖고 수많은 직장인과 만나며 그 답을 찾아나갔습니다. 왜 그렇게 많은 사람이 영어 공부에 있어서만큼은 제자리걸음을 하고 있는 걸까요? 각종 인터넷 사이트와 SNS에 '영어 잘하는 방법'이 넘쳐나는 이 시대에 왜 영어 실력만큼은 그대로일까요?

저는 이 책을 통해 그러한 물음에, 그리고 여러분의 영어 공부에 명쾌한 해답을 드리고 싶었습니다. 저 역시 "아임 파인. 땡큐, 앤쥬?"밖에 말하지 못하는 실력으로 무작정 영어에 뛰어들었던 사람이기에, 영어를 정말 잘하고 싶은데 잘 안 되는 그 마음을 누구보다도 강하게 느껴봤기에, 여러분께 제 노하우를 아낌없이 전해드리고 싶었습니다. 여러분은 부디 제가 겪은 시행착오를 겪지 않길 바라며 이 책에 제가 터득한 '영어 잘하는 법'을 모두 담아냈습니다.

이 책에는 간단한 말조차 알아듣지 못해 어려움을 겪던 제가 무역인으로 성장해 전 세계를 누비기까지의 경험, 그리고 지난 5년간 약 2000명에 달하는 졸업생을 배출한 '3149 직장인 3개월 영어 프리토킹 프로젝트'에서 얻은 노하우가 모두 담겨 있습니다. 더불어 1만여 명에 달하는 직장인을 만나며 얻은 제 굳센 신조가 녹아 있습니다. 영어 공부에서 중요시해야 할 것은 영어 그 자체가 아니라 '영어를 필요로 하는 직장인'이라는 것입니다.

지금껏 여러분이 영어 공부에 실패했던 이유는 바로 여기에 있습니다. 영어를 잘하는 방법에만 집착했지, 직장인으로서 현실적으로 도달할 수 있는 수준이 어디인지, 얼마 동안 공부해야 할지에 대해서는 생각하지 않았기 때문입니다. 그래서 저는 직장인이 단기간에 도달할 수 있는 수준, 그를 토대로 목표를 정하는 법, 3개월이면 외국인과 일대일로 대화할 수 있게 되는 공부법, 그리고 3개월 후 '영어로 대화하는 삶'을 만드는 법까지, 무수히 많은 시행착오를 겪으며 깨달은 직장인의 영어 공부 노하우와 실천 방법을 이 책에 담았습니다.

이 책은 단순히 어떻게 하라고 알려주는 책이 아닙니다. 여러분과 제가 함께 써나가고 실천하는 책입니다. 그래서 무엇보다도 여러분의 열정과 노력이 꼭 필요합니다. 어떤 노하우와 방법론이 담겨 있든, 이를 실천해서 결과로 만들어내야 하는 사람은 바로 여러분이니까요. 이 책에서 말하는 방법대로 실천해보세요. 3개월 동안 충실히 내용을 따르고, 그 후에는 제가 알려주는 방법대로 계속 영어를 사용할 수 있는 환경을 만들어보세요. 이대로 실천한다면 당신은 3개월 뒤 외국인과 일대일로 20분 이상 대화할 수 있습니다. 내 이야기를 막힘없이 영어로 할 수 있습니다. 10분 이상 영어로 프레젠테이션을 할 수 있습니다.

더 이상 해외 출장이 두렵지 않습니다.

외국인과의 미팅에서 하고 싶은 말을 자신 있게 할 수 있습니다.

어느덧 영어는 공부해야 할 과제가 아니라 유용한 소통의 도구가 될 것입니다.

여러분도 영어로 살아가는 삶의 즐거움을 만끽하게 될 것입니다.

이 책이 여러분의 '영어 인생'을 완전히 뒤바꿔놓을 것입니다.

지금은 꿈같은 이야기처럼 들릴 것입니다. 간단한 대화조차 하지 못해 허둥대는 내가 어떻게 3개월 만에 외국인과 미팅을 할지 엄두가 나지 않을 테지요. 하지만 저는 지난 5년간 그런 모습을 수없이 봐왔습니다. 외국인이 말을 걸까 봐 도망치기 바빴던 사람들도 단 3개월 만에 자신 있게 외국인과 대화를 나누게 되었습니다.

저는 사람들이 영어를 잘했으면 좋겠습니다.

먼저 이 책을 읽는 당신부터,

그리고 온 국민이 '딱 이만큼' 영어 하는 그날까지

부디 포기하지 않기를, 지치지 않기를.

당신의 영어 여정에 건승을 빕니다. 그리고 그 여정에 끝까지 제가 함께하겠습니다.

김영익

딱이만큼 영어 회화
3개월간의 목표

목표

직장에서 만난 외국인과 일대일로

20분 이상 대화할 수 있다.

미션

---

1 직장인이 반드시 익혀야 할 500문장을 더듬거리지 않고 말한다.

2 한 시간 분량의 '내 이야기'를 영어로 막힘없이 말한다.

3 10분 이상 영어로 거침없이 프레젠테이션을 한다.

4 영어를 일주일에 두 시간 이상 사용할 수 있는 환경을 만든다.

차 례

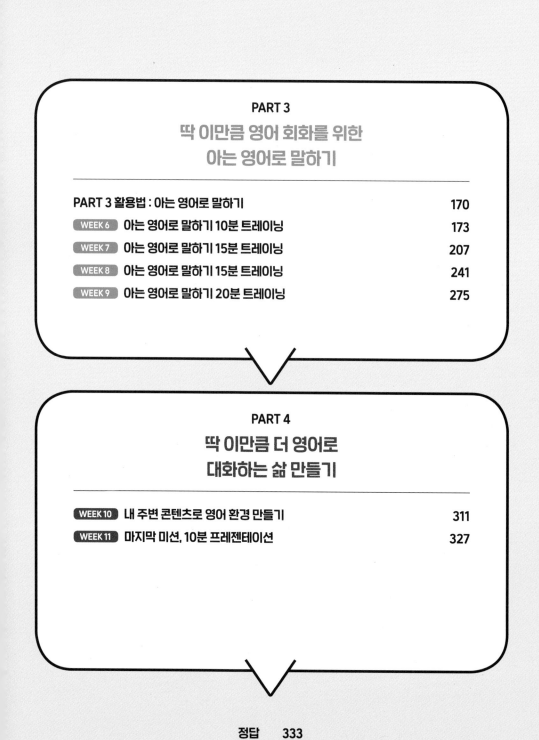

PART 3

딱 이만큼 영어 회화를 위한
아는 영어로 말하기

PART 4

딱 이만큼 더 영어로
대화하는 삶 만들기

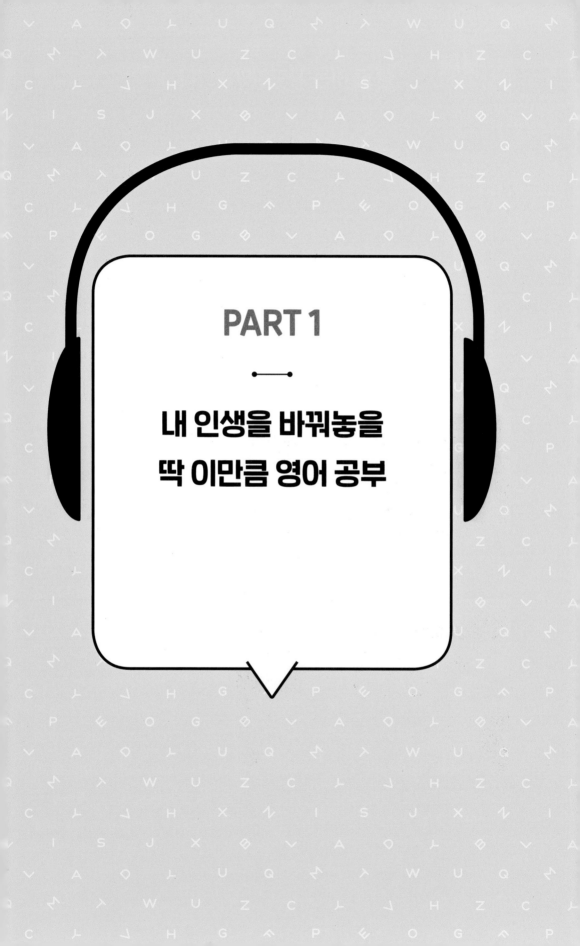

PART 1

내 인생을 바꿔놓을
딱 이만큼 영어 공부

첫째, | 저는 고작 "아임 파인"만 할 줄 아는 사람이었습니다

안녕하세요. '딱이만큼 영어연구소' 김영익 소장입니다. 제 직업에는 한 번도 '영어'가 빠진 적이 없습니다. 딱이만큼 영어연구소를 열기 전에는 해외 영업 담당자로 일하며 소위 '007 가방'을 들고 전 세계를 누볐습니다. 새로운 곳에 내려 거래처를 개척하고 또 그들과 협상하는 일을 10년 가까이 해왔지요. 이런 이력을 가진 제게 흔히들 갖는 선입견이 있습니다. 교포 출신이거나, 해외에서 공부해 영어를 이중 언어bilingual로 써왔던 것이 아니냐고요. **하지만 저는 오로지 한국의 교과 과정으로만 영어를 배웠고, 놀랍게도 워킹홀리데이로 갔던 호주에서는 "아임 파인. 땡큐, 앤쥬?" 정도밖에 할 줄 몰라 딸기 농장 이외의 일자리는 차마 꿈도 꾸지 못했던 사람이었습니다.**

준비 없는 워킹홀리데이는 지옥이 될 거라는 충고를 사뿐히 지르밟고 단돈 200만 원과 전자사전만 손에 든 채 호주행 비행기에 몸을 실었습니다.

20대, 아무것도 몰랐던 그 시절의 저는 여행도 하고, 영어도 배우고, 돈까지 벌어 세 마리 토끼를 잡겠다는 막연한 생각으로 워킹홀리데이를 떠났

마침내 중견기업에 입사해 서류 가방을 들고 유럽, 인도, 중국 등 세계를 누비며 해외 영업사원으로 일했습니다. 어지간히 영어 잘한다는 소리를 듣곤 했지요.

습니다. 외국인 친구도 사귀고 돈까지 벌 수 있다니! 호주에 도착하기 전까지는 마냥 즐겁고 기대될 뿐이었지요. 그런데 도착해서 정신없이 현지 생활에 적응하다가 눈을 떠보니 저는 어느새 끝도 없이 펼쳐진 딸기 농장에서 하루 종일 말 한마디 없이 기계 처럼 딸기만 따고 있었습니다. 하루의 절반 이상을 농장에서 보냈고, 새벽에 출근해 일이 끝나면 곧장 숙소로 돌아와 정신없이 잠드는 생활이 반복되었습니다. 일하면서 동료들과 한두 마디 담소를 나눌 수는 있지 않았느냐고요? 그건 매일의 '딸기 할당 량'을 채워야 하는 노동자들에게 꿈도 꿀 수 없는 일이었습니다. 영어 실력이 늘 리 없었지요. 자신의 말을 잘 알아듣지 못하는 외국인 동료에게 딸기 농장 주인은 차디

찼습니다. **매섭게 소리치는 농장 주인을 바라보며 '내가 더러워서라도 영어 꼭 잘하고 야 만다!' 하고 맘속으로 이를 갈았습니다.**

그렇게 영어에 한이 맺힌 나머지, 한국에 돌아와서는 무언가에 홀린 사람처럼 영어 공부에 집착했습니다. 영어에 관련된 책들을 300권도 넘게 들춰보고, 숱한 영어 학원과 스터디 모임, 캠프에 참여했지요. 신기하게도 영어 실력이 늘수록 기회의 문이 조금씩 열리기 시작했습니다. 한국무역협회 청년 무역인으로 선발되어서 네덜란드에서 인턴으로 주재 근무를 했고, 마침내 꿈에 그리던 무역인이 되어 세계 곳곳을 누비게 된 것입니다.

그리고 저는 옛날의 제가 느꼈던 것과
똑같은 막막함, 답답함을 통감하고 있는 직장인들에게
영어를 가르치며 그들이 영어로 기회의 문을 활짝 열 수 있도록
온 힘을 다해 돕고 있습니다.
고작 "아임 파인"밖에 말하지 못해
농장 주인에게 눈총을 받던 젊은이가 말입니다.

딱이만큼 영어 회화는
수많은 김 과장을 위해 탄생했습니다

지금도 활발히 경제 활동을 하고 있는 30대, 40대 직장인들은 아마 4년제 대학을 나와 나름대로 순탄하게 직장 생활을 이어왔을 것입니다. 대인 관계도 원만하고 일도 잘했기에 지금의 그 자리까지 순조롭게 올라올 수 있었겠지요. 그러나 요즘 들어 이런 김 과장들에게 자꾸 '영어'라는 위기가 닥쳐옵니다. 갑자기 해외 지사와 함께해야 하는 장기 프로젝트가 주어지거나, 외국인 바이어와 수 시간의 미팅을 해야 하는 일이 닥치거나, 심지어 김 과장의 팀으로 외국인 동료가 들어오는 일도 왕왕 생깁니다.

영어로 된 어려운 글은 거뜬히 읽어내면서도 외국인과 함께하는 회의에서는 제대로 의견 한번 내기 어려워하는 사람이 많습니다. 그럴수록 점점 위축되고, 외국인들은 영어가 서투른 김 과장과의 협업에 난색을 표하곤 합니다. 곰곰이 생각해보면 이 모습이 너무 의아하지 않나요? 중·고등학교와 대학교만 합쳐도 10년, 게다가 취업

딱이만큼 영어연구소는 현재 약 2000명의 졸업생을 배출하며 지금도 영어의 고통에서 벗어나고 싶어 하는 많은 직장인을 돕고 있습니다.

준비를 하고 회사에 다니면서도 각종 학원과 온라인 강좌, 독학으로 영어를 공부한 것만 해도 족히 5~6년은 될 테니까요.

저 역시 해외 영업 담당자로 10여 년간 일하며 영어 실력을 갈망하는 과장님, 차장님들을 수없이 만났습니다. 시도해보지 않은 방법이 없었지요. 전화 영어, 각종 회화책을 통한 독학, '미드' 섀도잉까지 온갖 방법을 시도해보고도 실패를 거듭하는 분들을 보며 안타까움마저 느꼈습니다. 아마 대한민국의 3149 직장인이라면 누구에게나 익숙한 이야기일 것입니다. '아, 영어에 돈 좀 그만 쓰고 싶다!'라는 생각을 한 번쯤 해본 사람도 많을 테고요. 영어 공부에 대한 열기라면 절대 뒤지지 않는 한국에 대체 영어로 고민하는 직장인들이 왜 이토록 많은 것일까요?

그건 바로 한국식 영어 교육의 '잘못된 목표 설정' 때문입니다. 허황된 목표는 김 과장들의 영어 공부를 녹록지 않게 만들고, 결국 그들을 '영포자'의 길로 이끕니다. 많은 영어 학원에서 "당신을 원어민처럼 만들어드립니다"라고 광고합니다. 그걸 본 다수의 직장인들은 원어민 같은 발음과 억양으로 멋들어진 고급 영어를 구사하며 자유자재로 외국인과 회의하고, 프레젠테이션을 선보이는 자신의 모습을 상상하며 꿈에 부풉니다. **하지만 아무리 매일 꾸준히 한다고 해도 하루에 고작 1~2시간밖에 공부할 수 없는 직장인들에게 '원어민 같은 영어'가 과연 가당키나 한 말일까요?**

수영을 예로 들어 생각해봅시다. 수영을 아예 못 하는 사람이 3개월 동안 수영장에 등록해 매일매일 하루도 빼놓지 않고 1시간씩 수영 수업을 받는다고 칩시다. 3개월 후 이 사람은 박태환 선수 정도의 수영 실력을 뽐낼 수 있을까요? 많은 사람이 이 질문에 자신 있게 "그건 불가능하다"라고 대답할 것입니다. 영어도 마찬가지입니다!

우리는 이제 '원어민처럼 만들어준다'는 달콤한 속삭임에서 벗어나 현실적인 목표를 설정하고, 그 목표를 위한 영어 공부를 시작해야 합니다.

'딱 이만큼 영어 회화'는
'지금 당장 쓸 수 있는 최소한의 영어'가 필요한
3149 직장인들을 위해 탄생했습니다.
원어민처럼 유창하게 말할 필요, 없습니다.
강경화 장관처럼 고급스러운 어휘를 구사하지 않아도 됩니다.
문법, 처음부터 완벽하지 않아도 괜찮습니다.

자신이 하고 싶은 말을 막힘없이 영어로 표현할 수 있을 정도면 충분합니다. 그것이 바로 제가 지향하는 '딱이만큼 영어', 직장인에게 필요한 최소한의 영어 실력입니다. 앞으로도 쭉 한국에서 살 계획이고, 365일 영어로 일하는 직업을 가진 게 아니라면 이 정도 실력이면 충분합니다.

저는 처음 산행을 시작하는 분들에게 "무작정 열심히 오르다 보면 에베레스트 정상에도 오를 수 있다"라고 말하는 무책임한 사람이 되고 싶지 않습니다. 그래서 앞으로 3149 직장인들이 현실적으로 도달할 수 있는 구체적인 수준, 그리고 그곳으로 곧장 가는 방법에 대해 말하려 합니다.

셋째, 적절한 목표로 '딱 필요한 만큼'이면 충분합니다

혹시 당신은 '미국인처럼' 되고 싶어서 영어 공부를 시작했나요? 아마 그건 아닐 것입니다. 해외여행을 갔을 때 능숙하게 의사 표현을 하고 싶어서, 직장에서 영어를 쓸 일이 생겨도 당황하지 않고 수월하게 일하고 싶어서 오랜 시간 영어를 공부했을 것입니다. 그렇다면 우리는 '막힘없이 내 의사를 표현할 수 있을 만큼'만 영어를 잘하면 됩니다. 그래서 우리는 생각을 조금 전환시켜야 합니다.

영어, 완벽하게 하지 않아도 괜찮습니다. 틀려도 됩니다. 모르겠으면 모르겠다고 이야기해도 상관없습니다. 좀 틀리게 말하고, 말문이 막힌다고 해서 '못난 사람'이 되는 것이 절대 아닙니다. 저는 지금껏 영어를 제법 잘하는 한국인들을 여럿 만났습니다. 하지만 이들은 막힘없이 하고 싶은 말을 영어로 표현하면서도, "영어 잘하시네요!"라고 감탄하는 제 칭찬에 대부분이 손사래를 치며 이렇게 대답하곤 했습니다. "아니에요, 저 영어 잘 못해요."

여기서 한국인들이 갖고 있는 문제점을 하나 발견할 수 있습니다. 바로 영어 실력을 자꾸만 '원어민과 비교한다'는 것입니다. 여러분도 무심코 TV에 나오는 외국인들 혹은 현지에서 살다 온 교포들과 비교하며 '나는 영어를 너무 못해'라고 자책하지는 않았나요? 심지어 몇몇 사람들은 '미국인'을 표준으로 삼고 그 이외의 국가적 특성이 묻어나는 발음, 억양으로 영어를 하면 '영어를 잘 못한다'라고 생각하기도 합니다.

직장인으로서 필요한 영어 실력을 갖추기 위해서는 이런 생각부터 바꿔야 합니다. 자꾸 원어민과 영어 실력을 비교하다가는 영어 공부에 대한 의지만 꺾일 뿐입니다. 그 대신 하루에 두 시간 이상 공부에 투자하기 힘든 우리 직장인들에게는 '적절한 목표 설정'이 필요합니다.

고정관념

- 영어는 원어민처럼 해야 한다.
- 무조건 정확하게! 문법을 틀리면 절대 안 된다.
- 미국인처럼 발음하지 못하면 영어를 못하는 것이다.

생각 전환

- 영어를 아주 완벽하게 할 필요는 없다.
- 영어로 말할 때 문법이 조금 틀려도 상관없다.
- 영어는 소통의 수단이므로 뜻만 통하면 된다.
- 내 생각을 막힘없이 말할 수 있다면 그걸로 충분하다.

그렇다면 '적절한 목표'는 어떻게 설정해야 할까요? 유럽에는 굉장히 많은 언어가 있고 다른 언어를 쓰는 국가들끼리 맞닿아 있습니다. 그러다 보니 유럽인들이 이웃 나라의 언어를 배우는 건 선택이 아닌 필수에 가깝지요. 유럽인들은 자신들의 언어 수준을 평가하기 위해 'CEFRCommon European Framework of Reference(유럽 언어 공통 기준)'이라는 지표를 마련해놓았습니다. CEFR이란 외국어 구사 수준을 객관적인 기준을 통해 평가하는 지표입니다. CEFR은 그 수준을 여섯 단계로 나누는데, '입문·초급·중급·중상급·고급·원어민' 수준입니다. 나는 외국인을 만났을 때 대화를 5~10분 이어나가기도 힘들다, 영어를 하려면 얼굴이 붉어지고 가슴이 두근거린다, 이런 사람들은 토익 점수나 시험 점수에 상관없이 모두 '초보자'입니다. 그리고 이 책에서 나올 3개월의 훈련은 이 '초보자'들의 수준을 한 단계 더 끌어올리는 것을 목표로 합니다.

이 과정을 마치면 영어로 자신의 희망, 목적, 의도 등을 표현할 수 있고, 익숙한 주제에 대해 외국인과 일대일로 20분 이상 대화할 수 있게 될 것입니다. 물론 이 단계에 오르더라도 여전히 한국인 특유의 억양은 남아 있고, 미드의 주인공처럼 유창한 영어를 구사할 순 없습니다. 딱 이만큼 영어 회화는 '거침없이 내 뜻 전달하기'에 중점을 둡니다. 딱 이만큼만 해도 거뜬히 영어로 업무를 진행할 수 있으며, 영어로 진행되는 회의에서도 꿔다 놓은 보릿자루에서 벗어나 적극적으로 참여할 수 있습니다. 기억하세요. 앞으로 우리가 정조준할 목표는 바로 이곳입니다.

호텔 프런트에 원하는 요구 사항을 말할 수 있는 정도,

외국인과 눈이 마주쳤을 때 간단한 잡담을 나눌 수 있는 정도,

레스토랑에서 주문할 때 마음 졸이지 않고 말할 수 있는 정도,

영어 회의에서 자신 있게 내 의견을 펼칠 수 있는 정도.

우리는 '조금씩, 꾸준히'가 아니라 '단기간에, 빡세게' 공부합니다

우리는 이제 3개월이라는 학습 기간에 맞는 적절한 목표를 정했습니다. 3개월, 꽤 해 볼 만하다고 느껴지는 기간입니다. 하지만 이미 여러 번이나 영어 공부에 도전했다가 실패한 직장인들은 반신반의할 수도 있습니다. '나도 이 정도는 공부해본 적이 있는데, 3개월만 하면 프리토킹을 할 수 있다고?' 그렇다면 지금껏 해온 영어 공부를 한번 되짚어봅시다. 도대체 왜 지금까지 모든 영어 공부에 실패했던 걸까요?

언어를 습득하기 위해서는 반드시 필요한 연습의 '절대량'이 있기 때문입니다. 앞에서 이야기한 CEFR의 기준을 다시 한번 참고해볼까요? CEFR의 단계별 적절한 학습 시간을 보면, 각 단계에서 다음 단계로 넘어가는 데는 약 200시간이 더 필요하다고 합니다. 여기서 말하는 200시간이란 '전문적인 피드백을 받으면서 시행착오가 거의 없는 트레이닝'이라는 전제를 깔고 있습니다. 즉, 올바른 피드백을 해줄 수 있는 지도자와 영어로 의미 있는 상호 교환을 200시간 이상 했을 때에야 비로소 성장할 수 있다는 뜻이지요. 이처럼 새로운 언어를 자연스럽게 쓸 수 있을 만큼 체화하기 위해서는 반드시 절대적인 시간이 필요합니다.

흔히 볼 수 있는 패턴을 한번 살펴볼까요? 오늘도 갑자기 걸려온 해외 지사의 전화에 진땀을 뺀 김 과장은 터덜터덜 퇴근하던 중, 어느 광고에 눈이 번쩍 뜨입니다.

"지금 당장 시간이 없어도 괜찮습니다. 매일 조금씩, 하루에 전화 영어 10분이면 충분합니다."

한 시간이면 몰라도 10분 정도 시간을 내는 건 거뜬할 것 같습니다. 게다가 혼자 끙끙대는 독학이 아니라 원어민과의 공부라면 더 효과적일 것 같기도 합니다. 그는 부리나케 3개월 과정의 전화 영어 수업을 등록합니다. 하지만 3개월 후에도 변화는

수준	CEFR	영어 실력
초급	A1	의사소통 불가능
	A2	토막 영어 수준(3분 이상 말하기 불가능)
중급	B1	딱이만큼 영어 회화의 시작
	B2	동호회 회원, 일반인 중수
고급	C1	유창한 영어 실력, 우리의 최종 목표
	C2	교포, 동시통역 대학원생
	C+	영어권 대학교 졸업자, 전문 동시통역가 수준

유럽연합 언어능력 평가 기준

시원찮습니다. 원어민 선생님에게 전화가 오면 여전히 허둥대며 몇 마디 대답하지 못한 채 시간이 지나가버리고, 해외 프로젝트에 도전하는 건 먼 나라 이야기지요. 그는 결국 '역시 나는 영어에는 재주가 없어…'라고 자책하며 의지를 잃어버립니다. 어디서 많이 본 이야기 아닌가요? 정말 많은 사람이 이런 패턴으로 영어 공부에 실패합니다.

이런 공부의 문제점은 '조금씩, 꾸준히'에 있습니다.
'매일 조금씩' 하는 것만으로는 결코 영어를 잘할 수 없습니다.

영어 실력에도 '임계효과'가 있기 때문입니다.

　임계효과란 어떤 지점, 즉 임계점에 도달하기 전까지는 전혀 반응이 없다가 그곳에 이르렀을 때에야 비로소 급격한 변화가 나타나는 효과를 말합니다. 임계점에 도달하기 전까지는 미드에 나오는 대사도 도통 안 들리고, 길을 묻는 외국인 앞에서 우물쭈물거리며 간단한 대답조차 하지 못합니다. 그러나 이때 포기하지 않으면 영어로 프리토킹하는 날은 반드시 옵니다. 이른바 '말문이 트인다'고 하지요. 즉, 영어 공부에는 임계점까지 가는 절대적인 연습량이 필요하다는 것입니다.

　하지만 '매일 조금씩 꾸준히' 하는 학습자들은 이 임계점에 도달하는 데 매우 오래 걸리고, 거의 대부분이 그 전에 인내심을 상실하고 맙니다. 그래서 항상 임계점에 도달하기 직전에 포기하고, 또 얼마 후 영어 공부에 재도전하는 사이클을 반복하는 것입니다. '조금씩, 꾸준히'는 임계점에 이미 도달해 영어로 프리토킹할 수 있는 수준에 이른 사람이 감각을 잃지 않기 위해 공부할 때 쓰는 방법이지, 입을 떼지도 못하는 사람에게는 적합한 방법이 아닙니다.

　딱이만큼 영어 회화에서는 이 임계점에 도달하기 위해 앞으로 3개월 동안 '빡세게' 훈련하며 필요한 연습량의 절대치를 달성할 것입니다. 그리고 이 방법은 절대 실패하지 않습니다. 제2차 세계대전 때의 이야기를 들어볼까요? 당시 미국은 상대 국가의 정보를 수집하기 위해 군인들에게 외국어를 가르치는 언어 교육원을 운영했습니다. 군인들 대부분은 스무 살이 넘은 성인이었고, 뇌는 이미 모국어에 맞게 최적화된 상태였지요. 하지만 이들은 교육을 받은 후 원어민과 구별할 수 없을 정도로 외국어를 잘

구사했다고 합니다. 그 비결은 '마우스 투 마우스Mouth to Mouth 훈련'에 있었습니다. 이 교육원에서 군인들은 두 명의 강사가 계속해서 던지는 질문 공세에 생각할 틈 없이 빠르게 대답하는 훈련을 했고, 이 과정을 하루에 20시간 이상씩 소화하며 강행군을 했습니다. 이들은 6개월이 지나자 원어민처럼 외국어를 구사하는 경지에 이르렀다고 합니다. 우리도 앞으로 3개월 동안 이 방식으로 연습을 해나갈 것입니다.

매일같이 수많은 문장을 외워 '뽀개고',
질문과 답으로 구성된 문장을
마우스 투 마우스 훈련으로 익힐 것입니다.
앞으로 3개월 동안 아주 빡세게 영어를 공부할 것입니다.

영어는 입으로 내뱉어서 소통하는 행위라는 점에서 명백한 '운동 행위'이고, 끝없이 정보를 주입해 뇌에 저장시키는 마우스 투 마우스 훈련은 운동 행위에 가장 효과적입니다. 물론 이 과정을 마친다고 해서 당연히 3개월 만에 '샤론 최'가 될 수는 없다는 점을 기억해야 합니다. 하지만 우리의 목표는 샤론 최가 되는 게 아닙니다. 적어도 3개월이 지나고 나면, 외국인 앞에서 어떻게 말해야 할지 몰라 우물쭈물하다가 얼굴이 붉어지는 일은 없을 것입니다. 반드시 그렇게 만들어드리겠다고 자신 있게 약속합니다. 자, 이제 3개월의 여정을 시작해보실까요?

• 딱이만큼 영어 회화 서약서 •

[1] 나 _____ 은/는 딱이만큼 영어 회화를 공부하는 동안 200시간 이상 영어 말하기 연습을 할 것을 다짐합니다.

[2] 딱이만큼 영어 회화를 전적으로 신뢰하며 책에 나온 대로 따라 하겠습니다. 다른 방법으로는 하지 않겠습니다.

[3] 반드시 나의 구체적인 목표를 이룰 것을 _____을/를 걸고 다짐합니다.

나의 구체적인 목표

20_____ 년 _____ 월 _____ 일,

나는 영어로 프리토킹을 하고 있다.

목표 달성 시 같이 기뻐해줄 사람

_____

_____

_____

목표 달성을 위해 내가 지불해야 할 대가

_____

_____

_____

● PART 2 MP3 파일 활용법 ●

1. 각 'DAY'의 'STEP 3'마다 MP3 파일이 제공됩니다.

2. 'DAY 000' 파일에는 'STEP 3'에서 '뽀개야' 하는 20문장이 원어민의 발음으로 1회 녹음되어 있습니다. 20번씩 반복 재생하며 큰 소리로 따라 읽으세요.

3. 'DAY 000-동시통역' 파일에는 한국어 해석과 영어 문장이 1회 녹음되어 있습니다. 출퇴근할 때, 운동할 때, 잠자는 시간 등 자투리 시간에 수시로 들어보세요.

● MP3 파일 다운로드 방법 ●

https://www.dasan.group/contents-list/딱-이만큼-영어-회화/

하단 '관련자료'

PART 2

직장인이라면
반드시 익혀야 할
비즈니스 문법 회화
500문장 뽀개기

PART 1에서 적절한 목표와 학습 기간에 대해 알아보았으니, 이제 본격적으로 공부를 시작할 시간입니다. 여기서는 최소한의 문법을 활용해 딱이만큼 영어 회화를 하기 위한 기본적인 문장 구조에 대해 파악하고, 직장인이라면 반드시 익혀야 할 비즈니스 문법 회화 500문장을 '뽀개서' 내 것으로 만들 것입니다. 이 500문장은 중학생 수준의 영어 문장들을 비즈니스 상황에 맞게 변형한 것입니다. 이것만 외워도 직장에서 내가 하고 싶은 말을 마음껏 할 수 있게 됩니다.

한 문장당 20번씩 크게 읽고 외우며 문장을 뽀개세요. 입으로 소리를 내지 않고 눈으로만 읽거나, 주문을 외우는 양 속사포처럼 빠르게 읽는 건 도움이 되지 않습니다. 그렇게 하는 공부는 소위 '입으로 깜지를 쓰는 일'에 지나지 않습니다. 영어는 기본적으로 한국어보다 입을 크게 벌려 소리를 내야 하는 언어입니다. 그러므로 큰 소리로 읽는 게 공부에 훨씬 도움이 된답니다.

의사를 전달할 때 말에 아무런 감정도 담지 않고, 높낮이 없이 무미건조하게 말하는 사람은 없습니다. 효과적인 의사 전달에도 무리가 생기지요! 따라서 공부를 할 때도 최대한 감정을 담아서, 드라마에 나오는 배우가 연기를 하듯이 실감나게 연습해봅시다.

STEP 1 　 문장 구조 이해하기

가볍게 문장 구조를 이해하는 시간입니다. 모든 문법을 전부 이해하고야 말겠다는 생각이 아니라, 문장의 짜임새를 파악한다고 생각하며 부담 없이 읽어보세요.

STEP 2 　 응용해보기

STEP 1에서 문장 구조를 제대로 이해했는지 확인하는 단계입니다. STEP 1에서 배운 문장 구조를 떠올리며, 한국어로 주어진 문장을 영어로 바꿔보세요.

STEP 3 　 문장 뽀개기

음원 파일을 함께 들으면서 주어진 문장을 20번 이상 큰 소리로 따라 해보는 단계입니다. 무조건 20번 이상입니다. 횟수를 체크하면서 충분히 큰 목소리로 감정을 실어서 읽어보세요.

STEP 4 　 뽀갠 문장 확인하기

문장을 제대로 뽀갰는지 확인하는 단계입니다. 책 왼쪽 페이지가 보이지 않도록 접은 뒤 한국어 해석만 보고 영어 문장을 말해보세요. 2초 안에 영어로 문장이 나왔다면 뽀개기에 성공한 것입니다. 2초 안에 나오지 않았다면 아직 뽀개지 못한 것입니다! 막히는 문장은 교재에 표시한 후, 큰 소리로 10번 더 읽으면서 내 것으로 만들어보세요.

딱소장에게 물어봐!

"문장 뽀개기 훈련법이 잘 이해가 안 가요!"

WEEK 1
비즈니스 문법 회화
500문장 뽀개기 1~100

DAY 1 | Be동사로 내 직업 말하기

STEP 1 ▶ 문장 구조 이해하기

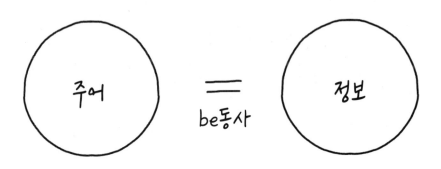

- 주어 + be동사 + 명사 : 주어는 명사 입니다.

  I'm a doctor. 저는 의사입니다.
  My sister is a nurse. 제 여동생은 간호사입니다.
  We are colleagues. 우리는 동료입니다.

- 주어 + be동사 + 형용사 : 주어는 형용사 한 상태입니다.

  My wife is pretty. 제 아내는 예쁩니다.
  I'm tired. 저는 피곤합니다.
  My boss is interested in golf. 제 상사는 골프에 관심이 있습니다.

- 주어 + be동사 + 전치사 + 장소 : 주어는 장소 에 있습니다.

  She is at the bus stop. 그녀는 버스정류장에 있습니다.
  My phone is on the table. 제 휴대폰은 테이블 위에 있습니다.
  I'll be at home all morning. 저는 오전 내내 집에 있을 거예요.

• 날짜 : _____ 년 _____ 월 _____ 일

WEEK1

WEEK2

WEEK3

WEEK4

WEEK5

STEP 2 응용해보기

➡ STEP 1에서 배운 내용을 토대로 주어진 한글 문장을 영어로 바꿔보세요.

1 저는 영업사원입니다.

_____

2 너무 늦게 전화해서 죄송합니다.

_____

3 우리 아이들은 피곤하고 졸립니다.

_____

4 제 매니저는 지금 출장 중입니다.

_____

5 제 남자 형제는 지금 무직입니다.

_____

STEP 3 ▶ 문장 뽀개기

🔊 큰 소리로 20번씩 따라 읽으세요. 따라 읽을 때마다 막대기를 하나씩 그리세요.

1	I'm a salesman.	卌 卌 卌 卌
2	Do you have your business card?	卌 卌 卌 卌
3	It is my first time here.	卌 卌 卌 卌
4	Is your office number 02-538-0711?	卌 卌 卌 卌
5	What is the meeting agenda?	卌 卌 卌 卌
6	My brother is unemployed at the moment.	卌 卌 卌 卌
7	Are you busy?	卌 卌 卌 卌
8	Are your kids tired and sleepy?	卌 卌 卌 卌
9	I'm sorry to call you so late.	卌 卌 卌 卌
10	It is a good time to call.	卌 卌 卌 卌
11	It is time-sensitive.	卌 卌 卌 卌
12	I'm afraid she's on another line at the moment.	卌 卌 卌 卌
13	It is about organizing the seminar.	卌 卌 卌 卌
14	I'm honored to win this award.	卌 卌 卌 卌
15	When is the meeting?	卌 卌 卌 卌
16	He's in a meeting at the moment.	卌 卌 卌 卌
17	We are in the education business.	卌 卌 卌 卌
18	I'm responsible for the marketing of new products.	卌 卌 卌 卌
19	It is on me.	卌 卌 卌 卌
20	My manager is on a business trip at the moment.	卌 卌 卌 卌

STEP 4 ▶ 뽀갠 문장 확인하기

🔊 한글 문장만 보고도 2초 안에 영어 문장이 입에서 나온다면 박스에 체크 표시를 하세요. 문장을 제대로 '뽀갠' 것입니다. 만약 2초 안에 나오지 않는 문장이 있다면 STEP 3로 돌아가서 다시 연습하세요.

1	저는 영업사원입니다.	☐
2	당신은 명함을 갖고 있습니까?	☐
3	저는 이곳이 처음이에요.	☐
4	당신의 사무실 번호는 02-538-0711입니까?	☐
5	회의 주제가 무엇입니까?	☐
6	제 동생은 지금 무직입니다.	☐
7	당신은 지금 바쁜가요?	☐
8	당신의 아이들은 피곤하고 졸린가요?	☐
9	너무 늦게 전화해서 죄송합니다.	☐
10	전화하기 좋은 시간입니다.	☐
11	이건 급한 일입니다.	☐
12	죄송합니다만 그녀는 지금 다른 전화를 받고 있습니다.	☐
13	세미나 조직에 관한 이야기입니다.	☐
14	이 대회에서 수상하게 돼 영광입니다.	☐
15	회의는 언제입니까?	☐
16	그는 지금 회의 중이에요.	☐
17	저희는 교육 업종에 종사합니다.	☐
18	제가 신제품 마케팅 담당입니다.	☐
19	제가 내겠습니다.	☐
20	제 매니저는 지금 출장 중입니다.	☐

DAY 2 | 현재시제로 반복되는 생활 말하기

STEP 1 ▶ 문장 구조 이해하기

- 주어 + 일반동사 : 주어는 동사합니다 .

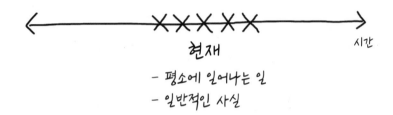

현재
- 평소에 일어나는 일
- 일반적인 사실

- 일반동사 현재형은 평소에 일어나는 일, 일반적인 사실을 말할 때 사용합니다. 3인칭 단수가 주어일 때는 동사에 '~s'를 붙입니다.

  I work in an office. 저는 사무실에서 일합니다.

  My brother works in a bank. 내 남동생은 은행에서 일합니다.

- 빈도를 나타내는 부사인 always, never, often, usually, sometimes 등과 함께 사용할 수 있습니다.

  I normally walk to work. 저는 보통 회사에 걸어갑니다.

  I sometimes drive to work, but not very often. 저는 가끔 운전해서 직장에 가지만, 자주 그러진 않습니다.

딱소장에게 물어봐!

"현재진행형과 현재시제가 헷갈려요. 어떻게 구분해서 사용해야 하나요?"

STEP 2 　　응용해보기

▶ STEP 1에서 배운 내용을 토대로 주어진 한글 문장을 영어로 바꿔보세요.

1 저는 사무실에서 일합니다.

_____

2 나는 소프트웨어 회사에서 일합니다.

_____

3 저는 고객과 약속이 있습니다.

_____

4 나는 보통 오전 8시에 일을 시작합니다.

_____

5 우리는 새 트레이닝 매니저를 채용할 필요가 있습니다.

_____

STEP 3 ▶ 문장 뽀개기

🔊 큰 소리로 20번씩 따라 읽으세요. 따라 읽을 때마다 막대기를 하나씩 그리세요.

21	I work in an office.	〣〣〣〣 〣〣〣〣 〣〣〣〣 〣〣〣〣
22	Does tomorrow work for you?	〣〣〣〣 〣〣〣〣 〣〣〣〣 〣〣〣〣
23	The job involves a lot of traveling.	〣〣〣〣 〣〣〣〣 〣〣〣〣 〣〣〣〣
24	Does she prepare a sales report three times a year?	〣〣〣〣 〣〣〣〣 〣〣〣〣 〣〣〣〣
25	We need someone with excellent communication skills.	〣〣〣〣 〣〣〣〣 〣〣〣〣 〣〣〣〣
26	I work for a software company.	〣〣〣〣 〣〣〣〣 〣〣〣〣 〣〣〣〣
27	I usually start work at 8 am.	〣〣〣〣 〣〣〣〣 〣〣〣〣 〣〣〣〣
28	Where do you live?	〣〣〣〣 〣〣〣〣 〣〣〣〣 〣〣〣〣
29	We need to recruit a new training manager.	〣〣〣〣 〣〣〣〣 〣〣〣〣 〣〣〣〣
30	Do you have plans?	〣〣〣〣 〣〣〣〣 〣〣〣〣 〣〣〣〣
31	I have only one bag to check in.	〣〣〣〣 〣〣〣〣 〣〣〣〣 〣〣〣〣
32	We have an excellent reputation for service.	〣〣〣〣 〣〣〣〣 〣〣〣〣 〣〣〣〣
33	We need your credit card number to hold the reservation.	〣〣〣〣 〣〣〣〣 〣〣〣〣 〣〣〣〣
34	Does everyone agree?	〣〣〣〣 〣〣〣〣 〣〣〣〣 〣〣〣〣
35	Do you have a double room for two nights?	〣〣〣〣 〣〣〣〣 〣〣〣〣 〣〣〣〣
36	Do you take a credit card?	〣〣〣〣 〣〣〣〣 〣〣〣〣 〣〣〣〣
37	Do I need to reserve a seat?	〣〣〣〣 〣〣〣〣 〣〣〣〣 〣〣〣〣
38	I don't have any cash on me.	〣〣〣〣 〣〣〣〣 〣〣〣〣 〣〣〣〣
39	I have an appointment with a client.	〣〣〣〣 〣〣〣〣 〣〣〣〣 〣〣〣〣
40	I report directly to the Managing Director.	〣〣〣〣 〣〣〣〣 〣〣〣〣 〣〣〣〣

STEP 4 ▷ 뽀갠 문장 확인하기

🔊 한글 문장만 보고도 2초 안에 영어 문장이 입에서 나온다면 박스에 체크 표시를 하세요. 문장을 제대로 '뽀갠' 것입니다. 만약 2초 안에 나오지 않는 문장이 있다면 STEP 3로 돌아가서 다시 연습하세요.

21	저는 사무실에서 일합니다.	☐
22	내일 시간 괜찮은가요?	☐
23	이 직무는 출장이 잦습니다.	☐
24	그녀는 1년에 세 번 판매 보고서를 준비합니까?	☐
25	우리는 훌륭한 소통 능력을 갖춘 사람이 필요합니다.	☐
26	나는 소프트웨어 회사에서 일합니다.	☐
27	나는 보통 오전 8시에 일을 시작합니다.	☐
28	당신은 어디에 사나요?	☐
29	우리는 새 트레이닝 매니저를 채용할 필요가 있습니다.	☐
30	당신은 계획이 있나요?	☐
31	나는 체크인할 가방이 딱 하나 있습니다.	☐
32	우리는 서비스에 매우 좋은 평판을 받고 있습니다.	☐
33	예약하려면 당신의 신용카드가 필요합니다.	☐
34	모두 동의하나요?	☐
35	이틀 밤 묵을 수 있는 더블 룸이 있습니까?	☐
36	신용카드를 사용할 수 있나요?	☐
37	좌석을 예약해야 하나요?	☐
38	나는 현금이 전혀 없습니다.	☐
39	저는 고객과 약속이 있습니다.	☐
40	제가 지배인에게 직접 보고하겠습니다.	☐

현재진행형으로 지금 하는 일 말하기

- 주어 + be동사 + 동사ing : 주어는 동사하는 중 입니다.

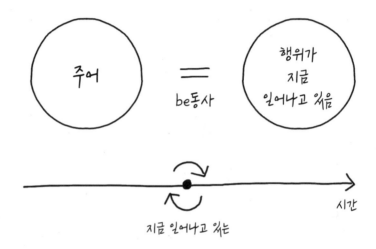

- 현재진행형은 지금 진행되고 있는 일 또는 지금 당장 일어나고 있는 일을 설명할 때 쓰입니다.

  I'm preparing for a meeting. 나는 회의를 준비하고 있는 중입니다.

  Daniel is talking to a client at the moment. 대니얼은 지금 손님과 이야기하는 중입니다.

딱소장에게 물어봐!

"저는 서울에 사는 직장인이에요. 제가 'I'm living in Korea'라고 말하면 왜 어색한가요?"

• 날짜 : _____ 년 _____ 월 _____ 일

WEEK1
WEEK2
WEEK3
WEEK4
WEEK5

- **현재형과 현재진행형의 사용 여부 판단하기**

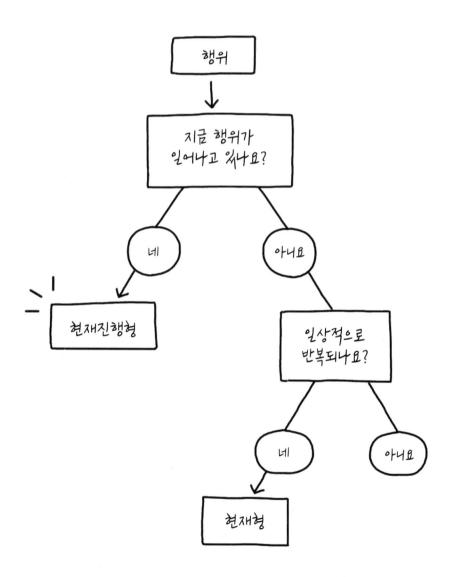

응용해보기

STEP 1에서 배운 내용을 토대로 주어진 한글 문장을 영어로 바꿔보세요.

1 사업이 잘되고 있습니다.

_____

2 우리는 신제품을 개발하고 있는 중입니다.

_____

3 저는 팀을 짜고 있습니다.

_____

4 저는 다음 주 미팅에 관해 전화하고 있습니다.

5 폴은 지금 회의실에서 프레젠테이션을 하고 있습니다.

STEP 3	문장 쪼개기

🔊 큰 소리로 20번씩 따라 읽으세요. 따라 읽을 때마다 막대기를 하나씩 그리세요.

41	Business is booming.	〴〴 〴〴 〴〴 〴〴
42	Are you predicting a slowdown next year?	〴〴 〴〴 〴〴 〴〴
43	I'm not trying to arrange a meeting for next week.	〴〴 〴〴 〴〴 〴〴
44	I'm trying to arrange a meeting for next week.	〴〴 〴〴 〴〴 〴〴
45	Our department is having a get together this Thursday.	〴〴 〴〴 〴〴 〴〴
46	Where are you going for your holidays this year?	〴〴 〴〴 〴〴 〴〴
47	Are you developing any new products at the moment?	〴〴 〴〴 〴〴 〴〴
48	Am I eating this the right way?	〴〴 〴〴 〴〴 〴〴
49	I'm putting together a team.	〴〴 〴〴 〴〴 〴〴
50	I'm returning your call.	〴〴 〴〴 〴〴 〴〴
51	I'm planning to go on a vacation to the United States.	〴〴 〴〴 〴〴 〴〴
52	Are you calling about the meeting next week?	〴〴 〴〴 〴〴 〴〴
53	I'm putting you through to the person in charge of sales.	〴〴 〴〴 〴〴 〴〴
54	I'm planning to submit a report this afternoon.	〴〴 〴〴 〴〴 〴〴
55	Things are getting better, compared to yesterday.	〴〴 〴〴 〴〴 〴〴
56	I'm looking forward to hearing from you soon.	〴〴 〴〴 〴〴 〴〴
57	I'm writing to you regarding the development of the new product.	〴〴 〴〴 〴〴 〴〴
58	I'm getting your account up on the screen.	〴〴 〴〴 〴〴 〴〴
59	Is Paul giving a presentation in the conference room at the moment?	〴〴 〴〴 〴〴 〴〴
60	I'm writing to send you my warmest congratulations on your promotion.	〴〴 〴〴 〴〴 〴〴

STEP 4   뽀갠 문장 확인하기

🔊 한글 문장만 보고도 2초 안에 영어 문장이 입에서 나온다면 박스에 체크 표시를 하세요. 문장을 제대로 '뽀갠' 것입니다. 만약 2초 안에 나오지 않는 문장이 있다면 STEP 3로 돌아가서 다시 연습하세요.

41	사업이 잘되고 있습니다.	☐
42	당신은 내년에 경기가 둔화될 것이라고 예측합니까?	☐
43	저는 회의 일정을 다음 주로 잡으려는 게 아닙니다.	☐
44	저는 다음 주에 미팅을 잡으려고 시도하는 중입니다.	☐
45	우리 부서는 이번 주 목요일에 회식을 할 예정이에요.	☐
46	올해 휴가는 어디로 갑니까?	☐
47	당신은 지금 신제품을 개발하고 있습니까?	☐
48	제가 이걸 올바른 방법으로 먹고 있나요?	☐
49	저는 팀을 짜고 있습니다.	☐
50	제가 당신에게 전화를 돌리겠습니다.	☐
51	저는 미국으로 휴가를 갈 계획입니다.	☐
52	당신은 다음 주 회의 때문에 전화하셨습니까?	☐
53	제가 당신을 영업 담당자에게로 연결하겠습니다.	☐
54	저는 오늘 오후에 보고서를 제출할 예정입니다.	☐
55	어제와 비교하면 상황이 나아지고 있는 중입니다.	☐
56	저는 곧 당신에게 연락이 오길 기다리고 있습니다.	☐
57	나는 당신에게 신제품 개발에 관한 메일을 쓰고 있습니다.	☐
58	당신의 계정을 스크린으로 불러오고 있는 중이에요.	☐
59	폴은 지금 회의실에서 프레젠테이션을 하고 있습니까?	☐
60	당신의 승진을 축하하고 싶어서 편지를 쓰고 있습니다.	☐

Be동사 과거형으로 예전 직업 말하기

- 주어 + **be동사 과거형** + **명사** : 주어는 **명사** **였습니다** .

  주어 + **be동사 과거형** + **형용사** : 주어는 **형용사** **한 상태였습니다** .

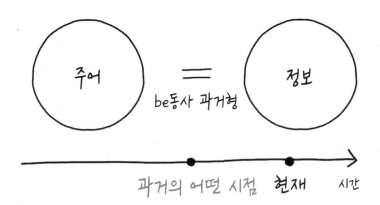

- be동사 과거형으로 과거의 상태 혹은 감정을 표현할 수 있습니다.

  I was a salesman. 저는 영업사원이었습니다.

  I was happy. 저는 행복했습니다.

  My wife was a student. 제 아내는 학생이었습니다.

  My wife was pretty. 제 아내는 예뻤어요.

- 주어 + **be동사 과거형** + **전치사** + 장소 : 주어는 장소 에 있었습니다 .

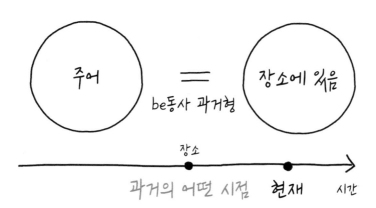

- be동사는 위치를 나타낼 때도 사용할 수 있습니다.

She was in the office when I called her. 제가 전화했을 때 그녀는 사무실에 있었습니다.

I was in Japan 2 years ago. 저는 2년 전에 일본에 있었습니다.

My phone was in your room. 제 휴대폰은 당신의 방에 있었습니다.

- 주어 + be동사 과거형 + 동사ing : 주어가 동사하는 중 이었습니다.

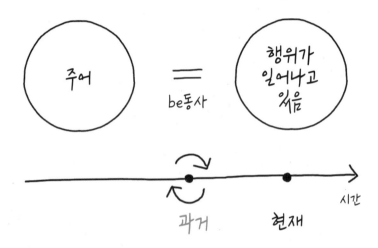

- 과거진행형은 when, while과 함께 자주 사용합니다.

   We were having a discussion. 우리는 토론을 하고 있었습니다.

   I was living abroad in 2004. 저는 2004년에 해외에서 살고 있었습니다.

   She was working when you called me last night. 당신이 어젯밤에 전화했을 때 그녀는

   일하는 중이었어요.

딱소장에게 물어봐!

"과거진행형이 잘 이해가 안 가요. 더 설명해주세요!"

STEP 2 　응용해보기

▶ STEP 1에서 배운 내용을 토대로 주어진 한글 문장을 영어로 바꿔보세요.

1 제 아내는 예술가였습니다.

2 저는 어젯밤에 사무실에 없었습니다.

3 저는 배우였습니다.

4 당신이 내 사무실에 방문했을 때 저희는 너무 바빴어요.

5 제가 출장 갔을 때 날씨는 좋았습니다.

STEP 3 　　문장 뽀개기

🔊 큰 소리로 20번씩 따라 읽으세요. 따라 읽을 때마다 막대기를 하나씩 그리세요.

61	I was an actor.	///// ///// ///// /////
62	My wife was an artist.	///// ///// ///// /////
63	I wasn't in the office last night.	///// ///// ///// /////
64	I was very sorry to hear that your company was not doing so well.	///// ///// ///// /////
65	Where were we?	///// ///// ///// /////
66	It was a real pleasure being here today.	///// ///// ///// /////
67	It was nice talking to you.	///// ///// ///// /////
68	The client was here last Sunday.	///// ///// ///// /////
69	The weather was beautiful when I went on my business trip.	///// ///// ///// /////
70	Did you discover any problems while you were testing the new machine?	///// ///// ///// /////
71	I was wondering if you could help me.	///// ///// ///// /////
72	I was wondering if you could give us more information on that case.	///// ///// ///// /////
73	We were living in Japan when we started this business.	///// ///// ///// /////
74	I was working on the report when you called me.	///// ///// ///// /////
75	It didn't rain while we were on a business trip.	///// ///// ///// /////
76	It wasn't raining when I got up this morning.	///// ///// ///// /////
77	I fell asleep while I was writing the report last night.	///// ///// ///// /////
78	We were so busy when you visited my office.	///// ///// ///// /////
79	He was working as an engineer in his thirties.	///// ///// ///// /////
80	They were having a meeting when I entered the room.	///// ///// ///// /////

STEP 4 ▶ 뽀갠 문장 확인하기

◀» 한글 문장만 보고도 2초 안에 영어 문장이 입에서 나온다면 박스에 체크 표시를 하세요. 문장을 제대로 '뽀갠' 것입니다. 만약 2초 안에 나오지 않는 문장이 있다면 STEP 3로 돌아가서 다시 연습하세요.

61	저는 배우였습니다.	☐
62	제 아내는 예술가였습니다.	☐
63	저는 어젯밤에 사무실에 없었습니다.	☐
64	당신의 회사가 잘 안 된다는 이야기를 들어 저는 무척 유감이었습니다.	☐
65	우리 어디까지 이야기했나요?	☐
66	오늘 여기 있었던 건 큰 기쁨이었습니다.	☐
67	당신과 이야기를 나눠서 좋았습니다.	☐
68	지난 주 일요일에 그 고객이 여기에 왔어요.	☐
69	제가 출장 갔을 때 날씨는 좋았습니다.	☐
70	새 기계를 테스트하면서 어떤 문제점이라도 발견했나요?	☐
71	저를 도와줄 수 있을까 궁금합니다.	☐
72	그 사례에 대해서 정보를 좀 더 줄 수 있을까 궁금합니다.	☐
73	우리가 이 사업을 시작했을 때 우리는 일본에 살고 있는 중이었습니다.	☐
74	저는 당신이 전화했을 때 보고서를 작성하고 있었습니다.	☐
75	제가 출장 간 동안에는 비가 오지 않았습니다.	☐
76	제가 오늘 아침에 일어났을 때는 비가 오지 않았어요.	☐
77	저는 어젯밤에 보고서를 쓰다가 잠들었습니다.	☐
78	당신이 내 사무실에 방문했을 때 저희는 너무 바빴어요.	☐
79	30대였을 때 그는 엔지니어로 일하고 있었습니다.	☐
80	제가 방에 들어갔을 때 그들은 회의 중이었습니다.	☐

- 주어 + 동사ed : 주어는 동사했습니다 .

과거의 어떤 순간   현재   시간

- 예전에 일어난 일을 말할 때는 일반동사 끝에 '~ed'를 붙입니다. 하지만 단어 끝에 '~ed'가 붙지 않고 형태 자체가 변하는 '불규칙 동사'도 있습니다. 이는 다양한 문장을 익히면서 자연스럽게 외워야 합니다.

She prepared **a presentation.** 그녀는 프레젠테이션을 준비했습니다.
We did **a lot of work yesterday.** 우리는 어제 많은 일을 했습니다(불규칙 동사).
I had **a meeting about the project.** 저는 프로젝트에 대한 미팅을 했습니다(불규칙 동사).

- 주어 + used + to 동사 : 주어는 (과거에) 동사하곤 했습니다 (지금은 아닙니다).

과거의 일정 기간   현재   시간

- '과거에 규칙적으로 발생했지만 지금은 아닌 경우'를 말할 때 사용하는 구문입니다.

I used to work **in sales.** 저는 영업부에서 일했습니다(지금은 영업부에서 일하지 않습니다).
I used to play **tennis.** 저는 테니스를 치곤 했습니다(지금은 테니스를 치지 않습니다).
Where did you use to work **before you came here?** 당신은 여기 오기 전에 어디서 일했었나요?

STEP 2　　응용해보기

▶ STEP 1에서 배운 내용을 토대로 주어진 한글 문장을 영어로 바꿔보세요.

1 저는 당신의 메시지를 방금 받았습니다.

_____

2 어젯밤에 TV로 그 경기 봤어요?

_____

3 우리는 어제 일찍 퇴근했습니다.

_____

4 신입사원이었을 때 저는 열정적으로 일했습니다(지금은 열정적으로 일하지 않습니다).

_____

5 우리는 같은 부서에서 일했습니다(지금은 같은 부서에서 일하지 않습니다).

_____

STEP 3 ▶ 문장 뽀개기

🔊 큰 소리로 20번씩 따라 읽으세요. 따라 읽을 때마다 막대기를 하나씩 그리세요.

81	I didn't change my job in 2019.	沠 沠 沠 沠
82	I went on a business trip to New York.	沠 沠 沠 沠
83	Last year profits increased by 6%.	沠 沠 沠 沠
84	Did you get off early yesterday?	沠 沠 沠 沠
85	Did you speak to your client?	沠 沠 沠 沠
86	Sorry, I didn't catch the question.	沠 沠 沠 沠
87	I just got your message.	沠 沠 沠 沠
88	I came up with a strategy.	沠 沠 沠 沠
89	Did I catch you at a bad time?	沠 沠 沠 沠
90	Did you have a good weekend?	沠 沠 沠 沠
91	Turnover rose by 12% last year.	沠 沠 沠 沠
92	Did you watch the match on TV last night?	沠 沠 沠 沠
93	Did you see my email about the new project?	沠 沠 沠 沠
94	Did you hear that the weather there is much cooler than here?	沠 沠 沠 沠
95	We made a very good case for changing the system.	沠 沠 沠 沠
96	Did they reject all of your proposals?	沠 沠 沠 沠
97	Of the fifty people, you asked, how many people did not agree with the idea?	沠 沠 沠 沠
98	When I was a rookie, I used to work with passion.	沠 沠 沠 沠
99	Where did you use to work before you joined the company that you work for now?	沠 沠 沠 沠
100	We used to work in the same department.	沠 沠 沠 沠

STEP 4 　 뽀갠 문장 확인하기

◀》 한글 문장만 보고도 2초 안에 영어 문장이 입에서 나온다면 박스에 체크 표시를 하세요. 문장을 제대로 '뽀갠' 것입니다. 만약 2초 안에 나오지 않는 문장이 있다면 STEP 3로 돌아가서 다시 연습하세요.

81	저는 2019년에 직업을 바꾸지 않았습니다.	☐
82	저는 뉴욕으로 출장을 갔습니다.	☐
83	작년 이익은 6% 증가했습니다.	☐
84	당신은 어제 일찍 퇴근했습니까?	☐
85	당신은 당신의 고객과 통화했나요?	☐
86	죄송하지만 무슨 질문인지 못 들었습니다.	☐
87	저는 당신의 메시지를 방금 받았습니다.	☐
88	제가 전략을 마련했습니다.	☐
89	제가 나쁜 시간에 전화했나요?	☐
90	주말 잘 보냈나요?	☐
91	작년에 매출이 12% 올랐습니다.	☐
92	어젯밤에 TV로 그 경기 봤어요?	☐
93	새로운 프로젝트에 관한 이메일 봤어요?	☐
94	거기 날씨가 여기보다 훨씬 더 시원하다는 이야기를 들었나요?	☐
95	우리는 시스템 변경에 대한 아주 좋은 사례를 만들었습니다.	☐
96	그들이 당신의 모든 제안을 거절했나요?	☐
97	당신이 물었을 때, 50명 중에서 얼마나 많은 사람이 그 생각에 동의하지 않았나요	☐
98	신입사원이었을 때 저는 열정적으로 일했습니다(지금은 열정적으로 일하지 않습니다).	☐
99	지금 근무 중인 회사에 입사하기 전에는 어디서 일하셨습니까?	☐
100	우리는 같은 부서에서 일했습니다(지금은 같은 부서에서 일하지 않습니다).	☐

3개월 훈련 계획표 작성하기

이제 딱이만큼 영어 회화의 첫째 주를 체험했는데요, 어떤가요? 처음에는 다소 버겁게 느껴질 수도 있을 것입니다. 그러니 앞으로 펼쳐질 3개월간의 여정을 성공적으로 마치기 위해, 목표와 미션을 다시 한번 가슴에 새기고 3개월간 매주 어떤 목표로 공부를 해나갈지 계획표를 적으며 의지를 다져봅시다.

매일같이 이 계획표를 들여다보며 3개월간 자기 자신을 독려해주고, 한 주가 끝날 때마다 달성 여부를 체크하며 처음의 계획을 지키고 있는 모습을 셀프로 칭찬해줍시다. 3개월 후에는 영어로 대화하는 삶이 여러분을 기다리고 있습니다!

한 줄 목표

_____ 월 _____ 일

나는 직장에서 만난 외국인과 일대일로

20분 이상 대화할 수 있다.

미션

1. 직장인이 반드시 익혀야 할 비즈니스 문법 회화 500문장을 더듬거리지 않고 말한다.
2. 한 시간 분량의 '내 이야기'를 영어로 막힘없이 말한다.
3. 10분 이상 영어로 거침없이 프레젠테이션을 한다.
4. 영어를 일주일에 두 시간 이상 사용할 수 있는 환경을 만든다.

• 3개월 훈련 계획표 •

시작일 : _____ / 종료 예정일 : _____

영어가 필요한 이유

_____

_____

3개월 동안 이루고자 하는 개인적인 목표

_____

_____

3개월 훈련 계획표

주차	학습 내용과 주말 미션	실천 목표
1	비즈니스 문법 회화 1~100 뽀개기	
	3개월 훈련 계획표 작성하기	
2	비즈니스 문법 회화 101~200 뽀개기	
	3분간 엔젤 소개하기	
3	비즈니스 문법 회화 201~300 뽀개기	
	텅 트위스터로 딱 이만큼 발음 갖추기	
4	비즈니스 문법 회화 301~400 뽀개기	
	5분간 엔젤 인터뷰하기	
5	비즈니스 문법 회화 401~500 뽀개기	
	500문장 뽀개기	
6	아는 영어로 말하기 10분 트레이닝	
	아는 영어 더하기	
7	아는 영어로 말하기 15분 트레이닝	
	아영더 노트로 어려운 단어 내 것으로 만들기	
8	아는 영어로 말하기 15분 트레이닝	
	외국인 엔젤을 만나 영어 자신감 높이기	
9	아는 영어로 말하기 20분 트레이닝	
	팝송으로 즐겁게 영어 공부하기	
10	영어로 대화하는 삶 만들기	
	딱 이만큼 더 영어 생활 계획표 작성하기	
11	10분 프레젠테이션 만들고 발표하기	
	외국인 친구 관광 가이드하기	

WEEK 2
비즈니스 문법 회화
500문장 뽀개기 101~200

STEP 1 ▶ 문장 구조 이해하기

- 주어 + **have** + **동사 과거분사형** : 주어는 **과거분사를 가진 상태입니다** .

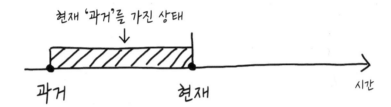

현재 '과거'를 가진 상태

과거   현재   시간

- 현재완료는 과거의 상황이 현재까지 이어질 때 사용합니다. 어렵게 느껴지지만 '주어가 have 이하, 즉 과거분사를 현재까지 가진 상태'라고 생각하면 단순하게 이해할 수 있습니다.

  I have **worked in marketing all my life.** 저는 평생 동안 마케팅 일을 해왔습니다.
  나는 가진 상태다   평생 동안 마케팅 일을 해온 것을

  I have **been to Japan.** 저는 일본에 가봤습니다.

  She has **just completed the document.** 그녀는 그 서류를 이제 막 완성했습니다.

- 현재완료를 사용해 지금까지의 경험에 대해 이야기할 때는 ever, never를 사용합니다.

  Have **you** ever worked **abroad?** 당신은 해외에서 일해본 적이 있나요?

  I have never been **to the United States.** 저는 미국에 가본 적이 없어요.

딱소장에게 물어봐!

"현재완료와 과거형은 무엇이 다른가요?
현재완료진행형은 또 무엇인가요? 너무 어려운 현재완료, 한 방에 정리해주세요!"

STEP 2 ▶ 응용해보기

▶ STEP 1에서 배운 내용을 토대로 주어진 한글 문장을 영어로 바꿔보세요.

1 그에 대해 말씀 많이 들었습니다.

_____

2 당신은 미국에 가본 적이 있습니까?

_____

3 보고서 작성은 다 마쳤습니까?

_____

4 저는 2004년부터 여기서 일해왔습니다.

_____

5 한국 음식을 먹어본 적이 있나요?

_____

STEP 3 문장 뽀개기

🔊 큰 소리로 20번씩 따라 읽으세요. 따라 읽을 때마다 막대기를 하나씩 그리세요.

101	I have heard a lot about him.	𝍷𝍷𝍷𝍷
102	I have worked here for two years.	𝍷𝍷𝍷𝍷
103	Have you been to the United States?	𝍷𝍷𝍷𝍷
104	I have lived in Seoul for thirty years.	𝍷𝍷𝍷𝍷
105	It has been ten years since I got married.	𝍷𝍷𝍷𝍷
106	Have you finished the report?	𝍷𝍷𝍷𝍷
107	I have worked here since 2004.	𝍷𝍷𝍷𝍷
108	Have you decided to expand the product line?	𝍷𝍷𝍷𝍷
109	This year's profits have increased by 2%.	𝍷𝍷𝍷𝍷
110	I have been in this job for three years.	𝍷𝍷𝍷𝍷
111	Have you heard that the company is restructuring?	𝍷𝍷𝍷𝍷
112	I have changed my job.	𝍷𝍷𝍷𝍷
113	Have you ever tried any Korean food?	𝍷𝍷𝍷𝍷
114	We have just won the contract.	𝍷𝍷𝍷𝍷
115	Have sales been falling slowly over the last few years?	𝍷𝍷𝍷𝍷
116	Have you been thinking about my suggestion?	𝍷𝍷𝍷𝍷
117	I have been waiting for ages.	𝍷𝍷𝍷𝍷
118	It has been a really busy day today.	𝍷𝍷𝍷𝍷
119	Have you cc'd your engineer, Mr. Kim to share the information?	𝍷𝍷𝍷𝍷
120	Have you attached the draft minutes of the meeting?	𝍷𝍷𝍷𝍷

| STEP 4 | 뽀갠 문장 확인하기 |

🔊 한글 문장만 보고도 2초 안에 영어 문장이 입에서 나온다면 박스에 체크 표시를 하세요. 문장을 제대로 '뽀갠' 것입니다. 만약 2초 안에 나오지 않는 문장이 있다면 STEP 3로 돌아가서 다시 연습하세요.

101	그에 대해 말씀 많이 들었습니다.	☐
102	저는 여기서 2년 동안 일해왔습니다.	☐
103	당신은 미국에 가본 적이 있습니까?	☐
104	저는 서울에서 30년 동안 살아왔습니다.	☐
105	결혼한 지 10년 되었습니다.	☐
106	보고서 작성은 다 마쳤습니까?	☐
107	저는 2004년부터 여기서 일해왔습니다.	☐
108	제품군을 확장하기로 결정했습니까?	☐
109	올해 이윤이 2% 올랐습니다.	☐
110	저는 이 일을 3년째 하고 있습니다.	☐
111	회사가 구조 조정할 계획이라는 사실을 들은 적이 있나요?	☐
112	저는 이직했어요.	☐
113	한국 음식을 먹어본 적이 있나요?	☐
114	우리가 방금 그 계약을 따냈습니다.	☐
115	지난 몇 년 동안 판매가 천천히 떨어지고 있습니까?	☐
116	제 제안에 대해 생각해봤습니까?	☐
117	저는 여기서 정말 오랫동안 기다렸습니다.	☐
118	오늘은 정말 바쁜 날이었습니다.	☐
119	당신이 엔지니어인 김 씨에게 정보를 공유하기 위해 메일을 참조했나요?	☐
120	당신은 회의록 초안을 첨부했나요?	☐

- 주어+ be동사 + 동사 과거분사형 : 주어는 과거분사 됩니다 .

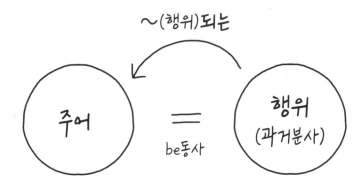

～(행위)되는

주어 = 행위 (과거분사)

be동사

- 주어가 행위를 당하는 '수동적인' 상황을 표현할 수 있습니다.

Somebody cleans the office everyday. 누군가가 사무실을 매일 청소합니다.
▸ **The office is cleaned everyday by someone.** 사무실은 누군가에 의해 매일 청소됩니다.

I'll make a decision tomorrow. 제가 내일 결정을 내릴 거예요.
▸ **A decision will be made tomorrow.** 결정은 내일 내려질 거예요.

딱소장에게 물어봐!
"수동태가 잘 이해가 안 가요. 쉽게 설명해주세요!"

STEP 2 　 응용해보기

⯈ STEP 1에서 배운 내용을 토대로 주어진 한글 문장을 영어로 바꿔보세요.

1 그 회사는 2005년도에 설립되었습니다.

_____

2 현대는 정주영에 의해 시작되었습니다.

_____

3 저희 제안 중 오직 한 개만 받아들여졌습니다.

_____

4 이 기계는 매달 세척되어야 합니다.

_____

5 이건 무엇으로 만들어졌습니까?

_____

STEP 3 ▸ 문장 쪼개기

◀)) 큰 소리로 20번씩 따라 읽으세요. 따라 읽을 때마다 막대기를 하나씩 그리세요.

121	The meeting room has been cleaned.	〼 〼 〼 〼
122	What is it made from?	〼 〼 〼 〼
123	What is being built across from the park?	〼 〼 〼 〼
124	The report is being reviewed by my manager.	〼 〼 〼 〼
125	The bed hasn't been made.	〼 〼 〼 〼
126	Only one of our proposals was accepted.	〼 〼 〼 〼
127	I was given your number by your colleague.	〼 〼 〼 〼
128	I'm delighted to be here today to tell you about our new project.	〼 〼 〼 〼
129	Do you know what this is used for?	〼 〼 〼 〼
130	Have you been invited to a dinner with the Managing Director this evening?	〼 〼 〼 〼
131	Is the seat reservation included in the price of the ticket?	〼 〼 〼 〼
132	The software is being installed the day after tomorrow.	〼 〼 〼 〼
133	This machine should be cleaned every month.	〼 〼 〼 〼
134	Hyundai was started by Chung Ju-yung.	〼 〼 〼 〼
135	Are millions of dollars traded by currency dealers every day?	〼 〼 〼 〼
136	The package you sent was delivered at this office yesterday.	〼 〼 〼 〼
137	It is been a while since we talked on the phone.	〼 〼 〼 〼
138	A decision will be made tomorrow.	〼 〼 〼 〼
139	Is the economy expected to grow next year?	〼 〼 〼 〼
140	Is it considered necessary to invest more in product development?	〼 〼 〼 〼

STEP 4   뽀갠 문장 확인하기

◀)) 한글 문장만 보고도 2초 안에 영어 문장이 입에서 나온다면 박스에 체크 표시를 하세요. 문장을 제대로 '뽀갠' 것입니다. 만약 2초 안에 나오지 않는 문장이 있다면 STEP 3로 돌아가서 다시 연습하세요.

121	회의실은 청소되었습니다.	☐
122	이건 무엇으로 만들어졌습니까?	☐
123	공원 건너편에 무엇이 건설되고 있습니까?	☐
124	그 보고서는 저희 매니저에 의해 검토되고 있습니다.	☐
125	그 침대는 정리되지 않았습니다.	☐
126	저희 제안 중 오직 한 개만 받아들여졌습니다.	☐
127	저는 당신의 동료로부터 당신의 번호를 받았습니다.	☐
128	오늘 우리의 새 프로젝트에 대해 이야기하기 위해 이 자리에 온 것이 저는 매우 기쁩니다.	☐
129	이것이 어디에 쓰이는지 당신은 아나요?	☐
130	당신은 오늘 저녁 전무님과의 저녁 식사에 초대받았나요?	☐
131	티켓 가격에 자리 예약도 포함돼 있나요?	☐
132	내일 모레에는 그 소프트웨어가 설치되고 있을 거예요.	☐
133	이 기계는 매달 세척돼야 합니다.	☐
134	현대는 정주영에 의해 시작되었습니다.	☐
135	수백만 달러가 외환 딜러에 의해 매일 거래되고 있습니까?	☐
136	당신이 보낸 소포가 어제 이 사무실에서 수령되었습니다.	☐
137	지난번 통화 이후로 오랜만이군요.	☐
138	결정은 내일 내려질 것입니다.	☐
139	경제는 내년에 성장할 것으로 예상됩니까?	☐
140	제품 개발에 더 많은 투자가 필요하다고 생각됩니까?	☐

미래시제로 앞으로의 일정 말하기

문장 구조 이해하기

- 주어 + be동사 + going to 동사 : 주어는 동사할 예정 입니다 .

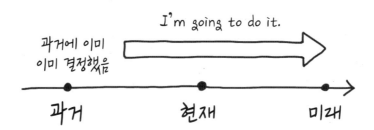

- 과거에 이미 계획하고 있었던 미래에 대해 말할 때 사용합니다.

  We are going to go **on a business trip to Japan next Monday.**

  우리는 다음 주 월요일에 일본으로 출장 갈 예정입니다.

  The company is going to sell **its factory in China.**

  그 회사는 중국에 있는 그들의 공장을 매각할 예정입니다.

- 주어 + be동사 + 동사ing + 가까운 미래 시점 : (가까운 미래 시점에)

  주어는 동사 합니다 .

- 가까운 미래에 예정돼 있는 일에 대해 말할 때 현재진행형으로 미래를 표현하기도 합니다.

  What are **you** doing **tonight?** 오늘 밤에 무엇을 하나요?

  My cousin is getting **married soon.** 제 조카는 곧 결혼을 합니다.

  We are having **a meeting tomorrw.** 우리는 내일 회의합니다.

• 주어 + **will** + **동사** : 주어는 앞으로 **동사** **할 것입니다** .

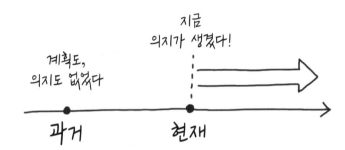

- 주어의 의지가 담긴 일에 대해 말할 때 사용하는 미래 표현입니다.

I'll work overtime tonight.

저는 오늘 밤 야근할 거예요(나의 의지).

Our company will expand the production lines in overseas.

우리 회사는 해외에 생산 시설을 증설할 것입니다(회사의 의지).

- 시간이 지나면 자연스럽게 그렇게 될 일, 당연한 미래인 경우에도 사용합니다.

I'll be forty years old next year.

저는 내년에 마흔이 됩니다(자연스럽게 이뤄질 일).

My son will go to the university the year after next.

제 아들은 내후년에 대학에 입학할 것입니다.

딱소장에게 물어봐!

"be going to와 will, 무엇이 다른가요?

현재진행형을 사용한 미래시제는 또 어떨 때 사용하나요? 너무 헷갈려요!"

▶ STEP 1에서 배운 내용을 토대로 주어진 한글 문장을 영어로 바꿔보세요.

1 제가 당신에게 다시 전화하겠습니다(즉흥).

_____

2 저는 내일 그녀와 만날 예정입니다(계획).

_____

3 저는 내일 제 은행 매니저와 미팅할 예정입니다(계획).

_____

4 우리는 내일 아침 10시에 회의를 하겠습니다(계획).

_____

5 10분 동안 쉰 후 다시 시작하지요(즉흥).

_____

| STEP 3 | 문장 뽀개기 |

🔊 큰 소리로 20번씩 따라 읽으세요. 따라 읽을 때마다 막대기를 하나씩 그리세요.

141	I'll call you back.	𝗟𝗟 𝗟𝗟 𝗟𝗟 𝗟𝗟
142	I'll be forty next year.	𝗟𝗟 𝗟𝗟 𝗟𝗟 𝗟𝗟
143	I'm going to have a meeting with my bank manager tomorrow.	𝗟𝗟 𝗟𝗟 𝗟𝗟 𝗟𝗟
144	I'm going to meet her tomorrow.	𝗟𝗟 𝗟𝗟 𝗟𝗟 𝗟𝗟
145	I'm meeting her tomorrow.	𝗟𝗟 𝗟𝗟 𝗟𝗟 𝗟𝗟
146	I'll be in touch with you by next week.	𝗟𝗟 𝗟𝗟 𝗟𝗟 𝗟𝗟
147	We will take a rain check on that.	𝗟𝗟 𝗟𝗟 𝗟𝗟 𝗟𝗟
148	We will wrap up today's meeting here.	𝗟𝗟 𝗟𝗟 𝗟𝗟 𝗟𝗟
149	I'll move on to the next topic.	𝗟𝗟 𝗟𝗟 𝗟𝗟 𝗟𝗟
150	We will start again after a 10minute break.	𝗟𝗟 𝗟𝗟 𝗟𝗟 𝗟𝗟
151	I'll get to the point.	𝗟𝗟 𝗟𝗟 𝗟𝗟 𝗟𝗟
152	I'll wait for your call.	𝗟𝗟 𝗟𝗟 𝗟𝗟 𝗟𝗟
153	In terms of sales, the new product will do good.	𝗟𝗟 𝗟𝗟 𝗟𝗟 𝗟𝗟
154	Some people are going to lose their jobs.	𝗟𝗟 𝗟𝗟 𝗟𝗟 𝗟𝗟
155	Are you going to move all your production to Slovakia next year?	𝗟𝗟 𝗟𝗟 𝗟𝗟 𝗟𝗟
156	Are we going to have a meeting at 9:30 am?	𝗟𝗟 𝗟𝗟 𝗟𝗟 𝗟𝗟
157	It is going to be difficult to increase market share.	𝗟𝗟 𝗟𝗟 𝗟𝗟 𝗟𝗟
158	Our team is going to have a get together this Thursday after work.	𝗟𝗟 𝗟𝗟 𝗟𝗟 𝗟𝗟
159	Are you going to talk about the business outlook for next year?	𝗟𝗟 𝗟𝗟 𝗟𝗟 𝗟𝗟
160	It looks like inflation is going to fall next year.	𝗟𝗟 𝗟𝗟 𝗟𝗟 𝗟𝗟

STEP 4	뽀갠 문장 확인하기

🔊 한글 문장만 보고도 2초 안에 영어 문장이 입에서 나온다면 박스에 체크 표시를 하세요. 문장을 제대로
'뽀갠' 것입니다. 만약 2초 안에 나오지 않는 문장이 있다면 STEP 3로 돌아가서 다시 연습하세요.

141	제가 당신에게 다시 전화하겠습니다(즉흥).	☐
142	내년에 저는 40살이 됩니다(당연한 미래).	☐
143	저는 내일 제 은행 매니저와 미팅할 예정입니다(계획).	☐
144	저는 내일 그녀와 만날 예정입니다(계획).	☐
145	저는 내일 그녀와 만납니다(가까운 미래).	☐
146	제가 당신에게 다음 주까지 연락하겠습니다(즉흥).	☐
147	우리는 그것을 다음으로 미루겠습니다(즉흥).	☐
148	우리는 오늘 회의를 이것으로 마치겠습니다(즉흥).	☐
149	다음 주제로 넘어가겠습니다(즉흥).	☐
150	10분 동안 쉰 후 다시 시작하지요(즉흥).	☐
151	본론으로 들어가겠습니다(즉흥).	☐
152	저는 당신이 전화하길 기다릴 거예요(즉흥).	☐
153	판매 면에서 신제품은 좋을 거예요(즉흥).	☐
154	몇몇 사람들은 일자리를 잃을 예정입니다(계획).	☐
155	내년에 당신들의 생산 시설을 모두 슬로바키아로 옮길 계획인가요(계획)?	☐
156	우리는 9시 30분에 회의를 할 예정인가요(계획)?	☐
157	시장 점유율을 높이기는 어려울 전망입니다(계획).	☐
158	우리 팀은 이번 주 목요일 퇴근 후에 모임을 할 예정이에요(계획).	☐
159	당신은 내년의 사업 전망에 대해 이야기할 예정입니까(계획)?	☐
160	내년에는 인플레이션이 떨어질 전망으로 보입니다(계획).	☐

DAY 11 | can / could로 연차 승인받기

- 주어 + **can** + **동사** : 주어는 **동사** **할 수 있습니다** .

Can   Could

←――――――――――――――――――――――――――→

직접적인 표현   정중하고 완곡한 표현

- 'I can~'은 '~을 할 수 있다', '~이 가능하다'라는 뜻으로 사용합니다.

  I can come to the party. 저는 파티에 갈 수 있어요.

  I can do whatever I want. 내가 원한다면 난 무엇이든 할 수 있어요.

- **Can** **주어** + **동사** ~? : 주어가 **동사** **할 수 있나요** ?

- 'Can you~?'는 무언가를 해달라고 요청할 때 사용합니다. 반면 'Can I~?'는 내가 주체가 되어 무언가를 허가받을 때 쓰는 표현입니다.

  Can you change a twenty-dollar bill? 20달러 지폐를 잔돈으로 바꿔줄 수 있습니까?

  Can I cancel my reservation? 제가 예약을 취소할 수 있나요?

딱소장에게 물어봐!

"can과 be able to는 어떻게 구분해 사용하나요?

그리고 can과 could의 뉘앙스에는 무슨 차이가 있나요?"

STEP 2 응용해보기

➡ STEP 1에서 배운 내용을 토대로 주어진 한글 문장을 영어로 바꿔보세요.

1 제가 당신에게 다시 전화해도 될까요?

_____

2 제가 계산서를 받을 수 있나요? 부탁해요.

_____

3 호텔 예약을 취소해주시겠습니까? 부탁드립니다.

_____

4 요점을 다시 말씀해주시겠습니까?

_____

5 제가 견본을 좀 볼 수 있나요?

_____

STEP 3 > 문장 뽀개기

🔊 큰 소리로 20번씩 따라 읽으세요. 따라 읽을 때마다 막대기를 하나씩 그리세요.

161	Can I call you back?	𝍖 𝍖 𝍖 𝍖
162	Can I speak to Mr. Nam, please?	𝍖 𝍖 𝍖 𝍖
163	Can I have the bill, please?	𝍖 𝍖 𝍖 𝍖
164	Can I have a drink?	𝍖 𝍖 𝍖 𝍖
165	Could you cancel the hotel reservation, please?	𝍖 𝍖 𝍖 𝍖
166	Could I ask who is calling?	𝍖 𝍖 𝍖 𝍖
167	Could you give me directions to your office?	𝍖 𝍖 𝍖 𝍖
168	Can I see some samples?	𝍖 𝍖 𝍖 𝍖
169	Can you send me the catalog?	𝍖 𝍖 𝍖 𝍖
170	Could you give me your business card?	𝍖 𝍖 𝍖 𝍖
171	Can I reach you at this number?	𝍖 𝍖 𝍖 𝍖
172	Can you email it to me?	𝍖 𝍖 𝍖 𝍖
173	Can you fax me the documents?	𝍖 𝍖 𝍖 𝍖
174	Could you repeat the main point?	𝍖 𝍖 𝍖 𝍖
175	Can you come up with a plan by tomorrow?	𝍖 𝍖 𝍖 𝍖
176	Can everybody hear me?	𝍖 𝍖 𝍖 𝍖
177	Could you speak more slowly, please?	𝍖 𝍖 𝍖 𝍖
178	We can't do that due to our company policy.	𝍖 𝍖 𝍖 𝍖
179	You can pay by credit card.	𝍖 𝍖 𝍖 𝍖
180	Can you tell us when the report will be ready?	𝍖 𝍖 𝍖 𝍖

STEP 4 　뽀갠 문장 확인하기

◀)) 한글 문장만 보고도 2초 안에 영어 문장이 입에서 나온다면 박스에 체크 표시를 하세요. 문장을 제대로 '뽀갠' 것입니다. 만약 2초 안에 나오지 않는 문장이 있다면 STEP 3로 돌아가서 다시 연습하세요.

161	제가 당신에게 다시 전화해도 될까요?	☐
162	남 씨와 통화할 수 있을까요? 부탁해요.	☐
163	제가 계산서를 받을 수 있나요? 부탁해요.	☐
164	제가 음료수를 한잔 마실 수 있나요?	☐
165	호텔 예약을 취소해주시겠습니까? 부탁드립니다.	☐
166	누구신지 물어봐도 되겠습니까?	☐
167	사무실로 가는 길 좀 알려주시겠습니까?	☐
168	제가 견본을 좀 볼 수 있나요?	☐
169	카탈로그를 보내줄 수 있나요?	☐
170	당신의 명함을 한 장 주시겠습니까?	☐
171	이 연락처로 연락하면 되나요?	☐
172	그걸 제게 이메일로 보내줄 수 있나요?	☐
173	그 서류를 제게 팩스로 보내줄 수 있나요?	☐
174	요점을 다시 말씀해주시겠습니까?	☐
175	당신이 내일까지 계획을 세울 수 있나요?	☐
176	다들 제 말이 들리나요?	☐
177	조금 더 천천히 말씀해주시겠습니까? 부탁드립니다.	☐
178	회사 방침에 따라 저희는 그렇게 할 수 없어요.	☐
179	당신은 신용카드로 결제할 수 있어요.	☐
180	보고서가 언제 준비되는지 우리에게 말해줄 수 있나요?	☐

STEP 1 ▶ 문장 구조 이해하기

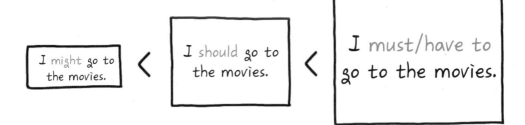

- 주어 + **might** + **동사** : 주어는 **동사** **할지도 모릅니다** .

- 가능성이 별로 없을 때 사용합니다. 'might'를 쓰지 않는 경우에는 'maybe'를 활용하면 쉽게 '~할지도
  모른다'의 뉘앙스를 전달할 수 있습니다.

  I might go to the movies tonight. 저는 오늘 밤 영화를 보러 갈지도 몰라요.

  Our factory might shut down if this slowdown keeps going on. 이런 불경기가
  계속된다면 우리 공장은 문을 닫을지도 모릅니다.

  Maybe she is at work now. 아마 그녀는 지금 회사에 있을 거예요.

  Maybe I'll be in Seoul tomorrow. 아마 저는 내일 서울에 있을 거예요.

- 주어 + **should** + **동사** : 주어는 **동사** **하는 게 좋습니다** (해야
  합니다).

- 'I think 주어 should~(주어가 ~해야 한다고 생각한다)' 형태로 자주 사용합니다.

  Tim should study harder. 팀은 더 열심히 공부해야 해요.

  I think you should come and join the get together in the evening. 저는 당신이
  오늘 저녁 회식에 와서 함께해야 한다고 생각해요.

• 주어 + must/have to + 동사 : 주어는 반드시 동사 해야 합니다 .

- must는 강한 의무를 나타냅니다. 공식적이고 격식을 차린 느낌을 줍니다.

I must finish **this work this week.** 저는 이 일을 이번 주에 끝내야만 해요.

You have to speak **to the HR Director.** 당신은 인사 팀장과 통화해야만 해요.

- must는 '~임에 틀림없다'라는 뜻으로도 사용됩니다.

You worked 10 hours today. You must be **tired.** 당신은 오늘 10시간이나 일했어요. 당신은 틀림없이 피곤할 거예요.

You must be **Mr. Kim. I've heard a lot about you.** 당신은 틀림없이 김 씨군요. 말씀 많이 들었습니다.

딱소장에게 물어봐!

"might, should, have to, must의 뉘앙스 차이를 잘 모르겠어요. 도와줘요, 딱소장!"

➡ STEP 1에서 배운 내용을 토대로 주어진 한글 문장을 영어로 바꿔보세요.

1 저는 반드시 치과에 가야 합니다.

_____

2 저는 우리가 그 계약을 따낼 수도 있다고 생각합니다.

_____

3 마감일에 맞추기 위해 그는 더 열심히 일해야 합니다.

_____

4 저는 우리가 연구에 더 많은 돈을 써야 한다고 생각해요.

_____

5 저는 집에 가기 전에 이 보고서를 반드시 끝내야 합니다.

_____

STEP 3 문장 뽀개기

🔊 큰 소리로 20번씩 따라 읽으세요. 따라 읽을 때마다 막대기를 하나씩 그리세요.

181	Do you think you may be on annual leave tomorrow?	卌 卌 卌 卌
182	Should we discuss that over dinner?	卌 卌 卌 卌
183	May I have your attention, please.	卌 卌 卌 卌
184	I think we might win the contract.	卌 卌 卌 卌
185	You must be Mr. Robert.	卌 卌 卌 卌
186	She must be tired.	卌 卌 卌 卌
187	He should work harder to meet the deadline.	卌 卌 卌 卌
188	I think you should take care of yourself.	卌 卌 卌 卌
189	I have to go to the dentist.	卌 卌 卌 卌
190	Mike doesn't have to work very hard.	卌 卌 卌 卌
191	We had to wait a long time for his reply.	卌 卌 卌 卌
192	Maybe we should sleep on this and try again next week.	卌 卌 卌 卌
193	We will have to stop here.	卌 卌 卌 卌
194	I have to finish this report before I go home.	卌 卌 卌 卌
195	Do you have to prepare your presentation?	卌 卌 卌 卌
196	I think we should spend more money on research.	卌 卌 卌 卌
197	Do you think I should start looking for another job if I'm not happy?	卌 卌 卌 卌
198	We may have to increase our prices next year.	卌 卌 卌 卌
199	Will you be in the office on that day?	卌 卌 卌 卌
200	That shouldn't be a problem.	卌 卌 卌 卌

STEP 4 ▶ 뽀갠 문장 확인하기

◀» 한글 문장만 보고도 2초 안에 영어 문장이 입에서 나온다면 박스에 체크 표시를 하세요. 문장을 제대로 '뽀갠' 것입니다. 만약 2초 안에 나오지 않는 문장이 있다면 STEP 3로 돌아가서 다시 연습하세요.

181	당신은 내일 연차 휴가를 낼 수 있다고 생각하나요?	☐
182	그것에 대해서는 저녁을 먹으면서 상의할까요?	☐
183	주목해주시겠습니까?	☐
184	저는 우리가 그 계약을 따낼 수도 있다고 생각합니다.	☐
185	당신이 틀림없이 로버트 씨군요.	☐
186	그녀는 틀림없이 피곤하겠군요.	☐
187	마감일에 맞추기 위해 그는 더 열심히 일해야 합니다.	☐
188	저는 당신이 당신 자신을 더 돌봐야 한다고 생각해요.	☐
189	저는 반드시 치과에 가야 합니다.	☐
190	마이크는 열심히 일할 필요가 없습니다.	☐
191	우리는 그의 답장을 오랫동안 기다려야 했습니다.	☐
192	아마도 우리는 이걸 더 숙고한 후 다음 주에 다시 시도해야 할 것 같아요.	☐
193	우리는 이쯤에서 멈춰야 할 것 같습니다.	☐
194	저는 집에 가기 전에 이 보고서를 반드시 끝내야 합니다.	☐
195	당신은 반드시 발표를 준비해야 합니까?	☐
196	저는 우리가 연구에 더 많은 돈을 써야 한다고 생각해요.	☐
197	제가 행복하지 않다면 다른 직업을 찾기 시작해야 한다고 당신은 생각하나요?	☐
198	우리는 내년에 가격을 인상해야 할지도 몰라요.	☐
199	당신은 그날 사무실에 있을 건가요?	☐
200	그건 문제가 되지 않을 것입니다.	☐

3분간 엔젤 소개하기

딱이만큼 영어연구소에서는 영어 공부와 숙제를 함께하는 친구를 '엔젤'이라고 부릅니다. 여러분에게도 공부를 함께하는 스터디 친구가 있나요? 이번 주에는 3개월간 영어 공부의 여정에 함께할 나의 엔젤을 소개해봅시다. 만약 엔젤이 없다면 가상의 친구를 떠올려봐도 좋아요. 자신의 엔젤을 3분 이상 영어로 소개해보고 그를 동영상으로 찍는 것이 이번 주의 딱 이만큼 미션입니다. 아래에 소개하는 단계별 지침을 따라 나의 엔젤을 소개해보세요.

Hi?

STEP 1. 엔젤과 대화 나누기

영어로 말하는 단계에 들어가기 전, 엔젤과 미리 한국어로 대화를 충분히 나눠주세요. 아래 사항에 대해 질문하고, 해당되는 답을 키워드만 적어두세요.

질문	키워드
이름	
사는 지역	
직업	
영어를 배우는 이유	
2주간 공부한 소감	
영어에 대한 최종 목표	
앞으로의 다짐	

STEP 2. 엔젤 소개 작성해보기

STEP 1에서 엔젤에 대한 이야기를 충분히 듣고 키워드를 적어두었다면, 그 키워드를 토대로 엔젤 소개를 영어로 작성해봅시다.

_____

_____

_____

_____

_____

STEP 3. 엔젤 소개 동영상 찍어보기

스크립트를 외워 말하면서 동영상을 찍어보세요. 스크립트대로 똑같이 말할 필요는 없습니다. 키워드를 보고, 그 키워드에 대한 내용을 술술 말할 수만 있다면 미션 성공입니다.

딱소장에게 물어봐!

"엔젤을 어떻게 소개해야 할지 모르겠어요! 만약 엔젤이 없다면 어떡하나요?"

WEEK 3
비즈니스 문법 회화
500문장 뽀개기 201~300

STEP 1 ▶ 문장 구조 이해하기

- **would**

  - 정중하게 무언가를 요청할 때 사용합니다. 비즈니스 상황에서 주로 사용하지요.

    Would you please contact Mr.Kim? 김 씨에게 연락해주시겠습니까?

    Would you help me fill out this form? 이 서류 작성 좀 도와주시겠습니까?

- **주어 + would like + to 동사 : 주어는 동사 하고 싶습니다 .**

  - 정중한 요청 표현으로, 비즈니스 관계이거나 만난 지 얼마 되지 않은 상대에게 주로 사용하는 비즈니스 필수 구문입니다.

    I'd like to speak to Mr. Jang, please. 장 씨와 이야기하고 싶습니다.

    We would like to invite you to our party. 당신을 저희의 파티에 초대하고 싶습니다.

- **I + would like(want) + 대상 to 동사 : 주어는 대상이 동사 하길 원합니다 .**

  - 'would like'는 'want'에 비해 정중한 표현입니다.

    I'd like you to take a rest. 저는 당신이 좀 쉬었으면 좋겠어요.

    We would like you to join our team as soon as possible. 저희는 당신이 가능한 빨리 저희 팀에 합류하기를 원합니다.

딱소장에게 물어봐!

"will과 would의 차이점은 무엇인가요? would의 뉘앙스가 이해가 안 가요! 도와줘요, 딱소장!"

STEP 2 　　응용해보기

▶ STEP 1에서 배운 내용을 토대로 주어진 한글 문장을 영어로 바꿔보세요.

1　저는 제 방을 바꾸고 싶습니다.

_____

2　당신을 다음 주 점심 식사에 초대하고 싶습니다.

_____

3　메시지를 남기시겠습니까?

_____

4　그 회사는 자신의 사원들이 구조 조정에 대해 알기를 원하지 않습니다.

_____

5　그 문제에 대해서 우리에게 더 많은 정보를 주시겠습니까?

_____

STEP 3 　　문장 뽀개기

🔊 큰 소리로 20번씩 따라 읽으세요. 따라 읽을 때마다 막대기를 하나씩 그리세요.

201	Would you say that again?	〢〢 〢〢 〢〢 〢〢
202	I'd like to change my room.	〢〢 〢〢 〢〢 〢〢
203	I'm sure she would like some sweeties.	〢〢 〢〢 〢〢 〢〢
204	I'd like to invite you to lunch next week.	〢〢 〢〢 〢〢 〢〢
205	I'd rather work than take a break.	〢〢 〢〢 〢〢 〢〢
206	Would you like to see our factory?	〢〢 〢〢 〢〢 〢〢
207	Would you like me to tell her to call you back?	〢〢 〢〢 〢〢 〢〢
208	Would you like to make a toast?	〢〢 〢〢 〢〢 〢〢
209	Would you like to leave a message?	〢〢 〢〢 〢〢 〢〢
210	Would you mind explaining it in more detail?	〢〢 〢〢 〢〢 〢〢
211	I'd like to set up a meeting with you at your earliest convenience.	〢〢 〢〢 〢〢 〢〢
212	I'd like to apologize for the problems I created.	〢〢 〢〢 〢〢 〢〢
213	Who would like to take the minutes?	〢〢 〢〢 〢〢 〢〢
214	I'd like to finish by thanking you all for coming.	〢〢 〢〢 〢〢 〢〢
215	I'd welcome your feedback.	〢〢 〢〢 〢〢 〢〢
216	The company doesn't want its employees to know it's restructuring.	〢〢 〢〢 〢〢 〢〢
217	What advice would you give me?	〢〢 〢〢 〢〢 〢〢
218	Would you mind giving us more information on that matter?	〢〢 〢〢 〢〢 〢〢
219	I'd like to talk about how we organize things in this department.	〢〢 〢〢 〢〢 〢〢
220	I'd rather stay in the company than find another job.	〢〢 〢〢 〢〢 〢〢

STEP 4 ▶ 뽀갠 문장 확인하기

◀) 한글 문장만 보고도 2초 안에 영어 문장이 입에서 나온다면 박스에 체크 표시를 하세요. 문장을 제대로 '뽀갠' 것입니다. 만약 2초 안에 나오지 않는 문장이 있다면 STEP 3로 돌아가서 다시 연습하세요.

201	한 번 더 말씀해주시겠습니까?	☐
202	저는 제 방을 바꾸고 싶습니다.	☐
203	그녀가 달콤한 과자를 좋아할 거라고 저는 확신해요.	☐
204	당신을 다음 주 점심식사에 초대하고 싶습니다.	☐
205	저는 이렇게 쉬느니 차라리 일을 하겠습니다.	☐
206	저희 공장을 보시겠습니까?	☐
207	당신한테 전화를 드리라고 제가 그녀에게 전해드릴까요?	☐
208	당신이 건배를 하겠습니까?	☐
209	메시지를 남기시겠습니까?	☐
210	그것에 대해 좀 더 자세하게 설명해주시겠습니까?	☐
211	가능한 한 빨리 당신과 미팅을 잡고 싶습니다.	☐
212	저는 제가 만든 문제에 대해 사과하고 싶습니다.	☐
213	회의록은 누가 작성하시겠습니까?	☐
214	저는 모두들 와주셔서 고맙다는 인사로 마무리하고 싶습니다.	☐
215	저는 당신의 피드백을 환영합니다.	☐
216	그 회사는 자신의 직원들이 구조 조정에 대해 알기를 원하지 않습니다.	☐
217	제게 어떤 조언을 해주시겠습니까?	☐
218	그 문제에 대해 우리에게 더 많은 정보를 주시겠습니까?	☐
219	저는 이 부서에서 우리가 어떻게 일을 정리하는지 이야기하고 싶어요.	☐
220	저는 다른 직장을 구하느니 차라리 회사에 남겠습니다.	☐

의문사로 면접 보기

STEP 1 · 문장 구조 이해하기

● 의문사 + 동사 + 주어

- who(누가), what(무엇을), when(언제), where(어디서), how(어떻게), why(왜) 6가지를 '의문사'라고 하며, 여기에 주어와 동사를 붙여 질문을 만들 수 있습니다.

  Who is calling, please? 실례지만 통화하고 있는 분이 누구인가요?

  What are you doing? 당신은 무엇을 하고 있나요?

  When did you arrive this morning? 당신은 오늘 아침에 언제 도착했나요?

  Since when have you been working on the report? 당신은 언제부터 그 보고서를 써왔나요?

  Where do you live? 당신은 어디에 사나요?

  How was the presentation? 프레젠테이션은 어땠나요?

  Why are you so moody today? 당신은 오늘 왜 그렇게 기분이 안 좋은가요?

- 의문사를 주어로 사용할 수 있습니다. 의문사 바로 뒤에 질문하는 내용을 넣으면 됩니다.

  What sports do you like? 무슨 운동을 좋아하세요?

  How much is it? 이것은 얼마인가요?

  Who lives in your house? 당신의 집에는 누가 사나요?

딱소장에게 물어봐!

"의문문을 만드는 법이 아직도 어렵습니다.
의문사에 대해 좀 더 자세히 설명해주세요! Since when은 무슨 뜻인가요?"

STEP 2 ▶ 응용해보기

⊟ STEP 1에서 배운 내용을 토대로 주어진 한글 문장을 영어로 바꿔보세요.

1 당신은 무슨 일을 하고 있나요?

_____

2 언제부터 근무를 시작할 수 있나요?

_____

3 새 직장은 어떻습니까?

_____

4 지금 말하고 있는 분이 누구인가요?

_____

5 무엇을 전공했습니까?

_____

| STEP 3 | 문장 뽀개기 |

🔊 큰 소리로 20번씩 따라 읽으세요. 따라 읽을 때마다 막대기를 하나씩 그리세요.

221	When do you need it by?	〦〦 〦〦 〦〦 〦〦
222	What is this regarding?	〦〦 〦〦 〦〦 〦〦
223	What do you do for a living?	〦〦 〦〦 〦〦 〦〦
224	Do you know when this branch was set up?	〦〦 〦〦 〦〦 〦〦
225	Do you remember where I put the document?	〦〦 〦〦 〦〦 〦〦
226	How long is your commute?	〦〦 〦〦 〦〦 〦〦
227	How much experience do you have?	〦〦 〦〦 〦〦 〦〦
228	When can you start working?	〦〦 〦〦 〦〦 〦〦
229	What did you major in?	〦〦 〦〦 〦〦 〦〦
230	Who am I speaking to?	〦〦 〦〦 〦〦 〦〦
231	How is the new job?	〦〦 〦〦 〦〦 〦〦
232	How would you like to pay?	〦〦 〦〦 〦〦 〦〦
233	How do you like your coffee?	〦〦 〦〦 〦〦 〦〦
234	What are your thoughts on this?	〦〦 〦〦 〦〦 〦〦
235	What kind of person are you looking for?	〦〦 〦〦 〦〦 〦〦
236	Where do you see yourself in 10 years?	〦〦 〦〦 〦〦 〦〦
237	How does 2:30 pm Thursday sound?	〦〦 〦〦 〦〦 〦〦
238	Who did you go to the conference with?	〦〦 〦〦 〦〦 〦〦
239	When can I expect to hear from you?	〦〦 〦〦 〦〦 〦〦
240	Who is presiding over the meeting?	〦〦 〦〦 〦〦 〦〦

STEP 4 — 뽀갠 문장 확인하기

◀)) 한글 문장만 보고도 2초 안에 영어 문장이 입에서 나온다면 박스에 체크 표시를 하세요. 문장을 제대로 '뽀갠' 것입니다. 만약 2초 안에 나오지 않는 문장이 있다면 STEP 3로 돌아가서 다시 연습하세요.

221	당신은 그것이 언제까지 필요합니까?	☐
222	무슨 용건인가요?	☐
223	당신은 무슨 일을 하고 있나요?	☐
224	당신은 이 지사가 언제 설립되었는지 아나요?	☐
225	제가 그 서류를 어디에 두었는지 기억하나요?	☐
226	통근 시간이 얼마나 됩니까?	☐
227	경력이 얼마나 됩니까?	☐
228	언제부터 근무를 시작할 수 있나요?	☐
229	무엇을 전공했습니까?	☐
230	지금 말하고 있는 분이 누구인가요?	☐
231	새 직장은 어떻습니까?	☐
232	결제는 어떻게 하시겠습니까?	☐
233	커피는 어때요?	☐
234	이 건에 대해 어떻게 생각하나요?	☐
235	어떤 사람을 찾고 있습니까?	☐
236	당신은 10년 후엔 자신이 어떨 거라고 생각하나요?	☐
237	목요일 오후 2시 30분 어떻습니까?	☐
238	누구와 함께 회의에 참석했나요?	☐
239	언제쯤 연락을 줄 수 있나요?	☐
240	누가 회의를 주재합니까?	☐

| **부드럽게 업무 지시하기**

▶ **문장 구조 이해하기**

- **Please** + **동사** : **동사** **해주십시오** .

- 정중하게 무언가를 요청할 때 사용하는 표현입니다.

    Please give me a call when you have some time. 시간 날 때 전화 부탁드립니다.

    Please go on reporting. 보고 계속해주십시오.

- **Let's** + **동사** : **동사** **합시다** .

- 'Please'보다는 격식 없는 표현으로, 동료 사이에서 일상적으로 쓸 수 있습니다.

    Let's call it a day. 오늘은 그만합시다.

    Let's try someplace new for lunch today. 오늘 점심은 새로운 곳을 도전해봅시다.

- **Why don't** + **주어** + **동사** ? : **동사** **하는 게 어때요** ?

- 가볍게 제안하거나 권유할 때 사용하는 표현입니다.

    Why don't you check it once again? 한 번 더 확인해보는 게 어때요?

    Why don't we call it a day? 오늘은 그만하는 게 어때요?

- **How about** + **동사ing** ? : **동사하는 것** **어때요** ?

- How about 뒤에 동사ing나 명사를 붙여서 무언가를 제안할 수 있습니다.

    How about trying somewhere else? 다른 곳을 시도해보는 것 어때요?

    How about going for a walk? 잠깐 산책하는 것 어때요?

STEP 2 　 응용해보기

▶ STEP 1에서 배운 내용을 토대로 주어진 한글 문장을 영어로 바꿔보세요.

1 뉴욕행 편도 티켓 한 장 주십시오.

_____

2 오늘 저녁은 새로운 곳을 도전해봅시다.

_____

3 만약 질문이 있다면 이메일로 보내주십시오.

_____

4 다음 주제로 넘어갑시다.

_____

5 늦어도 금요일까지는 알려주십시오.

_____

STEP 3　문장 뽀개기

🔊 큰 소리로 20번씩 따라 읽으세요. 따라 읽을 때마다 막대기를 하나씩 그리세요.

241	Please go on reporting.	洲 洲 洲 洲
242	A single ticket to New York, please.	洲 洲 洲 洲
243	Dial 9 to get an outside line, please.	洲 洲 洲 洲
244	Please do not hesitate to contact me if you have any questions.	洲 洲 洲 洲
245	Please email me back if you have any questions.	洲 洲 洲 洲
246	Let me take you to the meeting room.	洲 洲 洲 洲
247	Please feel free to call me anytime.	洲 洲 洲 洲
248	Please be informed that we will be closed next Monday.	洲 洲 洲 洲
249	Let's move on to the next topic.	洲 洲 洲 洲
250	Let's pick this up tomorrow.	洲 洲 洲 洲
251	Why don't we call it a day and pick this up tomorrow?	洲 洲 洲 洲
252	Please let me know at your earliest convenience.	洲 洲 洲 洲
253	Please let me know by Friday at the latest.	洲 洲 洲 洲
254	Please have it done before the deadline.	洲 洲 洲 洲
255	Please come in to start next week.	洲 洲 洲 洲
256	Please cover for me.	洲 洲 洲 洲
257	Please finish it by this Friday.	洲 洲 洲 洲
258	Let's get down to business.	洲 洲 洲 洲
259	Please let me know if you can come.	洲 洲 洲 洲
260	Let me give you a hand.	洲 洲 洲 洲

STEP 4	뽀갠 문장 확인하기

🔊 한글 문장만 보고도 2초 안에 영어 문장이 입에서 나온다면 박스에 체크 표시를 하세요. 문장을 제대로 '뽀갠' 것입니다. 만약 2초 안에 나오지 않는 문장이 있다면 STEP 3로 돌아가서 다시 연습하세요.

번호	문장	체크
241	보고 계속해주십시오.	☐
242	뉴욕행 편도 티켓 한 장 주십시오.	☐
243	외부 연결을 원한다면 9번을 누르십시오.	☐
244	궁금한 점이 있다면 망설이지 말고 연락해주십시오.	☐
245	만약 질문이 있다면 이메일로 보내주십시오.	☐
246	제가 회의실로 안내하겠습니다.	☐
247	언제든지 편하게 전화해주십시오.	☐
248	다음 주 월요일은 휴업임을 알려드립니다.	☐
249	다음 주제로 넘어갑시다.	☐
250	이건 내일 이어서 계속합시다.	☐
251	오늘은 여기까지 하고 내일 이어서 계속하는 것 어때요?	☐
252	가능한 한 빨리 알려주십시오.	☐
253	늦어도 금요일까지는 알려주십시오.	☐
254	마감 시간까지 끝내주십시오.	☐
255	다음 주부터 출근해주십시오.	☐
256	저 대신 업무를 맡아주십시오.	☐
257	이번 금요일까지는 끝내주십시오.	☐
258	본론으로 들어갑시다.	☐
259	당신이 올 수 있는지 제게 알려주십시오.	☐
260	제가 도와줄게요.	☐

비교급과 최상급으로 성과 보고하기

A   B   C

big   bigger (than A)   the biggest

● 비교급

1음절 형용사 : 형용사 + er + than

2음절 이상 형용사 : more + 형용사 + than

- 1음절 형용사에는 단어 끝에 '~er'을 붙여 비교급을 만들고, 2음절 이상의 형용사에는 단어 앞에 'more' 을 붙여 비교급을 만듭니다. 그리고 'than+비교 대상'을 넣어 다른 무언가와의 비교를 표현할 수 있습 니다.

She is taller **than me.** 그녀는 저보다 키가 큽니다.

Peter is older **than me.** 피터는 저보다 나이가 많습니다.

This business is more interesting **than I thought.** 이 사업은 제가 생각했던 것보다 더 재미있습니다.

This machine is more expensive **than my car.** 이 기계는 제 차보다 비쌉니다.

• 날짜 : _____ 년 _____ 월 _____ 일

WEEK1
WEEK2
WEEK3
WEEK4
WEEK5

- **최상급**

  1음절 형용사 : the 형용사 + est

  2음절 이상 형용사 : the most + 형용사

- 최상급도 마찬가지로 1음절 형용사에는 단어 앞에 'the'를 붙인 후 단어 끝에 '~est'를 붙여 최상급 표현을 만듭니다. 2음절 이상 형용사에는 단어 앞에 'the most'만 붙여줍니다.

  Tom is the tallest in my class. 톰은 우리 반에서 가장 키가 큽니다.

  Our price is the most competitive in the market. 저희 가격이 시장에서 가장 경쟁력이 있습니다.

- **as 형용사/부사 as~ : ~만큼 형용사/부사 한**

- as와 as 사이에 형용사나 부사를 넣어 비교급 표현을 만들 수 있습니다. 예를 들어 'as soon as possible'은 '가능한 한 빨리'라는 표현이며, 'as hard as~'는 '~만큼 열심히'라는 표현이 됩니다.

  The sales is as good as last year. 매출이 작년만큼 좋습니다.

  I don't work as hard as I did when I was a rookie. 나는 신입사원이었을 때만큼 열심히 일하지는 않아요.

딱소장에게 물어봐!
"many, much, few, little도 비교급, 최상급으로 쓸 수 있나요?
그리고 as~as 구문을 쉽게 말할 수 있는 방법이 있나요?"

▶ STEP 1에서 배운 내용을 토대로 주어진 한글 문장을 영어로 바꿔보세요.

1 그것은 우리 경쟁사들보다 더 저렴합니다.

_____

2 돈이 인생에서 가장 중요한 것은 아닙니다.

_____

3 그는 당신만큼 열심히 일합니다.

_____

4 브라질은 라틴아메리카에서 가장 큰 경제 규모를 갖고 있습니다.

_____

5 저희가 아시아에서 가장 큰 제조업체입니다.

_____

STEP 3	문장 뽀개기

🔊 큰 소리로 20번씩 따라 읽으세요. 따라 읽을 때마다 막대기를 하나씩 그리세요.

261	It is cheaper than our competitors.	𝈫 𝈫 𝈫 𝈫
262	I don't think we need more than two hours.	𝈫 𝈫 𝈫 𝈫
263	We are the largest manufacturer in Asia.	𝈫 𝈫 𝈫 𝈫
264	China has a bigger economy than Japan.	𝈫 𝈫 𝈫 𝈫
265	He works as hard as you do.	𝈫 𝈫 𝈫 𝈫
266	Do you have any more meetings today?	𝈫 𝈫 𝈫 𝈫
267	Brazil has the biggest economy in Latin America.	𝈫 𝈫 𝈫 𝈫
268	Is it harder and harder to do business in Korea?	𝈫 𝈫 𝈫 𝈫
269	Is North America your biggest market in terms of sales by region?	𝈫 𝈫 𝈫 𝈫
270	Is it getting more and more difficult to make a profit in the music business?	𝈫 𝈫 𝈫 𝈫
271	The company has earned more money than it needs.	𝈫 𝈫 𝈫 𝈫
272	The restaurant is more crowded than usual.	𝈫 𝈫 𝈫 𝈫
273	I arrived at the same time as Tim.	𝈫 𝈫 𝈫 𝈫
274	The company's third-quarter profit was not as large as KOSPI expected.	𝈫 𝈫 𝈫 𝈫
275	Is KFC in China as profitable as in the United States?	𝈫 𝈫 𝈫 𝈫
276	Is this the most popular product that you have ever produced?	𝈫 𝈫 𝈫 𝈫
277	We have had fewer complaints since we improved our quality control system.	𝈫 𝈫 𝈫 𝈫
278	Money isn't the most important thing in life.	𝈫 𝈫 𝈫 𝈫
279	I think It is the worst movie I have ever seen.	𝈫 𝈫 𝈫 𝈫
280	Our turnover is as big as your company's.	𝈫 𝈫 𝈫 𝈫

STEP 4	뽀갠 문장 확인하기

🔊 한글 문장만 보고도 2초 안에 영어 문장이 입에서 나온다면 박스에 체크 표시를 하세요. 문장을 제대로 '뽀갠' 것입니다. 만약 2초 안에 나오지 않는 문장이 있다면 STEP 3로 돌아가서 다시 연습하세요.

261	그것은 우리의 경쟁사들보다 더 저렴합니다.	☐
262	제 생각에는 우리에게 두 시간 이상 필요할 것 같지는 않습니다.	☐
263	저희가 아시아에서 가장 큰 제조업체입니다.	☐
264	중국은 일본보다 큰 경제 규모를 갖고 있습니다.	☐
265	그는 당신만큼 열심히 일합니다.	☐
266	오늘 다른 미팅은 없습니까?	☐
267	브라질은 라틴아메리카에서 가장 큰 경제 규모를 갖고 있습니다.	☐
268	한국에서 사업을 하는 것이 점점 더 힘들어집니까?	☐
269	북아메리카는 지역 매출 면에서 당신에게 가장 큰 시장입니까?	☐
270	음악 사업에서 이윤을 남기기가 점점 더 어려워지고 있습니까?	☐
271	그 회사는 그들이 필요한 것보다 많은 돈을 벌었습니다.	☐
272	그 식당은 평소보다 붐빕니다.	☐
273	나는 팀과 같은 시간에 도착했습니다.	☐
274	이 회사의 3분기 이익은 코스피가 예상했던 것만큼 크지 않았습니다.	☐
275	중국의 KFC는 미국만큼 수익성이 좋습니까?	☐
276	이 제품이 지금까지 당신이 생산했던 것 중 가장 인기 있는 제품인가요?	☐
277	품질 관리 시스템을 개선한 이후로 불평이 적어졌습니다.	☐
278	돈이 인생에서 가장 중요한 것은 아닙니다.	☐
279	저는 그것이 제가 지금까지 본 것 중 최악의 영화라고 생각해요.	☐
280	우리의 매출액은 당신의 회사만큼 큽니다.	☐

문장 구조 이해하기

- **가정법 현재**

  If + 주어 + 동사1 현재형, 주어 + will / shall / can / may + 동사2 현재형

  만약 주어가 동사1 하면 · 주어가 동사2 할 것이다.

  - 미래에 일어날 것 같은 일, 가능성 높은 일에 대해 말할 때 사용합니다.

    If you work hard, you will get promoted. 열심히 일한다면 당신은 승진할 거예요.

    If I win the contract, I'll get a bonus. 이번 계약에 성공하면 저는 보너스를 받을 거예요.

    If business is going well, everyone is happy. 사업이 잘된다면 모두 행복할 거예요.

- **가정법 과거**

  If + 주어 + 동사1 과거형, 주어 + would / could / might + 동사2 현재형

  만약 주어가 동사1 하면 · 주어가 동사2 할 텐데.

  - 상상 혹은 일어나지 않을 것 같은 미래, 가능성 낮은 일에 대해 말할 때 사용합니다

    If I won the lottery, I'd buy a building in Gangnam. 내가 로또에 당첨되면 강남에 있는 빌딩을 살 텐데.

    It would be nice if you could give me a hand. 당신이 나를 도와준다면 좋을 텐데.

    If you had free time, what would you do? 만약 여유 시간이 있다면 무엇을 하실 건가요?

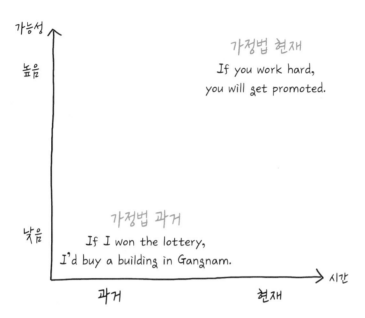

가능성

높음

가정법 현재
If you work hard,
you will get promoted.

가정법 과거
낮음   If I won the lottery,
I'd buy a building in Gangnam.

시간

과거   현재

- **I wish** + 주어 + **would/could** + **동사** : 주어가 **동사**

  하면 좋을 텐데 .

- 가정법 과거와 같은 구조로, 가능성 낮은 소망이나 유감스러움을 말할 때 사용합니다.

  I wish **the client** would **get back to us.** 그 고객이 우리에게 돌아오면 좋을 텐데.

  I wish **she** would **get to the point.** 그녀가 요점을 말하면 좋을 텐데.

딱소장에게 물어봐!

"'If'와 'When'은 무엇이 다르죠? 'hope'와 'wish'는 또 언제 사용하나요?
가정법이 너무 어려워요! 도와줘요, 딱소장!"

▶ STEP 1에서 배운 내용을 토대로 주어진 한글 문장을 영어로 바꿔보세요.

1 만약 판매가 오르면 저는 보너스를 받을 거예요.

---

2 만약 판매가 오른다면 나는 보너스를 받을 텐데.

---

3 만약 그가 당신에게 묻는다면 당신은 진실을 말해야 합니다.

---

4 만약 우리가 1000개를 주문하면 할인해주실 수 있습니까?

_____

5 만약 내가 K-POP 가수로 데뷔한다면 나는 돈을 많이 벌 텐데.

_____

STEP 3	문장 뽀개기

🔊 큰 소리로 20번씩 따라 읽으세요. 따라 읽을 때마다 막대기를 하나씩 그리세요.

281	I'll get a bonus if sales go up.	𝈪𝈪 𝈪𝈪 𝈪𝈪 𝈪𝈪
282	I'd get a bonus if sales went up.	𝈪𝈪 𝈪𝈪 𝈪𝈪 𝈪𝈪
283	Will it be a good thing if one more member joins your team?	𝈪𝈪 𝈪𝈪 𝈪𝈪 𝈪𝈪
284	If we order 1000 pieces, will you give us a discount?	𝈪𝈪 𝈪𝈪 𝈪𝈪 𝈪𝈪
285	If we ordered 1000 pieces, would you give us a discount?	𝈪𝈪 𝈪𝈪 𝈪𝈪 𝈪𝈪
286	Do you hope the negotiations go well?	𝈪𝈪 𝈪𝈪 𝈪𝈪 𝈪𝈪
287	I hope the merger will be a success.	𝈪𝈪 𝈪𝈪 𝈪𝈪 𝈪𝈪
288	If we don't reduce our costs, We will go out of business.	𝈪𝈪 𝈪𝈪 𝈪𝈪 𝈪𝈪
289	If anyone calls, please tell them I'm in a meeting.	𝈪𝈪 𝈪𝈪 𝈪𝈪 𝈪𝈪
290	If he says no, you have to try to persuade him.	𝈪𝈪 𝈪𝈪 𝈪𝈪 𝈪𝈪
291	If they ask you, you should tell the truth.	𝈪𝈪 𝈪𝈪 𝈪𝈪 𝈪𝈪
292	If you offered a lower price, you would get the contract.	𝈪𝈪 𝈪𝈪 𝈪𝈪 𝈪𝈪
293	Our supplier will deliver more parts if we pay all the money we owe them.	𝈪𝈪 𝈪𝈪 𝈪𝈪 𝈪𝈪
294	If you turn to page 74, you will find the answer.	𝈪𝈪 𝈪𝈪 𝈪𝈪 𝈪𝈪
295	If you need more information, please don't hesitate to contact me.	𝈪𝈪 𝈪𝈪 𝈪𝈪 𝈪𝈪
296	If I can interrupt for a moment, I'd like to mention that we need to be focused on the agenda during the meeting.	𝈪𝈪 𝈪𝈪 𝈪𝈪 𝈪𝈪
297	If you don't mind, I'd prefer something a bit less spicy.	𝈪𝈪 𝈪𝈪 𝈪𝈪 𝈪𝈪
298	If I were you, I'd avoid causing problems with the company.	𝈪𝈪 𝈪𝈪 𝈪𝈪 𝈪𝈪
299	If you talked to him one-on-one, he might change his mind.	𝈪𝈪 𝈪𝈪 𝈪𝈪 𝈪𝈪
300	If we moved production to Slovakia, our costs might be just as high as in Korea.	𝈪𝈪 𝈪𝈪 𝈪𝈪 𝈪𝈪

STEP 4	뽀갠 문장 확인하기

◀)) 한글 문장만 보고도 2초 안에 영어 문장이 입에서 나온다면 박스에 체크 표시를 하세요. 문장을 제대로 '뽀갠' 것입니다. 만약 2초 안에 나오지 않는 문장이 있다면 STEP 3로 돌아가서 다시 연습하세요.

281	만약 판매가 오르면 저는 보너스를 받을 거예요.	☐
282	만약 판매가 오른다면 나는 보너스를 받을 텐데.	☐
283	만약 한 명 더 팀에 합류한다면 좋은 일일까요?	☐
284	만약 우리가 1000개를 주문하면 할인해줄 건가요?	☐
285	만약 우리가 1000개를 주문하면 할인해주실 수 있습니까?	☐
286	당신은 협상이 잘되길 바랍니까?	☐
287	저는 합병이 성공했으면 좋겠어요.	☐
288	비용을 줄이지 않는다면 우리는 폐업할 거예요.	☐
289	만약 누가 전화한다면, 저는 회의 중이라고 말해주세요.	☐
290	만약 그가 싫다고 하면, 당신은 반드시 그를 설득하려고 노력해야 합니다.	☐
291	만약 그들이 당신에게 묻는다면, 당신은 진실을 말해야 합니다.	☐
292	만약 당신이 더 낮은 가격을 제시한다면 당신은 계약을 따낼 텐데.	☐
293	만약 우리가 빌린 돈을 모두 지불하면 공급업체는 더 많은 부품을 보내줄 거예요.	☐
294	74쪽을 펼치면 당신은 답을 찾을 수 있을 거예요.	☐
295	정보가 더 필요하다면 망설이지 말고 연락해주세요.	☐
296	만약 잠시 방해해도 된다면 회의 중엔 주제에 집중해야 한다고 말하고 싶습니다.	☐
297	당신이 괜찮으시다면 저는 조금 덜 매운 게 좋아요.	☐
298	내가 당신이라면 난 회사에 문제를 일으키지 않을 거예요.	☐
299	당신이 그와 일대일로 이야기한다면 그가 생각을 바꿀지도 몰라요.	☐
300	만약 우리가 슬로바키아로 생산 시설을 옮긴다면 우리의 비용은 한국만큼 높을 거예요.	☐

텅 트위스터로 딱 이만큼 발음 갖추기

딱이만큼 영어연구소에서는 항상 '원어민 같은 영어'를 지향하지 않는다고 말합니다. 그럴 때마다 사람들은 이런 질문을 하곤 합니다. "그렇다면 발음과 억양은 어떻게 하나요?" 물론 딱이만큼 영어연구소에서도 발음을 가르칩니다. 단지 '원어민처럼 발음하기 위해서'가 아닐 뿐입니다. 발음 수업의 목적은 단 하나, '듣는 사람이 알아듣게 하기 위해서'이지요. 원어민들이 들었을 때 무슨 단어인지 이해할 수 있고, 의사소통에 무리가 없는 수준이라면 충분히 발음이 좋다고 말할 수 있습니다.

'원어민이 되는' 게 아니라, '원어민이 알아듣게' 만드는 것이 중요합니다. 그리고 외국인이 들었을 때 'l'인지 'r'인지, 's'인지 'th'인지 이해할 수 있는 발음 정도는 누구나 연습으로 충분히 소리 낼 수 있습니다. 지레 겁먹거나 포기하지 마세요. 혀를 정확한 위치에 갖다 대기만 하면 발음은 올바르게 나옵니다. 영어라는 언어는 절대 우리를 속이지 않으니까요.

딱소장에게 물어봐!
"어떻게 하면 올바른 발음을 할 수 있나요?"

• Tongue Twister •

'딱소장에게 물어봐!'를 보며 올바르게 발음하는 법을 배워보았나요? 이제 혀를 더욱 기민하게 만들 차례입니다. 엔젤과 직접 대화를 나눠보거나 통화를 하면서 아래의 문장을 각각 10번씩 정확한 발음으로 이야기해보세요. 만약 함께할 엔젤이 없다면 녹음해서 자신의 발음이 정확한지 직접 들어보세요.

r/l
1 Little Red Riding Hood.
2 Rory's lawn rake rarely rakes really right.

s/th
3 The thoughtful mouse's mouth is something else.
4 A skunk sat on a stump and thunk the stump stunk, but the stump thunk the skunk stunk.

f/p
5 Of all the felt I've ever felt I never felt a piece of felt.
6 Peter Piper picked a peck of pickled peppers.

v/b
7 Betty loves the velvet vest best.
8 Barber baby bubbles and a bumblebee.

gh/ph
9 Phil has the author's biography and autograph.
10 Did your nephew hear the phone ring?

WEEK 4
비즈니스 문법 회화
500문장 뽀개기 301~400

STEP 1 ▶ 문장 구조 이해하기

● **관계대명사 who, which, that**

I met [Tom] . 저는 톰을 만났습니다.

[He] can speak 6 languages. 그는 6개 국어를 할 수 있습니다.

▼

I met [Tom who] can speak 6 languages. 저는 6개 국어를 할 수 있는 톰을 만났습니다.
톰=그

- 관계대명사는 문장과 문장을 이어 무언가를 자세히 설명할 때 사용합니다. 사람에는 'who'와 'that', 사물에는 'which'와 'that'을 사용하며 'that'은 생략할 수도 있습니다.

The woman who designed new product works for Samsung.

신제품을 디자인한 그 여자는 삼성에서 일합니다.

She asked a question which was difficult to answer.

그녀는 대답하기 어려운 질문을 던졌습니다.

● **의문사 + 주어 + 동사 : 주어가 동사하는 의문사**

- '의문사 + 주어 + 동사' 구조의 관계대명사를 주어와 목적어 역할로 쓸 수 있습니다.

I don't know what you say. 당신이 무슨 말을 하는지 모르겠어요.

Do you know where the client's office is? 그 고객의 사무실이 어디인지 아십니까?

딱소장에게 물어봐!

"관계대명사가 너무 어려워요. 좀 더 자세히 알고 싶어요!"

STEP 2	응용해보기

➡ STEP 1에서 배운 내용을 토대로 주어진 한글 문장을 영어로 바꿔보세요.

1 저는 제가 묵었던 호텔을 추천할 수 있어요.

_____

2 저는 막 대학을 졸업한 오빠가 있습니다.

_____

3 판매 계획은 우리가 논의한 주요 사항이었습니다.

_____

4 우리가 갔던 식당은 역 근처에 있습니다.

_____

5 우리가 결정해야 하는 것은 다음 분기의 마케팅 전략입니다.

_____

STEP 3 　　 문장 뽀개기

🔊 큰 소리로 20번씩 따라 읽으세요. 따라 읽을 때마다 막대기를 하나씩 그리세요.

301	What we need to decide is our marketing strategy for next quarter.	𝗧𝗛𝗟 𝗧𝗛𝗟 𝗧𝗛𝗟 𝗧𝗛𝗟
302	What was the main thing that we talked about?	𝗧𝗛𝗟 𝗧𝗛𝗟 𝗧𝗛𝗟 𝗧𝗛𝗟
303	I can recommend the hotel that I stayed in.	𝗧𝗛𝗟 𝗧𝗛𝗟 𝗧𝗛𝗟 𝗧𝗛𝗟
304	Do you get what I'm saying?	𝗧𝗛𝗟 𝗧𝗛𝗟 𝗧𝗛𝗟 𝗧𝗛𝗟
305	I'd like you to meet a colleague who works in the London office.	𝗧𝗛𝗟 𝗧𝗛𝗟 𝗧𝗛𝗟 𝗧𝗛𝗟
306	That's all I wanted to say about training.	𝗧𝗛𝗟 𝗧𝗛𝗟 𝗧𝗛𝗟 𝗧𝗛𝗟
307	Have you introduced a new product that is aimed at the youth market?	𝗧𝗛𝗟 𝗧𝗛𝗟 𝗧𝗛𝗟 𝗧𝗛𝗟
308	The sales plan was the main thing that we discussed.	𝗧𝗛𝗟 𝗧𝗛𝗟 𝗧𝗛𝗟 𝗧𝗛𝗟
309	I'll always remember the day they made me a team leader.	𝗧𝗛𝗟 𝗧𝗛𝗟 𝗧𝗛𝗟 𝗧𝗛𝗟
310	Did the pharmacy have what you needed?	𝗧𝗛𝗟 𝗧𝗛𝗟 𝗧𝗛𝗟 𝗧𝗛𝗟
311	It wasn't easy to follow what she said.	𝗧𝗛𝗟 𝗧𝗛𝗟 𝗧𝗛𝗟 𝗧𝗛𝗟
312	Do you have any days left of annual leave?	𝗧𝗛𝗟 𝗧𝗛𝗟 𝗧𝗛𝗟 𝗧𝗛𝗟
313	The sales assistant, who was only about 19, said I could have a discount.	𝗧𝗛𝗟 𝗧𝗛𝗟 𝗧𝗛𝗟 𝗧𝗛𝗟
314	Does the candidate who Director Kim is interviewing this afternoon have an MBA in marketing?	𝗧𝗛𝗟 𝗧𝗛𝗟 𝗧𝗛𝗟 𝗧𝗛𝗟
315	The markets that we need to focus on are Brazil and Russia.	𝗧𝗛𝗟 𝗧𝗛𝗟 𝗧𝗛𝗟 𝗧𝗛𝗟
316	General Electric was run by Jack Welch, who was born in 1935.	𝗧𝗛𝗟 𝗧𝗛𝗟 𝗧𝗛𝗟 𝗧𝗛𝗟
317	JTBC is a news organization whose reputation is excellent.	𝗧𝗛𝗟 𝗧𝗛𝗟 𝗧𝗛𝗟 𝗧𝗛𝗟
318	The online retailer whose website I use most often is Coupang.	𝗧𝗛𝗟 𝗧𝗛𝗟 𝗧𝗛𝗟 𝗧𝗛𝗟
319	Do you understand the reason why he resigned from his job?	𝗧𝗛𝗟 𝗧𝗛𝗟 𝗧𝗛𝗟 𝗧𝗛𝗟
320	What did the sales assistant who you spoke to yesterday say?	𝗧𝗛𝗟 𝗧𝗛𝗟 𝗧𝗛𝗟 𝗧𝗛𝗟

🔊 한글 문장만 보고도 2초 안에 영어 문장이 입에서 나온다면 박스에 체크 표시를 하세요. 문장을 제대로 '뽀갠' 것입니다. 만약 2초 안에 나오지 않는 문장이 있다면 STEP 3로 돌아가서 다시 연습하세요.

301	우리가 결정해야 하는 것은 다음 분기의 마케팅 전략입니다.	☐
302	우리가 이야기한 주요 안건은 무엇이었습니까?	☐
303	저는 제가 묵었던 호텔을 추천할 수 있어요.	☐
304	제 말이 무슨 말인지 알겠나요?	☐
305	저는 당신이 런던에서 일하는 동료를 만나봤으면 좋겠어요.	☐
306	트레이닝에 대해 제가 하고 싶었던 말은 그게 다예요.	☐
307	당신은 청소년 시장을 겨냥한 신제품을 선보인 적이 있습니까?	☐
308	판매 계획은 우리가 논의한 주요 사항이었습니다.	☐
309	저는 그들이 날 팀의 리더로 만들었던 날을 항상 기억할 거예요.	☐
310	약국은 당신이 필요로 하는 것을 갖고 있었습니까?	☐
311	그녀의 말을 따르기가 쉽지 않았습니다.	☐
312	당신은 남은 연차 휴가가 있나요?	☐
313	겨우 19살쯤 먹은 영업 보조사원은 자신이 할인해줄 수 있다고 말했어요.	☐
314	오늘 오후에 김 이사님이 면접을 보는 지원자는 마케팅 MBA를 갖고 있습니까?	☐
315	우리가 집중할 필요가 있는 시장은 브라질과 러시아입니다.	☐
316	제너럴 일렉트릭은 1935년에 태어난 잭 웰치에 의해 운영되었습니다.	☐
317	JTBC는 평판이 좋은 언론 기관입니다.	☐
318	제가 가장 자주 사용하는 웹사이트인 온라인 유통업체는 쿠팡입니다.	☐
319	당신은 그가 일을 그만둔 이유를 이해합니까?	☐
320	어제 당신과 통화한 판매 사원이 뭐라고 말했습니까?	☐

- ## 시간의 전치사

at	on	in
시곗바늘이 시간을 찍어주는 느낌	요일, 날짜 등에 사용	주 이상의 기간에 사용

She leaves home at 7 am everyday.   I'll call you on Monday.   I'm taking a business trip in July.

- ## 장소의 전치사

at	on	in
장소를 콕! 찍어주는 느낌	어딘가에 붙어 있다는 느낌	~의 안에 있다는 느낌

  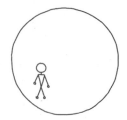

They met at a town building.   The light is on the ceiling.   The person is in Seoul.

• 시간과 공간의 전치사 한눈에 보기

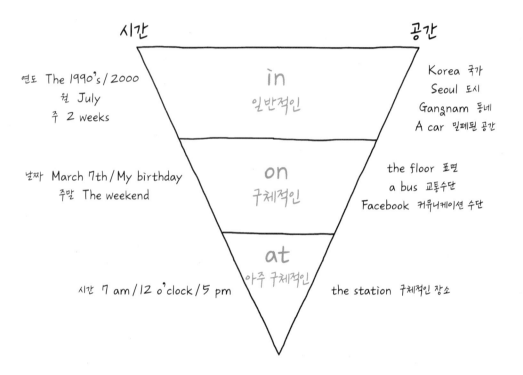

시간   공간

연도 The 1990's / 2000
월 July
주 2 weeks

in
일반적인

Korea 국가
Seoul 도시
Gangnam 동네
A car 밀폐된 공간

날짜 March 7th / My birthday
주말 The weekend

on
구체적인

the floor 표면
a bus 교통수단
Facebook 커뮤니케이션 수단

at
아주 구체적인

시간 7 am / 12 o'clock / 5 pm

the station 구체적인 장소

딱소장에게 물어봐!

"시간과 공간의 전치사가 잘 이해가 안 가요. 도와줘요, 딱소장!"

▶ STEP 1에서 배운 내용을 토대로 주어진 한글 문장을 영어로 바꿔보세요.

1 저는 버스 정류장에서 기다리고 있었습니다.

_____

2 저는 보통 저녁에 외출합니다.

_____

3 제 생일은 3월 21일이에요.

_____

4 제가 화요일에 당신에게 전화하겠습니다.

5 우리는 초봄의 추운 오후에 만났습니다.

STEP 3 　　　文章 뽀개기

🔊 큰 소리로 20번씩 따라 읽으세요. 따라 읽을 때마다 막대기를 하나씩 그리세요.

321	Does Thursday at 2:30 pm suit you?	𝍓 𝍓 𝍓 𝍓
322	I'll meet you at the main entrance.	𝍓 𝍓 𝍓 𝍓
323	I was waiting at the bus stop.	𝍓 𝍓 𝍓 𝍓
324	Her passport was in her bag.	𝍓 𝍓 𝍓 𝍓
325	Our clothes are manufactured in Japan.	𝍓 𝍓 𝍓 𝍓
326	The door was open so I walked in.	𝍓 𝍓 𝍓 𝍓
327	Do you have a picture of your wife and children on your desk?	𝍓 𝍓 𝍓 𝍓
328	There is a clock on the wall over there.	𝍓 𝍓 𝍓 𝍓
329	Look in the appendix at the end of the report.	𝍓 𝍓 𝍓 𝍓
330	I usually get up at 6 o'clock.	𝍓 𝍓 𝍓 𝍓
331	Would you call me at lunchtime?	𝍓 𝍓 𝍓 𝍓
332	My manager drove at 100 km an hour.	𝍓 𝍓 𝍓 𝍓
333	Does water boil at 100 degrees?	𝍓 𝍓 𝍓 𝍓
334	I work best in the morning.	𝍓 𝍓 𝍓 𝍓
335	I usually go out in the evening.	𝍓 𝍓 𝍓 𝍓
336	We met on a cold afternoon in early spring.	𝍓 𝍓 𝍓 𝍓
337	It happened in the week after Christmas.	𝍓 𝍓 𝍓 𝍓
338	Will you call me on Tuesday?	𝍓 𝍓 𝍓 𝍓
339	Is your birthday on March 21?	𝍓 𝍓 𝍓 𝍓
340	Don't worry, We will get to the airport on time.	𝍓 𝍓 𝍓 𝍓

STEP 4 ▶ 뽀갠 문장 확인하기

🔊 한글 문장만 보고도 2초 안에 영어 문장이 입에서 나온다면 박스에 체크 표시를 하세요. 문장을 제대로 '뽀갠' 것입니다. 만약 2초 안에 나오지 않는 문장이 있다면 STEP 3로 돌아가서 다시 연습하세요.

321	목요일 오후 2시 30분이 당신에게 괜찮습니까?	☐
322	정문에서 당신을 기다리겠습니다.	☐
323	저는 버스 정류장에서 기다리고 있었습니다.	☐
324	그녀의 여권은 그녀의 가방 안에 있습니다.	☐
325	우리의 옷은 일본에서 제조됩니다.	☐
326	문이 열려 있었고 그래서 저는 걸어 들어갔습니다.	☐
327	당신은 책상 위에 아내와 아이들 사진을 갖고 있습니까?	☐
328	저기 벽에 시계가 있습니다.	☐
329	보고서 끝에 있는 부록을 봐주세요.	☐
330	저는 보통 6시에 일어납니다.	☐
331	당신이 제게 점심시간에 전화해주시겠습니까?	☐
332	제 매니저는 시속 100km로 운전했습니다.	☐
333	물은 100도에서 끓습니까?	☐
334	저는 아침에 가장 일을 잘합니다.	☐
335	저는 보통 저녁에 외출합니다.	☐
336	우리는 초봄의 추운 오후에 만났습니다.	☐
337	그것은 크리스마스 다음 주에 일어났습니다.	☐
338	당신이 제게 화요일에 전화하겠어요?	☐
339	당신의 생일이 3월 21일입니까?	☐
340	걱정하지 마세요, 우리는 제시간에 공항에 도착할 거예요.	☐

헷갈리는 전치사 뽀개기 1

- 위치의 전치사

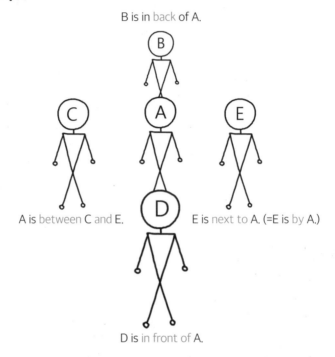

B is in back of A.

A is between C and E.　　E is next to A. (=E is by A.)

D is in front of A.

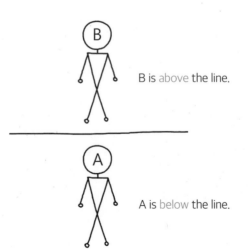

B is above the line.

A is below the line.

• 날짜 : _____ 년 _____ 월 _____ 일

WEEK1
WEEK2
WEEK3
WEEK4
WEEK5

- **by와 until**

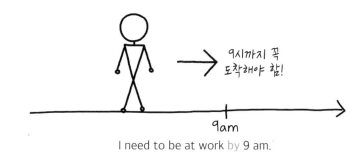

by
~까지

I need to be at work by 9 am.

until
~까지 계속

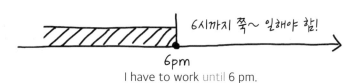

I have to work until 6 pm.

- **그 밖의 전치사**

through
~을 통해(관통해서)

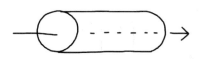

I had to work through the night.

around
빙 둘러, 주변에

I'd like to walk around the park.

across
건너서, 가로질러

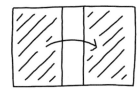

There is a school across the street.

along
~을 (계속) 따라서

I walked slowly along the road.

to

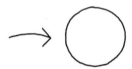

Peter is going to Japan next month.

from

Where does his attitude come from?

into

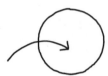

My son got into a car.

out of

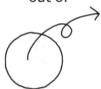

She is coming out of the house.

on

(붙어 있음)

There are some pictures on the wall.

off

Take your coat off.

over

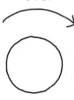

I walked over the risky bridge.

under

She dived under the water.

• 날짜 : _____ 년 _____ 월 _____ 일

WEEK1

WEEK2

WEEK3

WEEK4

WEEK5

STEP 2 ▶ 응용해보기

▣ STEP 1에서 배운 내용을 토대로 주어진 한글 문장을 영어로 바꿔보세요.

1 그는 사무실 뒤쪽에 앉습니다.

_____

2 저는 모든 경영진 앞에 서야 했습니다.

_____

3 당신은 그걸 제게 팩스로 보내줄 수 있나요?

_____

4 당신은 아직도 그 보고서 때문에 땀 흘리고 있나요?

_____

5 바이러스가 사무실에 유행하고 있습니다.

_____

STEP 3　　문장 뽀개기

큰소리로 20번 따라 읽으세요. 따라 읽을 때마다 막대기를 하나씩 그리세요.

341	You can complete the attached forms and return them to me by 3 June.	𝍷𝍷𝍷 𝍷𝍷𝍷 𝍷𝍷𝍷 𝍷𝍷𝍷
342	Until recently, the company was doing well.	𝍷𝍷𝍷 𝍷𝍷𝍷 𝍷𝍷𝍷 𝍷𝍷𝍷
343	I can explain the difference between a letter of South and North Korea.	𝍷𝍷𝍷 𝍷𝍷𝍷 𝍷𝍷𝍷 𝍷𝍷𝍷
344	We sat next to each other.	𝍷𝍷𝍷 𝍷𝍷𝍷 𝍷𝍷𝍷 𝍷𝍷𝍷
345	Did you have to stand up in front of the whole management team?	𝍷𝍷𝍷 𝍷𝍷𝍷 𝍷𝍷𝍷 𝍷𝍷𝍷
346	He sits in the back of the office.	𝍷𝍷𝍷 𝍷𝍷𝍷 𝍷𝍷𝍷 𝍷𝍷𝍷
347	We have to inform you that payment of the above invoice is now overdue.	𝍷𝍷𝍷 𝍷𝍷𝍷 𝍷𝍷𝍷 𝍷𝍷𝍷
348	Inflation stayed below 4% last month.	𝍷𝍷𝍷 𝍷𝍷𝍷 𝍷𝍷𝍷 𝍷𝍷𝍷
349	Can you send it to me by fax?	𝍷𝍷𝍷 𝍷𝍷𝍷 𝍷𝍷𝍷 𝍷𝍷𝍷
350	He was on the plane from New York.	𝍷𝍷𝍷 𝍷𝍷𝍷 𝍷𝍷𝍷 𝍷𝍷𝍷
351	Did she put all her energy into her work?	𝍷𝍷𝍷 𝍷𝍷𝍷 𝍷𝍷𝍷 𝍷𝍷𝍷
352	Our software is out of date.	𝍷𝍷𝍷 𝍷𝍷𝍷 𝍷𝍷𝍷 𝍷𝍷𝍷
353	Is she on holiday?	𝍷𝍷𝍷 𝍷𝍷𝍷 𝍷𝍷𝍷 𝍷𝍷𝍷
354	Did we discuss the plan?	𝍷𝍷𝍷 𝍷𝍷𝍷 𝍷𝍷𝍷 𝍷𝍷𝍷
355	Is she good at training new employees?	𝍷𝍷𝍷 𝍷𝍷𝍷 𝍷𝍷𝍷 𝍷𝍷𝍷
356	Are you still sweating over that report?	𝍷𝍷𝍷 𝍷𝍷𝍷 𝍷𝍷𝍷 𝍷𝍷𝍷
357	Are you really under pressure to meet all your deadlines?	𝍷𝍷𝍷 𝍷𝍷𝍷 𝍷𝍷𝍷 𝍷𝍷𝍷
358	Is it possible to infect another person through kissing?	𝍷𝍷𝍷 𝍷𝍷𝍷 𝍷𝍷𝍷 𝍷𝍷𝍷
359	There is a virus going around the office.	𝍷𝍷𝍷 𝍷𝍷𝍷 𝍷𝍷𝍷 𝍷𝍷𝍷
360	She is working with vitality and new ideas.	𝍷𝍷𝍷 𝍷𝍷𝍷 𝍷𝍷𝍷 𝍷𝍷𝍷

STEP 4　　뽀갠 문장 확인하기

🔊 한글 문장만 보고도 2초 안에 영어 문장이 입에서 나온다면 박스에 체크 표시를 하세요. 문장을 제대로 '뽀갠' 것입니다. 만약 2초 안에 나오지 않는 문장이 있다면 STEP 3로 돌아가서 다시 연습하세요.

341	당신은 첨부된 양식을 끝내서 제게 6월 3일까지 보내주면 됩니다.	☐
342	최근까지 이 회사는 잘나가고 있었습니다.	☐
343	저는 남한과 북한의 차이를 설명할 수 있습니다.	☐
344	우리는 나란히 앉았습니다.	☐
345	당신은 모든 경영진 앞에 섰어야 했나요?	☐
346	그는 사무실 뒤쪽에 앉습니다.	☐
347	우리는 위 청구서에 대한 지불 기한이 지났음을 당신에게 알려드려야 합니다.	☐
348	지난달 물가 상승률이 4%를 밑돌았습니다.	☐
349	당신은 그걸 제게 팩스로 보내줄 수 있나요?	☐
350	그는 뉴욕에서 오는 비행기에 타고 있었습니다.	☐
351	그녀는 그녀의 일에 전력을 다했습니까?	☐
352	우리의 소프트웨어는 구식이에요.	☐
353	그녀는 휴가 중입니까?	☐
354	우리가 그 계획에 대해 상의했습니까?	☐
355	그녀는 신입 사원 교육을 잘합니까?	☐
356	당신은 아직도 그 보고서 때문에 땀 흘리고 있나요?	☐
357	당신은 당신의 마감일에 맞춰야 한다는 압박에 정말 시달리고 있나요?	☐
358	키스를 통해 다른 사람에게 감염시키는 것이 가능합니까?	☐
359	바이러스가 사무실에 유행하고 있습니다.	☐
360	그녀는 활력과 새로운 아이디어를 갖고 일하고 있습니다.	☐

● **기간의 전치사**

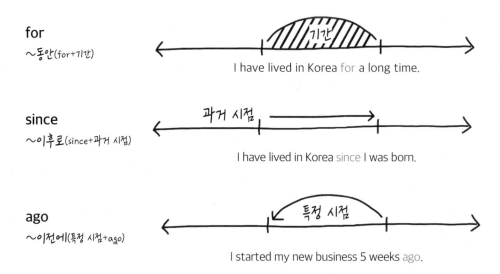

for
~동안(for+기간)

I have lived in Korea for a long time.

since
~이후로(since+과거 시점)

I have lived in Korea since I was born.

ago
~이전에(특정 시점+ago)

I started my new business 5 weeks ago.

● **Still과 Yet**

- 'still'과 'yet' 모두 '아직'이라는 뜻이지만 뉘앙스가 조금 다릅니다. 'still'은 과거부터 지금까지 계속될 때를 나타내는 표현이고 주로 긍정문에 쓰이며, 문장 중간에 들어갈 때가 많습니다. 반면 'yet'은 부정문과 질문에서 사용하며 보통 문장 끝에 붙여 사용합니다.

The game is still on. 그 경기는 아직 취소되지 않았습니다.

Has the payment been made yet? 아직도 대금이 지급되지 않았나요?

┌───┐
딱소장에게 물어봐!

"for, since, ago, still, yet, by, until…… 기간을 나타내는 전치사의 개념이 잘 안 잡혀요. 쉽게 설명해주세요, 딱소장!

└───┘

STEP 2	응용해보기

▶ STEP 1에서 배운 내용을 토대로 주어진 한글 문장을 영어로 바꿔보세요.

1 현대는 자동차로 알려져 있습니다.

_____

2 우리는 1994년부터 여기에 살아왔어요.

_____

3 그녀는 여섯 달 전에 그 회사에 합류했습니다.

_____

4 저는 아직 여행 가방을 싸지 못했어요.

_____

5 그녀는 금요일부터 휴가 중입니다.

_____

STEP 3 ▶ 문장 뽀개기

🔊 큰 소리로 20번씩 따라 읽으세요. 따라 읽을 때마다 막대기를 하나씩 그리세요.

361	Did you pay for the product in installments?	〲 〲 〲 〲
362	The meeting has been rescheduled for next week.	〲 〲 〲 〲
363	Hyundai is known for its cars.	〲 〲 〲 〲
364	Have you lived here since 1994?	〲 〲 〲 〲
365	It has been a long time since they left.	〲 〲 〲 〲
366	She has been off work since Friday.	〲 〲 〲 〲
367	How long ago did you buy it?	〲 〲 〲 〲
368	It happened almost exactly a year ago.	〲 〲 〲 〲
369	She joined the company six months ago.	〲 〲 〲 〲
370	Have you just arrived?	〲 〲 〲 〲
371	I just zoned out for a moment.	〲 〲 〲 〲
372	It was just an ordinary day.	〲 〲 〲 〲
373	Monday is already booked.	〲 〲 〲 〲
374	You have already been introduced.	〲 〲 〲 〲
375	We have spent all our budget already.	〲 〲 〲 〲
376	Have you decided what to do yet?	〲 〲 〲 〲
377	I haven't finished my report yet.	〲 〲 〲 〲
378	I haven't packed my suitcase yet.	〲 〲 〲 〲
379	Has the meeting finished yet?	〲 〲 〲 〲
380	I have been waiting for this class since last week.	〲 〲 〲 〲

STEP 4	뽀갠 문장 확인하기

🔊 한글 문장만 보고도 2초 안에 영어 문장이 입에서 나온다면 박스에 체크 표시를 하세요. 문장을 제대로 '뽀갠' 것입니다. 만약 2초 안에 나오지 않는 문장이 있다면 STEP 3로 돌아가서 다시 연습하세요.

361	당신은 그 상품의 대금을 할부로 지불했습니까?	☐
362	그 회의는 다음 주로 다시 잡혔습니다.	☐
363	현대는 자동차로 알려져 있습니다.	☐
364	당신은 1994년부터 여기에 살아왔습니까?	☐
365	그들이 떠난 지는 오래되었습니다.	☐
366	그녀는 금요일부터 휴가 중입니다.	☐
367	당신은 그걸 산 지 얼마나 되었습니까?	☐
368	그 일은 거의 1년 전에 일어났어요.	☐
369	그녀는 여섯 달 전에 그 회사에 합류했습니다.	☐
370	당신은 지금 막 도착했습니까?	☐
371	저는 그냥 잠시 멍해졌습니다.	☐
372	그날은 그저 평범한 날이었어요.	☐
373	월요일은 이미 일정이 있습니다.	☐
374	당신은 이미 소개되었습니다.	☐
375	우리는 이미 우리의 예산을 전부 썼습니다.	☐
376	당신은 어떻게 해야 할지 아직 결정하지 못했나요?	☐
377	저는 아직 보고서를 다 쓰지 못했어요.	☐
378	저는 아직 여행 가방을 싸지 못했어요.	☐
379	회의가 벌써 끝났습니까?	☐
380	저는 지난주부터 이 수업을 기다리고 있었습니다.	☐

STEP 1 ▶ 문장 구조 이해하기

- **There + be동사** + 대상 + (~) : 대상 **이** (~에) **있다** .

There is a girl.

There are girls.

There is a book.

There are books.

There are some people in the office. 사무실 안에 몇몇 사람들이 있습니다.

Is there a laptop on my desk? 제 책상 위에 노트북이 있나요?

There is a need for better plan to prevent the same accident. 똑같은 사고가 일어나는 것을 예방하기 위해서는 더 나은 계획이 필요합니다.

딱소장에게 물어봐!

"영어는 'it'으로 문장을 시작할 때가 많은 것 같아요. 'it'의 사용법을 정리해주세요!"

STEP 2　응용해보기

▶ STEP 1에서 배운 내용을 토대로 주어진 한글 문장을 영어로 바꿔보세요.

1 　오후 2시에 비행이 있습니다.

_____

2 　제 책상 위에 연필이 있나요?

_____

3 　어젯밤에 사고가 있었습니다.

_____

4 　냉장고 안에 먹을 것이 하나도 없습니다.

_____

5 　우리가 사용할 수 있는 또 다른 회의실이 있습니까?

_____

STEP 3	문장 뽀개기

🔊 큰 소리로 20번씩 따라 읽으세요. 따라 읽을 때마다 막대기를 하나씩 그리세요.

381	Is there a manager available?	卌 卌 卌 卌
382	There is just one more thing to tell you.	卌 卌 卌 卌
383	Is there anyone else I can speak to about our meeting?	卌 卌 卌 卌
384	Is there anything else that I can help you with today?	卌 卌 卌 卌
385	Was there anything else that you would like to ask?	卌 卌 卌 卌
386	Is there a flight at 2 pm?	卌 卌 卌 卌
387	There aren't nine members in my team.	卌 卌 卌 卌
388	There is no answer from her phone.	卌 卌 卌 卌
389	Are there any messages for me this morning?	卌 卌 卌 卌
390	There was an accident last night.	卌 卌 卌 卌
391	There isn't anything to eat in the fridge.	卌 卌 卌 卌
392	Are there any exceptions?	卌 卌 卌 卌
393	Is there another copy machine that I can use right away?	卌 卌 卌 卌
394	Is there another meeting room that we can use?	卌 卌 卌 卌
395	Is there a person in charge of the new project?	卌 卌 卌 卌
396	There will be time for questions at the end of my presentation.	卌 卌 卌 卌
397	Is there a clause regarding contract termination?	卌 卌 卌 卌
398	Are there any better ideas on this matter?	卌 卌 卌 卌
399	Is there anything else that we need to discuss?	卌 卌 卌 卌
400	Is there anything you can't eat?	卌 卌 卌 卌

STEP 4	뽀갠 문장 확인하기

🔊 한글 문장만 보고도 2초 안에 영어 문장이 입에서 나온다면 박스에 체크 표시를 하세요. 문장을 제대로 '뽀갠' 것입니다. 만약 2초 안에 나오지 않는 문장이 있다면 STEP 3로 돌아가서 다시 연습하세요.

381	매니저가 시간이 있습니까?	☐
382	당신에게 말할 것이 한 가지 더 있습니다.	☐
383	우리 미팅에 대해 이야기할 수 있는 사람 또 있습니까?	☐
384	오늘 제가 도와줄 수 있는 다른 일 있나요?	☐
385	당신이 묻고 싶은 또 다른 것이 있었습니까?	☐
386	오후 2시에 비행이 있습니까?	☐
387	우리 팀에는 9명이 있지 않습니다.	☐
388	그녀는 전화를 받지 않아요.	☐
389	오늘 아침에 제게 온 메시지가 있습니까?	☐
390	어젯밤에 사고가 있었습니다.	☐
391	냉장고 안에 먹을 것이 하나도 없습니다.	☐
392	예외가 있습니까?	☐
393	제가 지금 바로 사용할 수 있는 또 다른 복사기가 있습니까?	☐
394	우리가 사용할 수 있는 또 다른 회의실이 있습니까?	☐
395	새 프로젝트의 책임자가 있습니까?	☐
396	제 프레젠테이션 끝 부분에 질문할 시간이 있을 거예요.	☐
397	계약 해지에 관한 조항이 있습니까?	☐
398	이 문제에 대해 더 나은 아이디어가 있습니까?	☐
399	우리가 의논해야 할 또 다른 사항이 있습니까?	☐
400	혹시 당신이 못 먹는 것이 있습니까?	☐

5분간 엔젤 인터뷰하기

어느덧 딱이만큼 영어 회화를 시작한 지 한 달이 지났습니다. 공부는 계획대로 잘 돼 가고 있나요? 한 달 동안 '뽀갠' 문장들은 한글 해석만 봐도 저절로 입이 움직이지 않나 요? 이제 영어에도, 딱이만큼 영어 회화에도, 그리고 공부 친구인 엔젤에도 꽤나 익숙 해졌을 것 같습니다. 이번 주는 엔젤에 대해 더 깊이 알아가는 시간입니다.

엔젤과 번갈아가며 질문자와 응답자 역할을 맡아 서로를 5분 동안 영어로 인터뷰하 고 그 모습을 동영상으로 찍어보세요. 이 미션을 마치면 내가 질문하고 엔젤이 대답하 는 동영상, 엔젤이 질문하고 내가 대답하는 동영상 두 개가 나와야 합니다. 여기서는 충분히 서로를 알아가며 영어로 대화하는 게 목적이니, 더듬거리면서 해도 좋습니다. 마치 진짜 외국인과 대화하듯이 엔젤을 인터뷰해봅시다.

도무지 무슨 질문을 던져야 할지 모르겠다고요? 그런 분들을 위해 질문 리스트를 준 비했습니다. 하지만 5분 이상 대화가 이어진다면 20개의 질문을 전부 다 하지는 않아 도 됩니다. 다음의 질문 리스트는 인터뷰를 이어지게 만들기 위한 최소한의 질문이니, 여기에 얽매이지 않고 대화해도 좋습니다!

만약 엔젤이 없다면 주변에 영어로 답할 수 있는 사람을 찾아 인터뷰해보세요. 그런 능동성과 적극성이 여러분을 '영어 잘하는 사람'으로 만들어줄 거예요.

딱소장에게 물어봐!
"엔젤과의 5분 인터뷰, 어떻게 해야 할지 모르겠어요!"

• Question List •

1	**What is your name?** 당신의 이름은 무엇입니까?	
2	**How old are you?** 당신은 몇 살입니까?	
3	**Where do you live?** 어디에 사나요?	
4	**What do you do?** 무슨 일을 하나요?	
5	**What's your favorite sport?** 좋아하는 운동이 무엇인가요?	
6	**Why do you like that sport?** 왜 그 운동을 좋아하나요?	
7	**How long have you been learning English?** 영어를 얼마나 오래 공부했나요?	
8	**Why are you learning English?** 왜 영어를 공부하나요?	
9	**When was your first love?** 첫사랑이 언제였나요?	
10	**Who was your first love?** 첫사랑이 누구였나요?	
11	**Could you tell me about your first love?** 당신의 첫사랑에 관해 말해줄 수 있으십니까?	
12	**What's your hobby?** 취미가 무엇인가요?	
13	**Is there any hobby you want to have?** 갖고 싶은 새로운 취미가 있나요?	
14	**Why do you want to have that hobby?** 왜 그 취미를 갖고 싶은가요?	
15	**What do you do in your free time?** 여가 시간에 무엇을 하나요?	
16	**How many family members do you have?** 가족 구성원은 어떻게 되나요?	
17	**Would you please tell me about your family?** 가족에 대해 이야기해줄 수 있으십니까?	
18	**When was the most passionate moment in your life?** 인생에서 가장 열정적인 순간은 언제였나요?	
19	**Do you want to go back to those moments?** 그 시절로 돌아가고 싶나요?	
20	**What's your goal in your life?** 인생의 목표가 무엇인가요?	

WEEK 5
비즈니스 문법 회화
500문장 뽀개기 401~500

| some / any로 돌려 말하기

- ## Some과 Any : 약간, 어느 정도

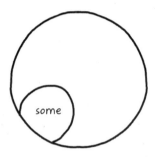 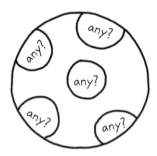

- 둘 다 '약간', '어느 정도'라는 뜻이지만 'some'은 긍정문에, 'any'는 부정문에 쓰입니다. 의문문에서도 대부분 'any'를 사용합니다.

We have hired some **new employees.** 우리는 직원을 어느 정도 충원했습니다.

Let's give some **thought to their offer.** 그들의 제안에 대해 좀 생각해봅시다.

He didn't buy any **gift for his wife.** 그는 아내를 위해 어떤 선물도 사지 않았습니다.

Is there any **information about the new business?** 신사업에 대해 새로운 정보가 좀 있나요?

딱소장에게 물어봐!

"'some'이 의문문에, 'any'가 긍정문에 쓰이는 경우는 대체 무엇인가요?"

STEP 2 ▶ 응용해보기

▶ STEP 1에서 배운 내용을 토대로 주어진 한글 문장을 영어로 바꿔보세요.

1 저는 돈이 하나도 없어요.

_____

2 테이블 위에 먹을 것이 있습니다.

_____

3 저는 제가 받은 보너스로 꽃을 조금 샀습니다.

_____

4 이 상황에서 조언 좀 해주시겠습니까?

_____

5 당신은 당신이 원하는 어떤 회사든 선택할 수 있어요.

_____

🔊 큰 소리로 20번씩 따라 읽으세요. 따라 읽을 때마다 막대기를 하나씩 그리세요.

401	Some will take early retirement.	𝍠 𝍠 𝍠 𝍠
402	I have some money.	𝍠 𝍠 𝍠 𝍠
403	Would you like some coffee?	𝍠 𝍠 𝍠 𝍠
404	I need something to read when I'm on a plane.	𝍠 𝍠 𝍠 𝍠
405	He needs some advice from his colleague.	𝍠 𝍠 𝍠 𝍠
406	Some of my colleagues are very smart.	𝍠 𝍠 𝍠 𝍠
407	Our company has got some money.	𝍠 𝍠 𝍠 𝍠
408	I bought some flowers with the bonus I got.	𝍠 𝍠 𝍠 𝍠
409	I got home, had something to eat and went to bed right away.	𝍠 𝍠 𝍠 𝍠
410	Did anyone break the windows last night?	𝍠 𝍠 𝍠 𝍠
411	Has anybody broken this window?	𝍠 𝍠 𝍠 𝍠
412	Is there anything to do around here?	𝍠 𝍠 𝍠 𝍠
413	Did the president say something to you?	𝍠 𝍠 𝍠 𝍠
414	I need to speak to someone in the financial department.	𝍠 𝍠 𝍠 𝍠
415	She was about to say something important.	𝍠 𝍠 𝍠 𝍠
416	Would you have some more tea?	𝍠 𝍠 𝍠 𝍠
417	Can I choose any computer I'd like?	𝍠 𝍠 𝍠 𝍠
418	Have you seen any clients today?	𝍠 𝍠 𝍠 𝍠
419	Does she have any money with her at the moment?	𝍠 𝍠 𝍠 𝍠
420	I went on a business trip to someplace in South America.	𝍠 𝍠 𝍠 𝍠

STEP 4 > 뽀갠 문장 확인하기

🔊 한글 문장만 보고도 2초 안에 영어 문장이 입에서 나온다면 박스에 체크 표시를 하세요. 문장을 제대로 '뽀갠' 것입니다. 만약 2초 안에 나오지 않는 문장이 있다면 STEP 3로 돌아가서 다시 연습하세요.

401	일부는 조기 퇴직을 할 거예요.	☐
402	저는 돈이 좀 있어요.	☐
403	커피 좀 드시겠습니까?	☐
404	저는 비행기에 있을 때 읽을 것이 필요해요.	☐
405	그에게는 동료의 조언이 어느 정도 필요합니다.	☐
406	제 동료 중 몇몇은 아주 똑똑해요.	☐
407	우리 회사는 어느 정도 돈을 갖고 있습니다.	☐
408	저는 제가 받은 보너스로 꽃을 조금 샀습니다.	☐
409	저는 집에 가서 무언가를 먹고 바로 잤습니다.	☐
410	어젯밤에 누가 혹시 창문을 깼나요?	☐
411	이 창문을 깨뜨린 사람 있나요?	☐
412	이 근처에서 할 일이 있습니까?	☐
413	대표가 당신에게 뭐라고 말했나요?	☐
414	저는 재무팀의 누군가와 통화해야 합니다.	☐
415	그녀는 중요한 말을 하려던 참이었어요.	☐
416	차를 좀 더 드시겠습니까?	☐
417	제가 원하는 컴퓨터를 무엇이든 고를 수 있나요?	☐
418	오늘 어떤 손님이든 본 적이 있습니까?	☐
419	그녀는 지금 돈을 조금이라도 갖고 있습니까?	☐
420	저는 남아메리카의 어딘가로 출장을 갔습니다.	☐

- **go**

  go to

  go home

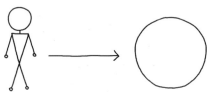

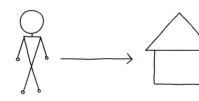

I go to work everyday.

She is going home.　　　(　O 　)
She is going to home.　　(　X 　)

- **get**

- **have**

손을 뻗어
대상을 잡는다는 느낌

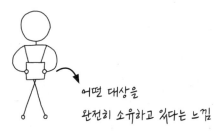

어떤 대상을
완전히 소유하고 있다는 느낌

- **make**

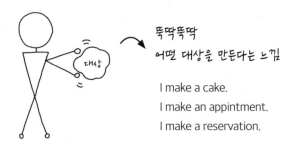

뚝딱뚝딱
어떤 대상을 만든다는 느낌

I make a cake.
I make an appintment.
I make a reservation.

STEP 2 응용해보기

▶ STEP 1에서 배운 내용을 토대로 주어진 한글 문장을 영어로 바꿔보세요.

1 제 친구는 저를 웃게 만들어요.(make)

_____

2 여기에 일찍 올 수 있나요?(get)

_____

3 당신은 항상 같은 실수를 합니까?(make)

_____

4 무슨 제안이라도 있나요?(have)

_____

5 저는 점심시간까지 이 일을 끝낼 거예요.(get)

_____

STEP 3 문장 뽀개기

🔊 큰 소리로 20번씩 따라 읽으세요. 따라 읽을 때마다 막대기를 하나씩 그리세요.

421	Do you deal with customer service in your job?	𝍸𝍸 𝍸𝍸 𝍸𝍸 𝍸𝍸
422	Do you think your business is going well?	𝍸𝍸 𝍸𝍸 𝍸𝍸 𝍸𝍸
423	How long does it take to get to work from here?	𝍸𝍸 𝍸𝍸 𝍸𝍸 𝍸𝍸
424	Does this machine run on electricity or battery?	𝍸𝍸 𝍸𝍸 𝍸𝍸 𝍸𝍸
425	Can you get here early?	𝍸𝍸 𝍸𝍸 𝍸𝍸 𝍸𝍸
426	Did he get a new position?	𝍸𝍸 𝍸𝍸 𝍸𝍸 𝍸𝍸
427	I got a computer from my company for work.	𝍸𝍸 𝍸𝍸 𝍸𝍸 𝍸𝍸
428	I'll get this finished by lunchtime.	𝍸𝍸 𝍸𝍸 𝍸𝍸 𝍸𝍸
429	We take it in turns to do the housework.	𝍸𝍸 𝍸𝍸 𝍸𝍸 𝍸𝍸
430	Does your friend make you laugh?	𝍸𝍸 𝍸𝍸 𝍸𝍸 𝍸𝍸
431	Do you always make the same mistake?	𝍸𝍸 𝍸𝍸 𝍸𝍸 𝍸𝍸
432	Do we have enough time to make a plan for the meeting?	𝍸𝍸 𝍸𝍸 𝍸𝍸 𝍸𝍸
433	Is it easy to make profits?	𝍸𝍸 𝍸𝍸 𝍸𝍸 𝍸𝍸
434	You can make as many photocopies as you need.	𝍸𝍸 𝍸𝍸 𝍸𝍸 𝍸𝍸
435	What is the secret to a successful business?	𝍸𝍸 𝍸𝍸 𝍸𝍸 𝍸𝍸
436	Do you have an appointment with the dentist this afternoon?	𝍸𝍸 𝍸𝍸 𝍸𝍸 𝍸𝍸
437	Do you have an excellent reputation for service?	𝍸𝍸 𝍸𝍸 𝍸𝍸 𝍸𝍸
438	Do you have any suggestions?	𝍸𝍸 𝍸𝍸 𝍸𝍸 𝍸𝍸
439	I'll have her call you back.	𝍸𝍸 𝍸𝍸 𝍸𝍸 𝍸𝍸
440	Do you have any cash on you?	𝍸𝍸 𝍸𝍸 𝍸𝍸 𝍸𝍸

STEP 4 　 뽀갠 문장 확인하기

🔊 한글 문장만 보고도 2초 안에 영어 문장이 입에서 나온다면 박스에 체크 표시를 하세요. 문장을 제대로 '뽀갠' 것입니다. 만약 2초 안에 나오지 않는 문장이 있다면 STEP 3로 돌아가서 다시 연습하세요.

421	당신은 직장에서 고객 서비스 업무를 하나요?	☐
422	당신은 당신의 사업이 잘되고 있다고 생각하나요?	☐
423	여기서 회사까지 가는 데 얼마나 걸리나요?	☐
424	이 기계는 전기나 배터리로 작동하나요?	☐
425	여기에 일찍 올 수 있나요?	☐
426	그는 새 일자리를 얻었습니까?	☐
427	저는 회사에서 일 때문에 컴퓨터를 받았습니다.	☐
428	저는 점심시간까지 이 일을 끝낼 거예요.	☐
429	우리는 돌아가며 집안일을 합니다.	☐
430	당신의 친구는 당신을 웃게 하나요?	☐
431	당신은 항상 같은 실수를 합니까?	☐
432	우리가 회의 계획을 세울 시간을 충분히 갖고 있나요?	☐
433	이윤을 남기는 것이 쉽습니까?	☐
434	당신은 당신이 필요한 만큼 복사본을 만들 수 있어요.	☐
435	성공적인 사업의 비결이 무엇입니까?	☐
436	당신은 오늘 오후에 치과 예약이 있습니까?	☐
437	당신은 서비스에 훌륭한 평판을 갖고 있나요?	☐
438	무슨 제안이라도 있나요?	☐
439	당신한테 전화하라고 제가 그녀에게 말하겠습니다.	☐
440	당신은 현금을 갖고 있습니까?	☐

- **give와 take**

give   take

- 'give'는 나의 영역에서 다른 곳으로 '주는' 느낌입니다. 반면 'take'는 나의 영역으로 어떤 대상을 '가져오는' 느낌이지요.

Could you give me directions to your office? 당신의 사무실로 가는 길을 알려주시겠습니까?

Give me your honest opinion. 당신의 솔직한 의견을 주세요.

I forgot to take my bag with me when I got off the subway. 저는 지하철에서 내리면서 가방을 가지고 내리는 것을 잊어버렸습니다.

Would you take this document to the HR department for me? 이 서류 좀 인사팀에 가져다주시겠어요?

딱소장에게 물어봐!
"go, get, have, make, give, take 모두 단어의 뜻은 알겠는데,
어떻게 활용해야 할지 모르겠어요! 명쾌한 활용법을 알려주세요!"

STEP 2 응용해보기

▶ STEP 1에서 배운 내용을 토대로 주어진 한글 문장을 영어로 바꿔보세요.

1 어떤 할인이라도 해줄 수 있나요?

_____

2 당신이 실수로 제 펜을 가져갔나요?

_____

3 당신은 매년 여름에 휴가를 가나요?

_____

4 그녀의 솔직한 의견을 제게 주세요.

_____

5 제게 몇 가지 더 자세히 설명해주시겠습니까?

_____

STEP 3 | 문장 뽀개기

🔊 큰 소리로 20번씩 따라 읽으세요. 따라 읽을 때마다 막대기를 하나씩 그리세요.

441	Could you give me a few more details?	𝍐 𝍐 𝍐 𝍐
442	Can you give me a date for another appointment?	𝍐 𝍐 𝍐 𝍐
443	We are very grateful to all the people who have given their time.	𝍐 𝍐 𝍐 𝍐
444	Can you give me a couple of minutes?	𝍐 𝍐 𝍐 𝍐
445	What you said has given me some ideas.	𝍐 𝍐 𝍐 𝍐
446	Can I give you a call when I get back from vacation?	𝍐 𝍐 𝍐 𝍐
447	Did you give over 200 free copies of the software to a local educational institution?	𝍐 𝍐 𝍐 𝍐
448	You should give at least two days to write the report.	𝍐 𝍐 𝍐 𝍐
449	Can you give me any discount?	𝍐 𝍐 𝍐 𝍐
450	Can I give you my honest opinion?	𝍐 𝍐 𝍐 𝍐
451	Did you take my pen by mistake?	𝍐 𝍐 𝍐 𝍐
452	When they got divorced, his wife took everything.	𝍐 𝍐 𝍐 𝍐
453	Can I take the elevator to the fourth floor?	𝍐 𝍐 𝍐 𝍐
454	How has the takeover affected you?	𝍐 𝍐 𝍐 𝍐
455	Can you take care of this project?	𝍐 𝍐 𝍐 𝍐
456	How long did it take you to learn English?	𝍐 𝍐 𝍐 𝍐
457	Do you take a vacation every summer?	𝍐 𝍐 𝍐 𝍐
458	How long does it take to finish your report?	𝍐 𝍐 𝍐 𝍐
459	The extension of the subway will take several months.	𝍐 𝍐 𝍐 𝍐
460	It will take him a while to get his company established.	𝍐 𝍐 𝍐 𝍐

◀» 한글 문장만 보고도 2초 안에 영어 문장이 입에서 나온다면 박스에 체크 표시를 하세요. 문장을 제대로 '뽀갠' 것입니다. 만약 2초 안에 나오지 않는 문장이 있다면 STEP 3로 돌아가서 다시 연습하세요.

441	제게 몇 가지 더 자세히 설명해주시겠습니까?	☐
442	제게 다른 약속 날짜를 줄 수 있나요?	☐
443	우리는 시간을 내준 모든 분들에게 정말 감사드립니다.	☐
444	제게 몇 분만 줄 수 있나요?	☐
445	당신이 한 말이 제게 몇몇 아이디어를 주었어요.	☐
446	휴가에서 돌아왔을 때 제가 당신에게 전화해도 되나요?	☐
447	당신이 지역 교육 기관에 200개 이상의 무료 소프트웨어를 배포했습니까?	☐
448	보고서를 쓰려면 당신은 최소한 이틀은 줘야 합니다.	☐
449	어떤 할인이라도 해줄 수 있나요?	☐
450	제가 당신에게 제 솔직한 의견을 말해도 될까요?	☐
451	당신이 실수로 제 펜을 가져갔나요?	☐
452	그들이 이혼했을 때 그의 아내가 모든 것을 가져갔어요.	☐
453	제가 4층까지 엘리베이터를 탈 수 있나요?	☐
454	인수가 당신에게 어떤 영향을 끼쳤나요?	☐
455	이 프로젝트를 맡아주시겠습니까?	☐
456	당신은 영어를 배우는 데 얼마나 걸렸나요?	☐
457	당신은 매년 여름에 휴가를 가나요?	☐
458	당신의 보고서를 끝내는 데 얼마나 걸리나요?	☐
459	지하철 연장은 몇 달은 걸릴 거예요.	☐
460	그가 회사를 세우는 데는 시간이 좀 걸릴 거예요.	☐

DAY 32 | 동사구로 자연스럽게 말하기

STEP 1 ▶ 문장 구조 이해하기

- **up**

My son stood up to get out of the bus.

- **down**

My son sat down on the seat.

- **away**

My son ran away.

- **back**

My son will be back after school.

딱소장에게 물어봐!

"헷갈리는 전치사 한 방에 정리해주세요! 도와주세요, 딱소장!"

● 전치사 한 방에 정리하기

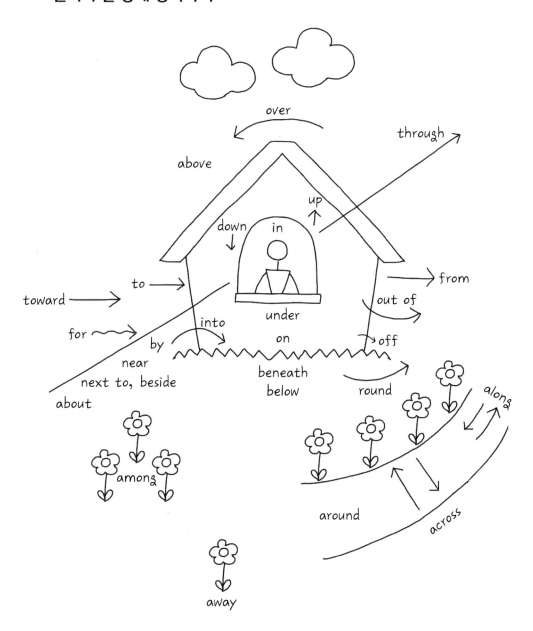

▷ STEP 1에서 배운 내용을 토대로 주어진 한글 문장을 영어로 바꿔보세요.

1 그건 당신에게 달려 있습니다.

_____

2 그것은 단지 우연히 일어났습니다.

_____

3 당신은 합병에 대해 들어본 적 있나요?

_____

4 이 제품은 시장에 나온 지 1년이 넘었습니다.

_____

5 우리 소프트웨어는 완전히 최신이에요.

_____

STEP 3 · 문장 뽀개기

🔊 큰 소리로 20번씩 따라 읽으세요. 따라 읽을 때마다 막대기를 하나씩 그리세요.

461	What job are you applying for?	洲 洲 洲 洲
462	What does it depend on?	洲 洲 洲 洲
463	Did they agree to a discount of 3%?	洲 洲 洲 洲
464	Have you heard about the merger?	洲 洲 洲 洲
465	What did you discuss with the CEO?	洲 洲 洲 洲
466	Are you serious about outsourcing the core parts?	洲 洲 洲 洲
467	Is the management really annoyed about the strike?	洲 洲 洲 洲
468	Is she good at planning new things?	洲 洲 洲 洲
469	I'm sorry for being late.	洲 洲 洲 洲
470	Did you sell the business at a good price?	洲 洲 洲 洲
471	It just happened by accident.	洲 洲 洲 洲
472	Will there be a lot of apartments for sale?	洲 洲 洲 洲
473	You have paid 30% of the total cost in advance.	洲 洲 洲 洲
474	I found some information about their company on the internet.	洲 洲 洲 洲
475	This product has been on the market for over a year.	洲 洲 洲 洲
476	Our software is completely up to date.	洲 洲 洲 洲
477	It is up to you.	洲 洲 洲 洲
478	I looked up her name in the telephone directory.	洲 洲 洲 洲
479	I look forward to meeting you.	洲 洲 洲 洲
480	It is a good place to work.	洲 洲 洲 洲

STEP 4 > 뽀갠 문장 확인하기

◀》 한글 문장만 보고도 2초 안에 영어 문장이 입에서 나온다면 박스에 체크 표시를 하세요. 문장을 제대로 '뽀갠' 것입니다. 만약 2초 안에 나오지 않는 문장이 있다면 STEP 3로 돌아가서 다시 연습하세요.

461	당신이 지원하는 직장은 무엇입니까?	☐
462	무엇에 달려 있습니까?	☐
463	그들이 3% 할인에 동의했습니까?	☐
464	당신은 합병에 대해 들어본 적 있나요?	☐
465	당신이 CEO와 의논한 것은 무엇입니까?	☐
466	핵심 부품을 아웃소싱하는 것에 대해 진심입니까?	☐
467	경영진이 파업에 대해 정말 난처해하고 있습니까?	☐
468	그녀는 새로운 것을 기획하는 걸 잘합니까?	☐
469	늦어서 죄송합니다.	☐
470	당신은 그 사업을 좋은 가격에 팔았습니까?	☐
471	그것은 단지 우연히 일어났습니다.	☐
472	분양할 아파트가 많이 나올까요?	☐
473	당신은 총 비용의 30%를 미리 지불했습니다.	☐
474	저는 인터넷에서 그들의 회사에 대한 정보를 찾았습니다.	☐
475	이 제품은 시장에 나온 지 1년이 넘었습니다.	☐
476	우리 소프트웨어는 완전히 최신이에요.	☐
477	그건 당신에게 달려 있습니다.	☐
478	저는 전화번호부에서 그녀의 이름을 찾아봤습니다.	☐
479	저는 당신을 만나길 고대하고 있어요.	☐
480	그곳은 일하기 좋은 곳이에요.	☐

STEP 1 ▷ 문장 구조 이해하기

● a/an

- '하나'를 의미할 때 사용하는 관사입니다. 무언가를 처음으로 인지했을 때도 사용합니다.

  I get over a hundred emails everyday. 저는 매일 100통이 넘는 이메일을 받습니다.

  I'm going for an interview at Samsung next week. 저는 다음 주에 삼성에 면접을 보러 갈 예정입니다.

  She has to call a technician. 그녀는 기술자를 불러야 합니다.

● the

- 특정한 사람이나 물건을 지칭할 때 사용하는 관사로, 일반적인 명사를 언급할 때는 사용하지 않습니다. 최상급 앞에도 붙습니다.

  We need a meeting. The meeting should cover the questions of cost and timing. 우리는 회의가 필요해요. 그 회의에서는 비용과 시기에 대한 문제를 다루어야 하지요.

  We need to see the situation carefully. 우리는 그 상황을 조심스럽게 지켜봐야 합니다.

  Thank you for the information. 그 정보에 감사합니다(특정한 정보).

  Information is important. 정보는 중요합니다(일반적인 정보).

딱소장에게 물어봐!

"어떤 관사를 사용해야 하는지 너무 헷갈려요! 한 방에 정리해주세요!"

STEP 2 ▶ 응용해보기

▶ STEP 1에서 배운 내용을 토대로 주어진 한글 문장을 영어로 바꿔보세요.

1 앤은 변호사입니다.

_____

2 제게 그 정보를 줄 수 있나요?

_____

3 정보는 힘입니다.

_____

4 이 보고서가 우리가 하고 있는 그 연구에 관한 것인가요?

_____

5 우리는 음식에 오직 가장 좋은 품질의 재료만을 사용합니다.

_____

STEP 3 문장 뽀개기

🔊 큰 소리로 20번씩 따라 읽으세요. 따라 읽을 때마다 막대기를 하나씩 그리세요.

481	Do you get over a hundred emails every day?	𝍫 𝍫 𝍫 𝍫
482	I'm going for an interview at Siemens next week.	𝍫 𝍫 𝍫 𝍫
483	We need to call a technician.	𝍫 𝍫 𝍫 𝍫
484	Anne is a lawyer.	𝍫 𝍫 𝍫 𝍫
485	Do we need a meeting?	𝍫 𝍫 𝍫 𝍫
486	I was speaking to the Sales Director about their new product.	𝍫 𝍫 𝍫 𝍫
487	I have a suggestion to make.	𝍫 𝍫 𝍫 𝍫
488	I have started a business of my own.	𝍫 𝍫 𝍫 𝍫
489	The suggestion you made at the last meeting was very interesting.	𝍫 𝍫 𝍫 𝍫
490	Is the business we are in very competitive?	𝍫 𝍫 𝍫 𝍫
491	Can you give me the information?	𝍫 𝍫 𝍫 𝍫
492	Is this report about the research we are doing?	𝍫 𝍫 𝍫 𝍫
493	I sent the invoice this morning.	𝍫 𝍫 𝍫 𝍫
494	Invoices must be paid within an hour.	𝍫 𝍫 𝍫 𝍫
495	I work in the insurance business.	𝍫 𝍫 𝍫 𝍫
496	Business is going well at the moment.	𝍫 𝍫 𝍫 𝍫
497	I'm grateful for the information you gave me.	𝍫 𝍫 𝍫 𝍫
498	Information is power.	𝍫 𝍫 𝍫 𝍫
499	We only use the best quality ingredients in our food.	𝍫 𝍫 𝍫 𝍫
500	In your experience, are the Portuguese and the Dutch very good negotiators?	𝍫 𝍫 𝍫 𝍫

STEP 4	뽀갠 문장 확인하기

🔊 한글 문장만 보고도 2초 안에 영어 문장이 입에서 나온다면 박스에 체크 표시를 하세요. 문장을 제대로 '뽀갠' 것입니다. 만약 2초 안에 나오지 않는 문장이 있다면 STEP 3로 돌아가서 다시 연습하세요.

481	당신은 매일 100개가 넘는 이메일을 받습니까?	☐
482	저는 다음 주에 지멘스에 면접을 보러 갈 예정입니다.	☐
483	우리는 기술자를 불러야 해요.	☐
484	앤은 변호사입니다.	☐
485	우리는 회의가 필요한가요?	☐
486	저는 영업부 부장에게 그들의 신제품에 대해 이야기하고 있었어요.	☐
487	저는 제안할 것이 있습니다.	☐
488	저는 제 사업을 시작했습니다.	☐
489	지난주 회의에서 당신이 한 제안은 무척 흥미로웠어요.	☐
490	우리가 종사하는 사업은 경쟁이 심한가요?	☐
491	제게 그 정보를 줄 수 있나요?	☐
492	이 보고서가 우리가 하고 있는 그 연구에 관한 것인가요?	☐
493	저는 오늘 아침에 그 청구서를 보냈습니다.	☐
494	청구서는 한 시간 이내에 지불돼야 합니다.	☐
495	저는 보험 업종에 종사합니다.	☐
496	지금은 사업이 아주 잘되고 있어요.	☐
497	당신이 제게 준 정보에 감사합니다.	☐
498	정보는 힘입니다.	☐
499	우리는 음식에 오직 가장 좋은 품질의 재료만을 사용합니다.	☐
500	당신의 경험상 포르투갈 사람들과 네덜란드 사람들은 뛰어난 협상가인가요?	☐

500문장 뽀개기

드디어 직장인이 반드시 익혀야 할 비즈니스 문법 회화 500문장 뽀개기가 끝났습니다. 지금까지 잘 따라오셨나요? 필수 문장 구조를 이해하고 작문을 해봤으며, 교재에 있는 500문장을 뽀개고 마우스 투 마우스 훈련으로 질문과 답변 문장까지 모두 뽀갰지요. 아마 지금 여러분의 영어 실력은 몰라볼 만큼 성장해 있을 것입니다.

오른쪽의 표는 영어 회화에서 핵심이 되는 영어의 필수 문장 구조를 정리해놓은 것입니다. 지금까지 여러분은 이렇게 많은 문장 구조를 이해하고 말해본 것입니다. 문장 구조를 잘 이해했는지, 영어로 작문을 할 수 있는지, 질문에 주어진 문장 구조를 활용해 대답할 수 있는지 자신의 실력을 스스로 점검하며 표에 체크해봅시다.

이번 주 미션은 이 체크리스트에 내 성취도를 체크하며 지금까지 차근차근 뽀갰던 500문장을 한 번에 뽀개는 것입니다. 지금까지 익힌 500문장을 한국어만 보고 영어로 말해보세요. 1번부터 500번까지 전부 합니다. 아마 시간이 좀 걸릴 것입니다. 약 2시간 정도는 소요되겠지요. 지치지 않도록 100문장씩 끊어서 하는 걸 추천합니다. 만약 중간에 막히는 문장이 있다면 체크해두고, 500문장 뽀개기를 끝낸 후 막혔던 문장만 10번씩 큰 소리로 다시 읽어주세요. 이렇게 내 것으로 만든 500문장은 직장, 여행지를 비롯해 어디서든 외국인과 만났을 때 써먹을 수 있는 유용한 소통의 도구가 되어줄 것입니다.

딱소장에게 물어봐!
"500문장 뽀개기는 어떻게 진행하면 되나요? 더 자세히 설명해주세요!"

	문장 구조	해당일	문장 구조 이해	뽀개기 가능 여부	MTM 가능 여부
현재시제	be동사 의문/부정	1			
	진행형	3			
	일반동사 부정	2			
	일반동사 의문	2			
과거시제	be동사 부정	4			
	일반동사 부정	5			
	진행형	4			
	used to	5			
현재완료	현재완료	8			
수동태	수동태	9			
미래시제	be + ~ing	10			
	be going to~	10			
	will	10			
조동사	might	12			
	can/could	11			
	must	12			
	should	12			
	have to	12			
	would like	15			
명령문	do/don't/let's	17			
비인칭 주어	there	26			
	it	26			
질문	의문사	16			
관사	a/an	33			
	the	33			
	무관사	33			
지시사와 대명사	some/any	29			
	a lot/much/many	18			
	a little/a few	18			
형용사/ 부사	비교급	18			
	최상급	18			
	as ~ as	18			
접속사	가정법	19			
	관계사	22			
전치사	전치사	23, 24, 25			
동사구	동사구	32			
기본 동사	go/get/have/make	30			
	give, take	31			

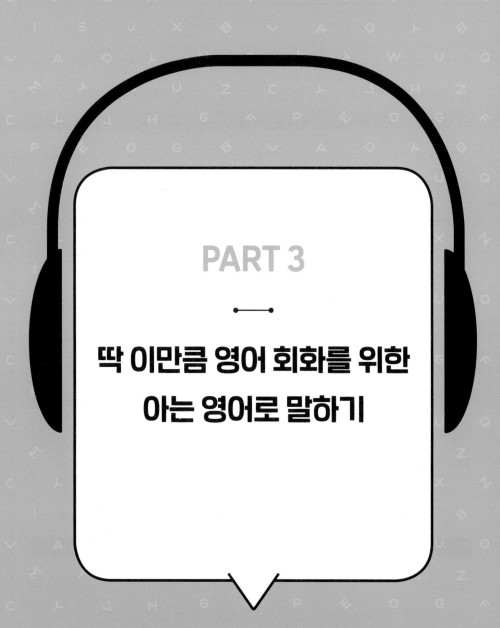

PART 3

딱 이만큼 영어 회화를 위한
아는 영어로 말하기

PART 3부터는 처음으로 '내 이야기'를 영어로 말해봅니다. 진짜 '대화'를 해보는 단계이지요. 자기소개부터 시작해 내 가족 소개하기, 내가 사는 동네 소개하기, 좋아하는 스포츠 말하기, 더 나아가 외국인에게 서울 소개하기까지 외국인과 만나 흔히 나눌 수 있는 대화 주제를 20가지 선정했습니다. 4주간 학습하고 나면 웬만한 주제에 대해서는 외국인과 20분 이상 대화할 수 있을 만큼 영어 실력이 향상돼 있을 것입니다.

여기서는 동기 부여가 무엇보다도 중요합니다. 딱이만큼 영어연구소 수강생들 중에도 PART 2까지는 아주 잘 따라오다가 PART 3부터 허덕이거나 포기해버리는 학생들이 꽤 있습니다. '자율성'이 뒷받침되어야 하는 단계이기 때문이지요. PART 2까지는 교재에서 주는 문장을 그대로 받아서 떠먹었다면, PART 3부터는 내가 문장을 만들어야 하니 더 어렵게 느껴질 수밖에 없습니다. 어려운 게 당연합니다! 그러니 지금부터는 더욱 힘을 내야 합니다. 1주차에 작성했던 계획표와 목표를 다시 한번 들여다보며 스스로를 독려해주세요.

STEP 1   10문장 작문해보기

워밍업 단계입니다. PART 2에서 배웠던 문장 구조들을 떠올리면서 한글로 주어진 문장을 영어로 바꿔보세요. 정답은 334페이지에서 확인할 수 있습니다.

STEP 2   아는 영어로 작문하기

이제, 지금까지 쌓아온 내 영어 실력을 토대로 작문해보는 단계입니다. 먼저 해당 주제에 대해 자신의 이야기를 영어로 끄적거려봅시다. 처음에는 문장 곳곳에 있는 빈칸을 채워보세요. 뒤로 갈수록 빈칸이 점점 더 늘어나지만, 미리 주어진 가이드를 참고하면 내 이야기를 조금씩 채워갈 수 있을 거예요. 문법은 틀려도 괜찮지만, 반드시 문장으로 써야 합니다. 이때 번역기 사용은 절대 금지입니다! 조금 틀리고 어색한 문장이라도 내가 직접 만들어서 입 밖으로 내뱉어보는 경험이 필요합니다. 번역기에 의존하면 절대 영어 실력이 늘지 않습니다. 번역기의 성능만 발전할 뿐!

STEP 3   아영말 트레이닝

하고 싶은 말을 영어로 써봤다면, 이제 내 이야기를 활용해 말하기 훈련을 해보는 단계입니다. 주어진 마인드맵에 STEP 2에서 썼던 스크립트의 키워드를 뽑아 영어로 적고, 이 키워드만 보고 자신이 적은 스크립트를 말해보는 것입니다. 물론 스크립트와 완전히 똑같지 않아도 괜찮습니다. 스크립트를 줄줄 외워서 똑같이 말하는 게 아니라, 어떤 주제에 대해 '자신의 이야기를 거침없이 할 수 있다'는 것이 우리의 진짜 목표이니까요.

STEP 4   실전! 아는 영어로 톡하기

실전 말하기 단계입니다. 엔젤과 5분 이상 해당 주제에 대해 대화를 나눠보세요. 주어진 질문 리스트를 활용해 서로의 이야기를 주고받으면 됩니다. 만약 엔젤이 없다면 주어진 질문에 스스로 대답하고 그 모습을 동영상으로 찍어보세요. 내가 어떤 부분에서 막히는지, 어떤 표현을 잘 못하는지 확인해볼 수 있습니다. 물론 가장 좋은 방법은 엔젤과 함께 하는 것이겠지요.

딱소장에게 물어봐!

"아영말 훈련법이 너무 어려워요! 작문할 때 틀리면 어떡하나요?"

WEEK 6
아는 영어로 말하기
10분 트레이닝

자기소개하기

10문장 작문해보기

▶ PART 2에서 배운 문법 회화를 떠올리며 한글로 주어진 다음의 10문장을 영어로 바꿔보세요.

1 저는 사무실에서 일합니다.

---

2 저는 결혼해서 아이가 셋 있습니다.

---

3 저는 삼성 R&D 부서에서 7년째 엔지니어로 일하고 있습니다.

---

4 결혼은 아직 하지 않았고 여전히 가족과 함께 살고 있어요.

---

5 여가 시간에는 가족과 영화를 보러 가는 것을 좋아합니다.

---

6 저는 종종 친구들과 모여 소주를 한잔 합니다.

---

7 저는 활발한 사람입니다.

_____

8 저는 지금 마케팅 분야에서 직업을 찾고 있습니다.

_____

9 저는 디자이너로 제 경력을 시작했습니다.

_____

10 제가 이 일을 시작한 지 7년이 되었습니다.

_____

◎ **활용하기 좋은 영어 표현**

My name is ~. / 내 이름은 ~이다.

I have lived here for ~ years. / 나는 여기에 ~년째 살고 있다.

I have been working for ~ for -months/years. / 나는 ~로 -년째/달째 일하고 있다.

I started learning English to ~. / 나는 to~하기 위해 영어 공부를 시작했다.

▷ STEP 1에서 했던 작문을 떠올리며, 아래에 나와 있는 가이드를 참고해 '아는 영어'로 작문해보세요. 영어로 생각나지 않는 표현이 있더라도 사전이나 번역기를 사용하지 말고 최대한 아는 영어로 표현해보세요. 대신 생각나지 않는 표현은 한국어로 메모해두세요. 상단의 QR코드를 찍으면 작문 샘플을 확인할 수 있습니다. 하지만 여기에 얽매이지 말고 자유롭게 작문해보세요.

인사말	Hi,
이름과 나이	My name is _____, and I'm _____ years old.
사는 곳	I live in _____ in _____, Korea. I have lived here for _____ years.
직업	I have been working for _____ for _____ years as a _____ in _____ department.
결혼과 가족	I got married _____, and I am happily married.

영어를 배우는 이유	I started learning English to _____. _____ _____ _____
더 소개하고 싶은 것들	_____ _____ _____ _____
남은 기간 동안의 다짐	I'd like to _____. _____ _____ _____
마무리	Thank you.

🔊 앞에서 적은 내 이야기에서 '키워드'만 뽑아 아래의 마인드맵에 적어주세요. 이 키워드만 보고 아는 영어로 말해봅시다. 실제로 대화하듯이 키워드만 보고 말해보세요. 막힌다면 스크립트로 돌아가 큰 소리로 다시 읽어보고 시도하세요. 10번 이상 연습하세요. 키워드만 보고 2분 이상 영어로 술술 말할 수 있다면 미션 성공입니다.

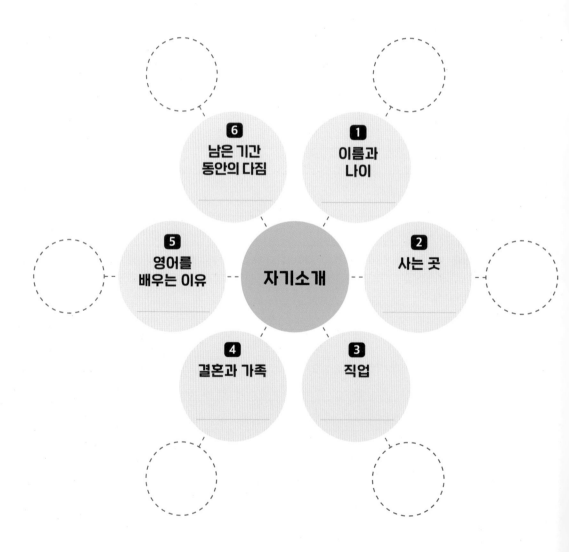

STEP 4 ▷ 실전! 아는 영어로 톡하기

🔊 실전 말하기 시간입니다. 파트너와 5분 이상 자기소개를 주제로 대화해보세요. 아래에 나온 질문 리스트를 참고해 서로의 이야기를 주고받아보세요.

1 Do you have any pets?

_____

2 Do you like to cook?

_____

3 Have you ever lived in another country?

_____

4 How do you spend your free time?

_____

5 What do you like to do in your free time?

_____

내 일상과 영어 공부에 대해 말하기

▶ PART 2에서 배운 문법 회화를 떠올리며 한글로 주어진 다음의 10문장을 영어로 바꿔보세요.

1 저는 서울역 근처에 있는 사무실에서 일합니다.

2 그 회사는 구조 조정을 할 수밖에 없었어요.

3 매니저가 그 보고서를 확인했는지 안 했는지 저는 확신할 수 없습니다.

4 제가 좋아하는 영화는 〈어벤져스〉입니다.

5 저희는 보통 6시에 일을 마칩니다.

6 그녀를 보자마자 저는 슬퍼졌습니다.

7 저는 운동을 많이 하곤 했습니다.

_____

8 저는 재작년부터 영어 회화를 배워오고 있습니다.

_____

9 저는 곧 유학을 갈 계획이에요.

_____

10 저는 야근 없이 모든 일을 확실히 처리할 수 있습니다.

_____

◎ 활용하기 좋은 영어 표현

I work from ~ to -. / 나는 ~부터 -까지 일한다.

I work ~days a week. / 나는 일주일에 ~일 일한다.

The first thing I do when I get home is ~. / 내가 집에 도착했을 때 처음으로 하는 것은 ~이다.

study abroad / 외국에서 공부하다

have no choice but to~ / ~할 수밖에 없다

STEP 2   아는 영어로 작문하기

▶ STEP 1에서 했던 작문을 떠올리며, 아래에 나와 있는 가이드를 참고해 '아는 영어'로 작문해보세요. 영어로 생각나지 않는 표현이 있더라도 사전이나 번역기를 사용하지 말고 최대한 아는 영어로 표현해보세요. 대신 생각나지 않는 표현은 한국어로 메모해두세요. 상단의 QR코드를 찍으면 작문 샘플을 확인할 수 있습니다. 하지만 여기에 얽매이지 말고 자유롭게 작문해보세요.

간단한 소개	My name is _____. I work in an office near _____.
나의 일상	I work from _____ am to _____ pm everyday. Usually, I work _____ a week, and I don't go to work on weekends.
하루의 식사	I usually _____. I eat with _____ near _____.

퇴근 이후	I leave work at _____. The first thing I do when I get home is _____. _____ _____
요즘 시작한 영어 공부	After dinner, I study English. I started it _____. _____ _____ _____
더 소개하고 싶은 것들	_____ _____ _____ _____

🔊 앞에서 적은 내 이야기에서 '키워드'만 뽑아 아래의 마인드맵에 적어주세요. 이 키워드만 보고 아는 영어로 말해봅시다. 실제로 대화하듯이 키워드만 보고 말해보세요. 막힌다면 스크립트로 돌아가 큰 소리로 다시 읽어보고 시도하세요. 10번 이상 연습하세요. 키워드만 보고 2분 이상 영어로 술술 말할 수 있다면 미션 성공입니다.

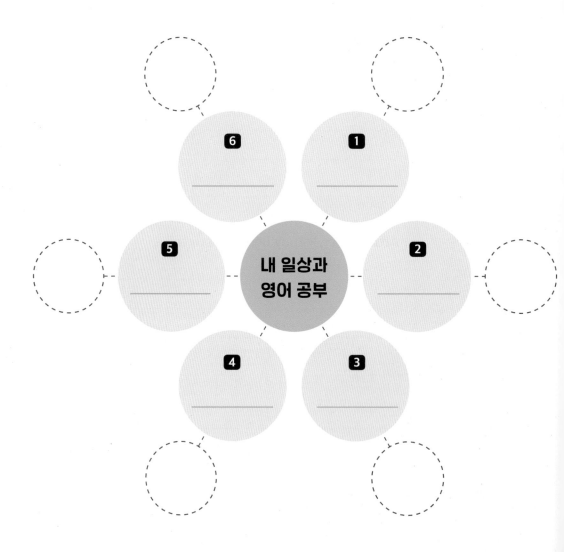

내 일상과
영어 공부

실전! 아는 영어로 톡하기

실전 말하기 시간입니다. 파트너와 5분 이상 내 일상과 영어 공부를 주제로 대화해보세요. 아래에 나온 질문 리스트를 참고해 서로의 이야기를 주고받아보세요.

1 How do you spend your free time?

---

2 What is your favorite food and why?

---

3 How long have you been studying English?

---

4 Do you live in a house or an apartment?

---

5 If you had your own talk show, who would your first three guests be?

가족 소개하기

▷ PART 2에서 배운 문법 회화를 떠올리며 한글로 주어진 다음의 10문장을 영어로 바꿔보세요.

1 저는 서울에서 태어났고, 그곳은 한국에서 가장 큰 도시입니다.

_____

2 지하철로 서울역까지 가는 데는 약 한 시간이 걸려요.

_____

3 저는 저보다 열 살 많은 삼촌이 있어요.

_____

4 저는 저보다 두 살 어린 여동생이 있어요.

_____

5 제 어머니는 매일 아침 매우 일찍 일어납니다.

_____

6 제 형은 저처럼 사무실에서 일합니다.

_____

7　그는 작년에 그의 여자친구와 헤어졌어요.

_____

8　반면에 제 여동생은 이미 결혼했습니다.

_____

9　저희 가족은 사랑스러운 강아지를 갖고 있습니다.

_____

10　제 이모가 3년 전에 이 강아지를 돌봤습니다(지금은 돌보지 않습니다).

_____

◎ 활용하기 좋은 영어 표현

I was born in ~(year/place). / 나는 ~에/~에서 태어났다.
It takes ~hours from A to B. / A에서 B까지 가는 데 ~시간이 걸린다.
There are ~people in my family. / 내 가족은 ~명이다.
I have an older ~, who is - years older than me. / 나는 나보다 -살 많은 ~가 있다.

STEP 2   아는 영어로 작문하기

▶ STEP 1에서 했던 작문을 떠올리며, 아래에 나와 있는 가이드를 참고해 '아는 영어'로 작문해보세요. 영어로 생각나지 않는 표현이 있더라도 사전이나 번역기를 사용하지 말고 최대한 아는 영어로 표현해보세요. 대신 생각나지 않는 표현은 한국어로 메모해두세요. 상단의 QR코드를 찍으면 작문 샘플을 확인할 수 있습니다. 하지만 여기에 얽매이지 말고 자유롭게 작문해보세요.

간단한 소개	Hello, My name is _____.
고향과 사는 도시	I was born in _____ in _____, _____ in Korea. It takes about _____ from Seoul to _____ on the _____.
나의 가족	There are _____ in my family, including me. _____ _____ _____
가족 구성원 1	My 가족 구성원 1 _____. _____ _____ _____

188

가족 구성원 2	My 가족 구성원 2 _____. _____ _____ _____
가족 구성원 3	On the other hand, my 가족 구성원 3 _____. _____ _____ _____
더 소개하고 싶은 것들	_____ _____ _____ _____

WEEK6 WEEK7 WEEK8 WEEK9

🔊 앞에서 적은 내 이야기에서 '키워드'만 뽑아 아래의 마인드맵에 적어주세요. 이 키워드만 보고 아는 영어로 말해봅시다. 실제로 대화하듯이 키워드만 보고 말해보세요. 막힌다면 스크립트로 돌아가 큰 소리로 다시 읽어보고 시도하세요. 10번 이상 연습하세요. 키워드만 보고 2분 이상 영어로 술술 말할 수 있다면 미션 성공입니다.

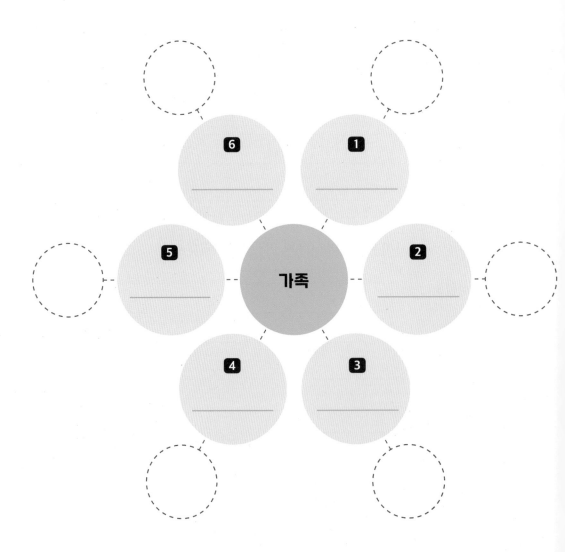

STEP 4 실전! 아는 영어로 톡하기

🔊 실전 말하기 시간입니다. 파트너와 5분 이상 가족을 주제로 대화해보세요. 아래에 나온 질문 리스트를 참고해 서로의 이야기를 주고받아보세요.

1 Do you live with your parents?

_____

2 Do you have a pet at home?

_____

3 How many brothers and sisters do you have?

_____

4 What do your parents do in their free time?

_____

5 What are some of your fondest memories of childhood?

_____

교통수단에 대해 말하기

10문장 작문해보기

▷ PART 2에서 배운 문법 회화를 떠올리며 한글로 주어진 다음의 10문장을 영어로 바꿔보세요.

1 대부분의 사람들이 휴대폰을 갖고 있어요.

_____

2 걷는 것이 가장 쉬운 방법이에요.

_____

3 그것은 운전하는 것보다 느립니다.

_____

4 집에서 회사까지 곧장 가는 것이 가능합니다.

_____

5 많은 사람이 기차를 이용하는 게 버스를 이용하는 것보다 편안하다고 생각해요.

_____

6 사전 예약은 필수입니다.

_____

7 이건 우리 팀이 할 수 있습니다(수동태).

_____

8 집에서 일하러 가는 데까지 약 30분이 걸립니다.

_____

9 비행기로 가는 것이 가장 빠른 여행 방법입니다.

_____

10 그것은 지하철보다 느리고 더 붐빕니다.

_____

◎ 활용하기 좋은 영어 표현

I drive to work. / 나는 운전해서 출근한다.
I take ~ to work. / 나는 ~을 타고 출근한다.
It takes ~hours from home to work. / 집에서 직장까지 가는 데 ~시간이 걸린다.
get to work / 일하러 가다

STEP 2 ▶ 아는 영어로 작문하기

▣ STEP 1에서 했던 작문을 떠올리며, 아래에 나와 있는 가이드를 참고해 '아는 영어'로 작문해보세요. 영어로 생각나지 않는 표현이 있더라도 사전이나 번역기를 사용하지 말고 최대한 아는 영어로 표현해보세요. 대신 생각나지 않는 표현은 한국어로 메모해두세요. 상단의 QR코드를 찍으면 작문 샘플을 확인할 수 있습니다. 하지만 여기에 얽매이지 말고 자유롭게 작문해보세요.

한국의 교통수단	In Korea, there are three major types of transport. _____ _____ _____ _____
출퇴근 시 이용하는 교통수단	I take _____ to go to work. It takes about _____ hours from home to work. _____ _____ _____

동료가 이용하는 다른 교통수단	On the other hand, My colleague _____ _____ . _____ _____ _____
가장 선호하는 교통수단	_____ _____ _____ _____ _____

🔊 앞에서 적은 내 이야기에서 '키워드'만 뽑아 아래의 마인드맵에 적어주세요. 이 키워드만 보고 아는 영어로 말해봅시다. 실제로 대화하듯이 키워드만 보고 말해보세요. 막힌다면 스크립트로 돌아가 큰 소리로 다시 읽어보고 시도하세요. 10번 이상 연습하세요. 키워드만 보고 2분 이상 영어로 술술 말할 수 있다면 미션 성공입니다.

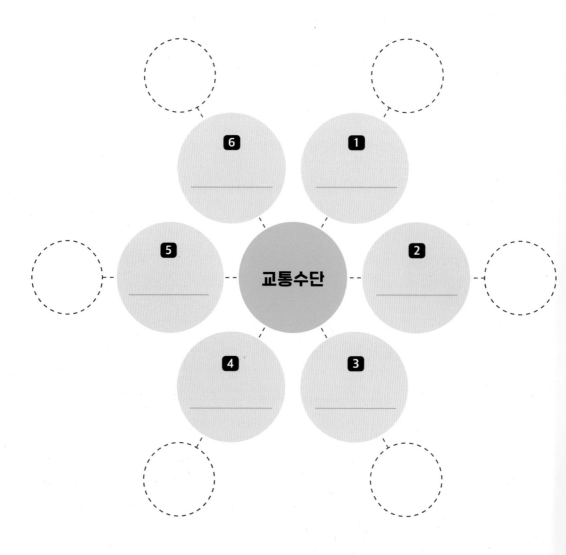

STEP 4 ▶ 실전! 아는 영어로 톡하기

🔊 실전 말하기 시간입니다. 파트너와 5분 이상 교통수단을 주제로 대화해보세요. 아래에 나온 질문 리스트를 참고해 서로의 이야기를 주고받아보세요.

1 When you go to a company, what kinds of public transportation means do you have to use?

2 In your case, when do you have to take a taxi?

3 What is the quickest way for you to get to work?

4 When you go by plane, why do you have to make reservations in advance?

5 How do you always come to '딱이만큼 영어연구소'?

우리 집과 내 이웃 소개하기

▶ PART 2에서 배운 문법 회화를 떠올리며 한글로 주어진 다음의 10문장을 영어로 바꿔보세요.

1 저는 서울에 있는 작은 아파트에서 고양이와 함께 살고 있습니다.

---

2 당신은 집에 들어가자마자 소파와 제 고양이를 볼 수 있습니다.

---

3 거실 옆에는 침실과 주방이 있습니다.

---

4 저는 원룸형 아파트에 살았지만 지금 저는 더 큰 곳에 살고 있습니다.

---

5 그 벽은 그림 액자와 거울로 장식돼 있어요.

---

6 이 집은 훨씬 널찍하고 더 편안해요.

---

7 그녀는 아파트 건너편에 있는 은행에서 일합니다.

_____

8 우리는 엘리베이터에서 서로를 볼 때마다 항상 "안녕하세요?"라고 말합니다.

_____

9 그곳은 대중교통을 이용하기에 편리합니다.

_____

10 그곳은 살기 좋은 곳입니다.

_____

◎ 활용하기 좋은 영어 표현

I live in ~. / 나는 ~에 살고 있다.
I used to live in ~, but now I live in -. / 나는 ~에 살았지만, 지금은 -에 살고 있다.
I plan to live here for ~years. / 나는 ~년 동안 여기에 살 계획이다.
It is a ~place to live. / 여기는 살기에 ~한 곳이다.
studio apartment / 원룸형 아파트(오피스텔)

▶ STEP 1에서 했던 작문을 떠올리며, 아래에 나와 있는 가이드를 참고해 '아는 영어'로 작문해보세요. 영어로 생각나지 않는 표현이 있더라도 사전이나 번역기를 사용하지 말고 최대한 아는 영어로 표현해보세요. 대신 생각나지 않는 표현은 한국어로 메모해두세요. 상단의 QR코드를 찍으면 작문 샘플을 확인할 수 있습니다. 하지만 여기에 얽매이지 말고 자유롭게 작문해보세요.

우리 집 (자세한 묘사)	I live in a _____. As soon as you go into the _____, you can see _____. _____
나의 방	In the bedroom, there's _____. _____ _____ _____
과거에 살던 집 (묘사 혹은 비교)	I used to live in a _____, but now I live in a _____. _____ _____

나의 이웃	There is an _____ who lives next door. _____ _____ _____
나의 동네	There's a _____ in my neighborhood, _____. _____ _____ _____

🔊 앞에서 적은 내 이야기에서 '키워드'만 뽑아 아래의 마인드맵에 적어주세요. 이 키워드만 보고 아는 영어로 말해봅시다. 실제로 대화하듯이 키워드만 보고 말해보세요. 막힌다면 스크립트로 돌아가 큰 소리로 다시 읽어보고 시도하세요. 10번 이상 연습하세요. 키워드만 보고 2분 이상 영어로 술술 말할 수 있다면 미션 성공입니다.

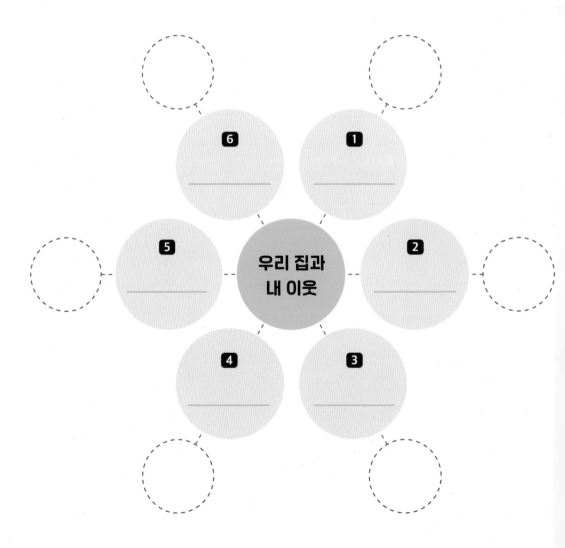

STEP 4　　실전! 아는 영어로 톡하기

🔊 실전 말하기 시간입니다. 파트너와 5분 이상 집과 이웃을 주제로 대화해보세요. 아래에 나온 질문 리스트를 참고해 서로의 이야기를 주고받아보세요.

1 How is it different from your old house where you lived before?

2 Let's talk about your room. Please describe it as much as you can.

3 What it your neighborhood like? Please tell me in detail.

4 How has the place where you live changed or developed?

5 When did you move into the neighborhood?

아는 영어 더하기

6주차에는 '내가 하고 싶은 말'을 영어로 말해보는 과정을 배웠습니다. 어땠나요? 많이 어려웠나요? 아마 무척 힘겨웠을 거예요. 1~5주차 과정인 '문장 뽀개기'는 주어진 문장을 그저 소화시키기만 하면 됐지만, 6주차부터 시작되는 '아영말'은 내가 직접 뚝딱뚝딱 문장을 만드는 과정까지 추가됐으니까요. 하지만 지치기는 이릅니다. 영어로 내 이야기를 자유롭게 말하는 여정에서, 우리는 아직 첫 걸음마를 떼기 시작한 것과 다름없으니까요.

아마 스크립트를 쓰면서 '앗, 이 표현이 영어로 뭐지?' 하고 막히는 구간이 꽤 있었을 것입니다. 아무리 발음과 억양이 유창하고 문장을 자유자재로 만드는 실력을 갖추었더라도, '어휘력'이 부족하면 의사소통이 어렵습니다. 그래서 7주차부터는 '아는 영어 더하기'가 추가됩니다. 이제 우리도 본격적으로 어휘력을 늘릴 단계에 이른 것이지요!

교재에 있는 '아는 영어 더하기' 코너에 적어도 괜찮고, 자기만의 '아영더 노트'를 만들어도 괜찮습니다. 이 노트에 기입하는 단어는 나에게 반드시 필요한 표현이므로, 완벽하게 내 것으로 만들어야 합니다. 평생 동안 쓸 수 있는 나만의 영어 회화 사전이 만들어지는 셈이지요. 모르는 표현, 내게 필요한 표현을 정리해놓고 아침저녁으로 크게 읽으며 어휘력을 길러봅시다.

딱소장에게 물어봐!

"아영더 훈련, 어떻게 하는지 잘 이해가 안 가요! 쉽게 설명해주세요!"

1 6주차와 마찬가지로 그날의 주제에 맞춰 아영말 스크립트를 작성합니다. 이때 만약 '바보'라는 표현이 막힌다면 스크립트에는 그냥 'I'm 바보'라고 씁니다. 그러고 난 뒤 '아는 영어 더하기' 코너의 '한국어' 칸에 그 표현을 적어둡니다. 즉, '바보'가 영어로 어떤 단어인지 모르겠다면 그냥 '바보'라고 적어두는 것이지요.

한국어	영어 표현	활용 문장
바보		
영리하다		

2 스크립트를 모두 작성한 뒤 몰랐던 표현을 찾아보고, 해당되는 영어 표현과 활용 문장을 적어둡니다. 영어 표현을 찾은 뒤에는 완전히 내 것으로 만들기 위해 그 표현을 활용한 문장을 꼭 만들어봐야 합니다. 이 표현을 활용해 만들고 싶었던 문장을 적어둔다면, 한층 더 익히기가 쉽겠지요?

한국어	영어 표현	활용 문장
바보	idiot	I'm not an idiot.
영리하다	smart	She is smarter than me.

3 '아영더 노트'를 작성했다면 한국어만 보고 영어로 무엇인지 말해보세요. 그리고 이 표현을 활용한 영어 문장을 5개 이상 만들어 큰 소리로 말해봅니다. 그러면 이 표현은 언제든 꺼내서 사용할 수 있는 '여러분의 것'이 될 거예요!

WEEK 7
아는 영어로 말하기
15분 트레이닝

내가 좋아하는 영화 말하기

📝 PART 2에서 배운 문법 회화를 떠올리며 한글로 주어진 다음의 10문장을 영어로 바꿔보세요.

1 저는 주말에 종종 아내와 함께 영화를 보러 갑니다.

_____

2 제가 가장 좋아하는 장르는 휴먼 드라마입니다.

_____

3 저는 주인공의 상황을 이해하는 것을 좋아합니다.

_____

4 영화를 보면 스트레스가 해소됩니다.

_____

5 엠마는 배우 지망생이었습니다.

_____

6 제가 지금까지 봤던 영화 중 최고의 영화는 〈라라랜드〉입니다.

_____

7 그들이 한 것은 단지 눈을 마주치는 것이었고, 그 뒤에는 그들의 수많은 감정이 있었습니다.

---

8 〈라라랜드〉는 아주 좋은 플롯과 배경 음악이 있는 훌륭한 영화입니다.

---

9 〈라라랜드〉가 극장에서 재개봉되었습니다.

---

10 만약 당신이 본 적이 없다면, 저는 그걸 보는 것을 강력하게 추천합니다.

◎ **활용하기 좋은 영어 표현**

In my spare time, I often ~. / 여가 시간에 나는 종종 ~를 한다.
My favorite hobby is ~. / 내가 가장 좋아하는 취미는 ~이다.
My favorite genre is ~. / 내가 가장 좋아하는 장르는 ~이다.
The best movie I have ever seen is ~. / 내가 지금까지 봤던 영화 중 최고의 영화는 ~이다.
I highly recommend ~. / 나는 ~를 강력히 추천한다.

STEP 2 ▶ 아는 영어로 작문하기

▣ STEP 1에서 했던 작문을 떠올리며, 아래에 나와 있는 가이드를 참고해 '아는 영어'로 작문해보세요. 영어로
생각나지 않는 표현이 있더라도 사전이나 번역기를 사용하지 말고 최대한 아는 영어로 표현해보세요. 대신
생각나지 않는 표현은 한국어로 메모해두세요. 상단의 QR코드를 찍으면 작문 샘플을 확인할 수 있습니다.
하지만 여기에 얽매이지 말고 자유롭게 작문해보세요.

나의 여가 생활	I often go to movies in my free time. ＿＿＿＿＿＿. ＿＿＿＿＿＿＿＿＿＿＿＿＿ ＿＿＿＿＿＿＿＿＿＿＿＿＿ ＿＿＿＿＿＿＿＿＿＿＿＿＿
내가 좋아하는 장르	I like ＿＿＿＿＿ genres ＿＿＿＿＿＿＿. ＿＿＿＿＿＿＿＿＿＿＿＿＿ ＿＿＿＿＿＿＿＿＿＿＿＿＿ ＿＿＿＿＿＿＿＿＿＿＿＿＿ ＿＿＿＿＿＿＿＿＿＿＿＿＿
내가 싫어하는 장르	On the other hand, I don't like ＿＿＿＿＿ movies. ＿＿＿＿＿＿＿＿＿＿ ＿＿＿＿＿＿＿＿＿＿＿＿＿ ＿＿＿＿＿＿＿＿＿＿＿＿＿ ＿＿＿＿＿＿＿＿＿＿＿＿＿

내가 인상 깊게 본 영화	The most impressive movie I have watched is 〈＿＿＿＿＿＿＿＿〉.＿＿＿＿＿＿＿＿＿ ＿＿＿＿＿＿＿＿＿＿＿＿＿＿＿＿＿ ＿＿＿＿＿＿＿＿＿＿＿＿＿＿＿＿＿ ＿＿＿＿＿＿＿＿＿＿＿＿＿＿＿＿＿ ＿＿＿＿＿＿＿＿＿＿＿＿＿＿＿＿＿
더 소개하고 싶은 것들 (그 영화를 좋아하는 이유, 영화의 줄거리 등)	＿＿＿＿＿＿＿＿＿＿＿＿＿＿＿＿＿ ＿＿＿＿＿＿＿＿＿＿＿＿＿＿＿＿＿ ＿＿＿＿＿＿＿＿＿＿＿＿＿＿＿＿＿ ＿＿＿＿＿＿＿＿＿＿＿＿＿＿＿＿＿ ＿＿＿＿＿＿＿＿＿＿＿＿＿＿＿＿＿ ＿＿＿＿＿＿＿＿＿＿＿＿＿＿＿＿＿

◀))) 앞에서 적은 내 이야기에서 '키워드'만 뽑아 아래의 마인드맵에 적어주세요. 이 키워드만 보고 아는 영어로 말해봅시다. 실제로 대화하듯이 키워드만 보고 말해보세요. 막힌다면 스크립트로 돌아가 큰 소리로 다시 읽어보고 시도하세요. 10번 이상 연습하세요. 키워드만 보고 3분 이상 영어로 술술 말할 수 있다면 미션 성공입니다.

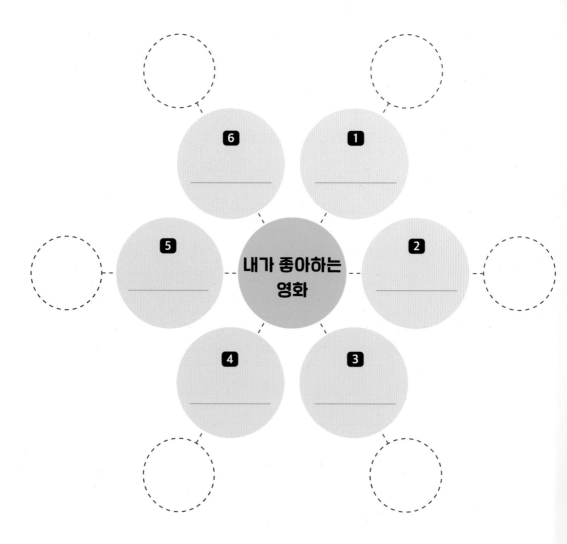

STEP 4 실전! 아는 영어로 톡하기

🔊 실전 말하기 시간입니다. 파트너와 5분 이상 내가 좋아하는 영화를 주제로 대화해보세요. 아래에 나온 질문 리스트를 참고해 서로의 이야기를 주고받아보세요.

1 What is your all-time favorite movie?

2 Are there any kinds of movies you dislike? If so what kinds?

3 Why do you dislike them?

4 Do you like to watch horror movies?

5 Do you usually watch movies at home or at a movie theater?

◎ 아는 영어 더하기

이제 '아는 영어'를 늘릴 차례입니다. STEP 2에서 생각나지 않았던 표현을 사전에서 찾아 영어로 적어봅시다. 영어로 표현을 찾은 후에는 충분히 내 것으로 만들 수 있도록 그 표현을 활용한 문장을 만들어봅시다.

한국어	영어 표현	활용 문장

내가 좋아하는 요리 말하기

10문장 작문해보기

▣ PART 2에서 배운 문법 회화를 떠올리며 한글로 주어진 다음의 10문장을 영어로 바꿔보세요.

1 저는 요리하는 것을 즐기지 않습니다.

_____

2 퇴근 후에 저는 보통 직접 저녁을 요리합니다.

_____

3 제가 가장 좋아하는 음식은 한식이지만 제가 요리할 때는 때때로 파스타 혹은 스테이크를 먹습니다.

_____

4 저는 스테이크를 요리할 때 버터, 허브, 마늘을 사용합니다.

_____

5 소금과 후추가 식탁 위에 있습니다.

_____

6 제가 가장 자주 요리하는 음식은 오므라이스입니다.

_____

7 친구를 초대해 직접 요리한 음식을 먹는 건 즐겁습니다.

_____

8 저는 어젯밤 유튜브에서 토마토 파스타 레시피를 봤습니다.

_____

9 만약 우리 집에 바질이 있었다면 나는 파스타를 요리했을 텐데.

_____

10 제가 가장 좋아하는 음식은 불고기입니다.

_____

◎ **활용하기 좋은 영어 표현**

I don't enjoy ~. / 나는 ~를 즐기지 않는다.

I like ~, but sometimes I also -. / 나는 ~를 좋아하지만, 때때로 ~도 한다.

~ is a traditional Korean -. / ~는 한국의 전통적인 -이다.

STEP 2 아는 영어로 작문하기

STEP 1에서 했던 작문을 떠올리며, 아래에 나와 있는 가이드를 참고해 '아는 영어'로 작문해보세요. 영어로 생각나지 않는 표현이 있더라도 사전이나 번역기를 사용하지 말고 최대한 아는 영어로 표현해보세요. 대신 생각나지 않는 표현은 한국어로 메모해두세요. 상단의 QR코드를 찍으면 작문 샘플을 확인할 수 있습니다. 하지만 여기에 얽매이지 말고 자유롭게 작문해보세요.

요리에 대한 내 생각	To be honest, I _____. _____ _____
자주 해 먹는 요리	I like _____, but sometimes I also cook _____. _____ _____
어제 먹은 요리	Yesterday, I _____. _____ _____

216

내가 가장 자주 하는 요리	The dish that I cook most often is _____. _____ _____ _____ _____ _____
더 소개하고 싶은 것들	_____ _____ _____ _____

🔊 앞에서 적은 내 이야기에서 '키워드'만 뽑아 아래의 마인드맵에 적어주세요. 이 키워드만 보고 아는 영어로 말해봅시다. 실제로 대화하듯이 키워드만 보고 말해보세요. 막힌다면 스크립트로 돌아가 큰 소리로 다시 읽어보고 시도하세요. 10번 이상 연습하세요. 키워드만 보고 3분 이상 영어로 술술 말할 수 있다면 미션 성공입니다.

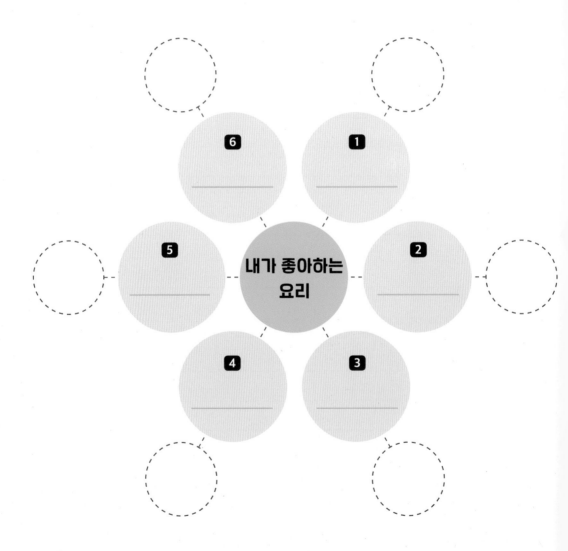

STEP 4 실전! 아는 영어로 톡하기

🔊) 실전 말하기 시간입니다. 파트너와 5분 이상 내가 좋아하는 요리를 주제로 대화해보세요. 아래에 나온 질문 리스트를 참고해 서로의 이야기를 주고받아보세요.

1 How good are you at cooking?

2 What are some things that you can cook?

3 What dish or food are you best at cooking?

4 What is the hardest thing to cook?

5 What are some of the advantages of cooking your meals at home? How about the disadvantages?

◎ 아는 영어 더하기

이제 '아는 영어'를 늘릴 차례입니다. STEP 2에서 생각나지 않았던 표현을 사전에서 찾아 영어로 적어봅시다. 영어로 표현을 찾은 후에는 충분히 내 것으로 만들 수 있도록 그 표현을 활용한 문장을 만들어봅시다.

한국어	영어 표현	활용 문장

내가 좋아하는 TV 드라마 말하기

STEP 1 ▶ 10문장 작문해보기

▣ PART 2에서 배운 문법 회화를 떠올리며 한글로 주어진 다음의 10문장을 영어로 바꿔보세요.

1️⃣ 저는 퇴근 후 집에 왔을 때 TV로 드라마 보는 것을 즐깁니다.

_____

2️⃣ 제가 요즘 보고 있는 것은 연속극입니다.

_____

3️⃣ 제가 지금까지 본 드라마 중 가장 재미있었던 드라마는 〈태양의 후예〉입니다.

_____

4️⃣ 이 드라마의 주인공은 매우 유능하고 존경받는 여자 의사입니다.

_____

5️⃣ 주인공의 옆집에 사는 이웃이 악역으로 등장하는데, 그는 잘생기고 젊은 남자입니다.

_____

6️⃣ 저는 형사나 의사가 나오는 드라마를 좋아하는데 왜냐하면 제가 그 직업에 대해 배울 수 있기 때문입니다.

_____

7 저희 어머니는 매 주말마다 KBS에서 방영되는 저녁 드라마를 봅니다.

_____

8 주인공으로 나오는 남자 배우는 특히 중국에서 인기가 많은 한류 스타입니다.

_____

9 긴장감과 감정이 가득한 드라마입니다.

_____

10 드라마 덕분에 저는 매주 금요일과 토요일을 기대합니다.

_____

◎ **활용하기 좋은 영어 표현**

I used to enjoy ~, but I don't anymore. / 나는 ~를 즐기곤 했지만, 지금은 아니다.
I don't have time to ~. / 나는 ~할 시간이 없다.
The most recent ~ that I watched is -. / 내가 가장 최근에 본 ~은 -이다.
I have not ~ recently. / 나는 요즘 ~하지 않는다.
look forward to~ / ~을 기대하다.

STEP 2 ▶ 아는 영어로 작문하기

▣ STEP 1에서 했던 작문을 떠올리며, 아래에 나와 있는 가이드를 참고해 '아는 영어'로 작문해보세요. 영어로 생각나지 않는 표현이 있더라도 사전이나 번역기를 사용하지 말고 최대한 아는 영어로 표현해보세요. 대신 생각나지 않는 표현은 한국어로 메모해두세요. 상단의 QR코드를 찍으면 작문 샘플을 확인할 수 있습니다. 하지만 여기에 얽매이지 말고 자유롭게 작문해보세요.

TV 드라마에 대한 내 생각	
가장 좋아하는 TV 드라마	The most exciting drama I have ever seen is 〈　　　　　　　　　　　　　〉.

최근에 본 TV 드라마	The most recent drama that I watched is 〈 〉. _____ _____ _____ _____ _____ .
좋아하는 배우	I love the actor who _____ . _____ _____ _____ _____ _____

🔊 앞에서 적은 내 이야기에서 '키워드'만 뽑아 아래의 마인드맵에 적어주세요. 이 키워드만 보고 아는 영어로 말해봅시다. 실제로 대화하듯이 키워드만 보고 말해보세요. 막힌다면 스크립트로 돌아가 큰 소리로 다시 읽어보고 시도하세요. 10번 이상 연습하세요. 키워드만 보고 3분 이상 영어로 술술 말할 수 있다면 미션 성공입니다.

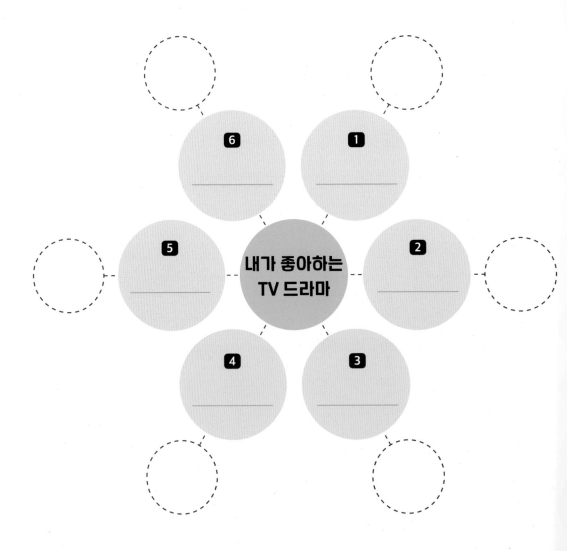

STEP 4　　실전! 아는 영어로 톡하기

🔊 실전 말하기 시간입니다. 파트너와 5분 이상 내가 좋아하는 TV 드라마를 주제로 대화해보세요. 아래에
나온 질문 리스트를 참고해 서로의 이야기를 주고받아보세요.

1 Are you going to watch TV tonight?

2 What did you watch on TV yesterday?

3 What is one of your favorite TV drama? And why do you like it?

4 Do you like _____? (Insert the name of a TV show.)

5 Do you think that TV is a good thing?

◎ 아는 영어 더하기

이제 '아는 영어'를 늘릴 차례입니다. STEP 2에서 생각나지 않았던 표현을 사전에서 찾아 영어로 적어봅시다. 영
어로 표현을 찾은 후에는 충분히 내 것으로 만들 수 있도록 그 표현을 활용한 문장을 만들어봅시다.

한국어	영어 표현	활용 문장

내가 좋아하는 스포츠 말하기

📖 PART 2에서 배운 문법 회화를 떠올리며 한글로 주어진 다음의 10문장을 영어로 바꿔보세요.

1 당신이 가장 좋아하는 스포츠는 무엇입니까?

---

2 저는 보는 것보다 직접 스포츠를 하는 것을 좋아합니다.

---

3 제가 가장 좋아하는 스포츠는 축구입니다.

---

4 저는 손흥민을 너무 좋아해서 유럽 축구 경기도 봅니다.

---

5 저는 어렸을 때부터 친구들과 학교 운동장에서 축구를 해왔습니다.

---

6 작년에 저는 메이저리그 경기를 보기 위해 미국을 여행했습니다.

---

7 당신은 얼마나 자주 스포츠 경기를 보러 갑니까?

_____

8 당신이 응원하는 팀은 어디입니까?

_____

9 제 아내는 축구보다 야구를 더 좋아합니다.

_____

10 그는 정말 빠르고 체력이 좋은 선수입니다.

_____

◎ **활용하기 좋은 영어 표현**

I used to ~ when I was young. / 나는 어렸을 때 ~하곤 했다.

~ is a very popular sport in -. / ~는 -에서 매우 인기 있는 스포츠다.

I'm a big fan of ~. / 나는 ~의 엄청난 팬이다.

Of all the ~, - is my favorite. / 모든 ~ 중, -는 내가 가장 좋아하는 것이다.

| STEP 2 | 아는 영어로 작문하기 |

▶ STEP 1에서 했던 작문을 떠올리며, 아래에 나와 있는 가이드를 참고해 '아는 영어'로 작문해보세요. 영어로 생각나지 않는 표현이 있더라도 사전이나 번역기를 사용하지 말고 최대한 아는 영어로 표현해보세요. 대신 생각나지 않는 표현은 한국어로 메모해두세요. 상단의 QR코드를 찍으면 작문 샘플을 확인할 수 있습니다. 하지만 여기에 얽매이지 말고 자유롭게 작문해보세요.

| 좋아하는
스포츠와
그 이유 | Everyone has at least one sport that they like.

I especially like _____.

_____

_____

_____ |
| 좋아하는
스포츠 소개
(구체적으로) | _____

_____

_____

_____

_____ |

내가 응원하는 팀 또는 선수	Of all the Korean teams, _____ is my favorite.
더 소개하고 싶은 것들	

◀》 앞에서 적은 내 이야기에서 '키워드'만 뽑아 아래의 마인드맵에 적어주세요. 이 키워드만 보고 아는 영어로 말해봅시다. 실제로 대화하듯이 키워드만 보고 말해보세요. 막힌다면 스크립트로 돌아가 큰 소리로 다시 읽어보고 시도하세요. 10번 이상 연습하세요. 키워드만 보고 3분 이상 영어로 술술 말할 수 있다면 미션 성공입니다.

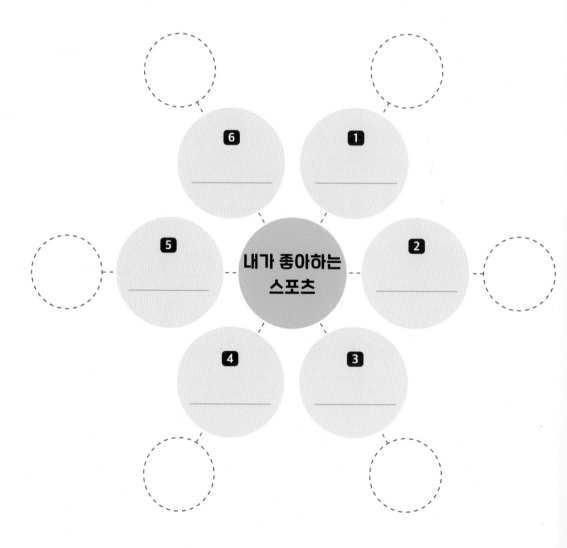

STEP 4　실전! 아는 영어로 톡하기

실전 말하기 시간입니다. 파트너와 5분 이상 내가 좋아하는 스포츠를 주제로 대화해보세요. 아래에 나온 질문 리스트를 참고해 서로의 이야기를 주고받아보세요.

1 Are you a member of any sports team? If not, have you ever been?

2 Are you good at sports?

3 What sports are you good at?

4 Do you jog more than once a week?

5 Do you know how to play golf?

◎ **아는 영어 더하기**

이제 '아는 영어'를 늘릴 차례입니다. STEP 2에서 생각나지 않았던 표현을 사전에서 찾아 영어로 적어봅시다. 영어로 표현을 찾은 후에는 충분히 내 것으로 만들 수 있도록 그 표현을 활용한 문장을 만들어봅시다.

한국어	영어 표현	활용 문장

▶ PART 2에서 배운 문법 회화를 떠올리며 한글로 주어진 다음의 10문장을 영어로 바꿔보세요.

1 제가 가장 좋아하는 음악 장르는 힙합입니다.

2 저는 음악을 주제로 하는 TV 프로그램 또한 좋아합니다.

3 제 남동생과 저는 완전히 다른 음악 취향을 가졌습니다.

4 만약 내가 피아노를 계속 쳤다면 나는 피아니스트가 되었을 텐데.

5 당신이 전화했을 때 저는 음악을 듣고 있었습니다.

6 저는 다음 주 토요일에 록 콘서트에 갈 예정입니다.

7   저는 어렸을 때 피아노를 쳤습니다(지금은 치지 않습니다).

_____

8   제 취미는 음악 듣기인데, 느린 것을 좋아합니다.

_____

9   그는 노래를 잘할 뿐만 아니라 춤도 잘 추는 가수입니다.

_____

10   지치고 스트레스 받을 때, 음악 감상은 저를 기분 좋게 만듭니다.

_____

◎ 활용하기 좋은 영어 표현

Since I was young, I have always been interested in ~. / 나는 어렸을 때부터 항상 ~에 관심이 있었다.

I started ~ when I was - years old. / 나는 -살이었을 때 ~를 시작했다.

I always ~ whenever I get stressed. / 나는 스트레스를 받을 때마다 항상 ~를 한다.

When I was young, I took ~ classes. / 어렸을 때 나는 ~ 수업을 들었다.

My dream was to become a ~. / 내 꿈은 ~가 되는 것이었다.

| STEP 2 | 아는 영어로 작문하기 |

▶ STEP 1에서 했던 작문을 떠올리며, 아래에 나와 있는 가이드를 참고해 '아는 영어'로 작문해보세요. 영어로 생각나지 않는 표현이 있더라도 사전이나 번역기를 사용하지 말고 최대한 아는 영어로 표현해보세요. 대신 생각나지 않는 표현은 한국어로 메모해두세요. 상단의 QR코드를 찍으면 작문 샘플을 확인할 수 있습니다. 하지만 여기에 얽매이지 말고 자유롭게 작문해보세요.

음악에 관한 내 이야기	
내가 좋아하는 음악 장르	I enjoy listening to _____. I like it because _____ .

내가 좋아하는 가수	I love _____. _____ _____ _____ _____ _____ _____
더 소개하고 싶은 것들	_____ _____ _____ _____ _____

🔊 앞에서 적은 내 이야기에서 '키워드'만 뽑아 아래의 마인드맵에 적어주세요. 이 키워드만 보고 아는 영어로 말해봅시다. 실제로 대화하듯이 키워드만 보고 말해보세요. 막힌다면 스크립트로 돌아가 큰 소리로 다시 읽어보고 시도하세요. 10번 이상 연습하세요. 키워드만 보고 3분 이상 영어로 술술 말할 수 있다면 미션 성공입니다.

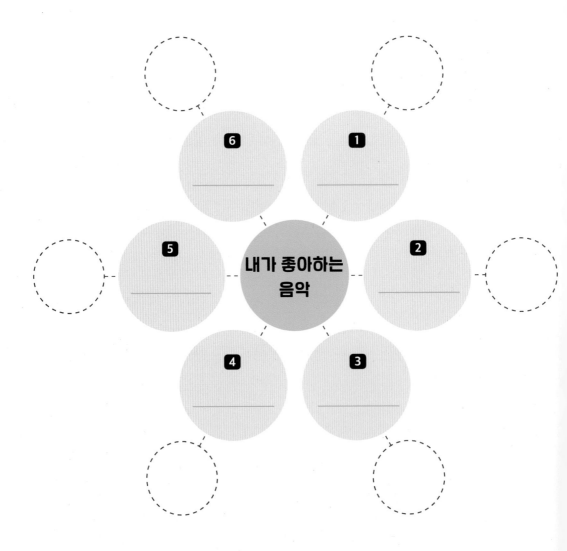

STEP 4 　　실전! 아는 영어로 톡하기

🔊 실전 말하기 시간입니다. 파트너와 5분 이상 내가 좋아하는 음악을 주제로 대화해보세요. 아래에 나온 질문 리스트를 참고해 서로의 이야기를 주고받아보세요.

1 Are you a good singer?

2 Can you play a musical instrument? If so, what do you play?

3 Can you play the guitar?

4 Can you read music?

5 Do you ever listen to MP3 files on your computer?

◎ 아는 영어 더하기

이제 '아는 영어'를 늘릴 차례입니다. STEP 2에서 생각나지 않았던 표현을 사전에서 찾아 영어로 적어봅시다. 영어로 표현을 찾은 후에는 충분히 내 것으로 만들 수 있도록 그 표현을 활용한 문장을 만들어봅시다.

한국어	영어 표현	활용 문장

7주차부터 우리는 '아영더 노트'를 만들어봤습니다. 지금까지 적어도 20개 이상의 단어는 쌓였을 것입니다. '영어로 대화하는 삶'이란, 내가 하고 싶은 말을 영어로 다 하는 삶을 뜻합니다. 지금 당장은 영어로 말하려면 말이 막히는 순간이 무수히 많겠지만, 아는 단어를 늘리면서 점점 그런 순간을 줄여가야 합니다. 아영더 노트는 '나만의 영어 회화 사전'이라고 말했습니다. 좀 더 욕심을 내보면 콘텐츠를 보면서 더 어려운 단어를 내 것으로 만들어볼 수도 있답니다. 물론 실생활에 전혀 쓸 일이 없을 것 같은 학술 단어를 익힐 필요는 없어요. 언어는 의사소통을 위해 존재하는 것이지, '잘하는 걸 뽐내기 위해' 존재하는 게 아니니까요.

유튜브에는 정말 많은 콘텐츠가 있습니다. 지금까지 매번 실패했던 것처럼 '미드'를 보면서 스크립트를 달달 외우라는 것이 아닙니다. 여느 때와 같이 콘텐츠를 보면서, 내게 필요한 표현이 나온다면 내 것으로 만들겠다는 마음가짐으로 가볍게 시청하세요. 저는 다음 콘텐츠들을 추천하고 싶습니다.

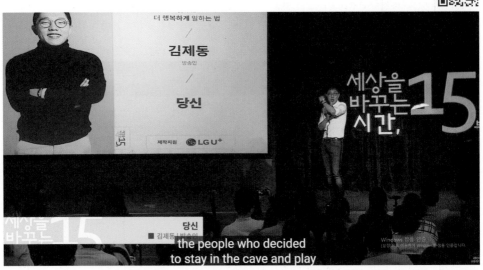

출처 : https://youtu.be/DN8KqorbBMk

1 세상을 바꾸는 시간, 15분

'세바시'는 아영더에 매우 좋은 콘텐츠입니다. 교육적인 방송이다 보니 직장인들에게 필요한 표현이 많이 나오지요. 게다가 영어 자막이 달려 있는 영상도 매우 많습니다. 영어 자막이 있는 영상을 찾은 후, 영어 자막을 켜고 방송을 보면서 '아, 이 표현 좋다' 는 생각이 들면 그걸 아영더 노트에 적어봅시다.

2 영어 자막 버전 〈미생〉

출처 : https://youtu.be/HGWaNyC_1GA

유튜브에 '미생 영어 자막'이라고 검색해보세요. 결과로 나온 동영상에서 자막이 영어로 나오도록 설정하면 우리가 함께 울고 웃었던 〈미생〉의 대사들이 영어로 나올 것입니다. 정말 공부하기 좋은 세상이지요. 유튜브에 좋아하는 프로그램 이름과 영어 자막, 혹은 'eng sub'를 함께 검색하면 영어 자막이 있는 동영상들이 더러 나옵니다. 드라마는 우리가 평소에 사용할 법한 표현을 배울 수 있다는 장점도 있습니다. 아마 미드보다 훨씬 재미있을 거예요!

WEEK 8
아는 영어로 말하기
15분 트레이닝

내 첫사랑에 대해 말하기

▶ PART 2에서 배운 문법 회화를 떠올리며 한글로 주어진 다음의 10문장을 영어로 바꿔보세요.

1 고등학교에서의 마지막 해는 제 첫사랑 덕분에 무척 기억에 남습니다.

_____

2 저는 고등학교 때 처음으로 남자친구가 생겼습니다.

_____

3 저는 절대 그를 잊지 못할 거예요.

_____

4 브래드는 존보다 키가 크지만 제임스보다는 작습니다.

_____

5 우리는 제주도로 가는 비행기에서 처음 만났습니다.

_____

6 저는 존보다 브래드를 더 좋아합니다.

_____

7 저는 아직도 첫사랑과 연락을 하고 있습니다.

_____

8 그는 제게 첫 번째 선물로 꽃다발을 줬습니다.

_____

9 그와 다시 만나자마자 저는 슬퍼졌습니다.

_____

10 그는 매우 자상하고 배려심이 많습니다.

_____

◎ **활용하기 좋은 영어 표현**

He was a ~ person. / 그는 ~한 사람이었다.

After we started college, we drifted apart. / 대학에 입학한 후 우리는 사이가 멀어졌다.

We still ~ occasionally. / 우리는 여전히 때때로 ~ 한다.

If I get the chance to ~, I would like to -. / 만약 ~할 기회가 생긴다면 나는 -하고 싶다.

keep in touch with~ / ~와 연락하고 지내다.

STEP 2 　　 아는 영어로 작문하기

▶ STEP 1에서 했던 작문을 떠올리며, 아래에 나와 있는 가이드를 참고해 '아는 영어'로 작문해보세요. 영어로
생각나지 않는 표현이 있더라도 사전이나 번역기를 사용하지 말고 최대한 아는 영어로 표현해보세요. 대신
생각나지 않는 표현은 한국어로 메모해두세요. 상단의 QR코드를 찍으면 작문 샘플을 확인할 수 있습니다.
하지만 여기에 얽매이지 말고 자유롭게 작문해보세요.

내 첫사랑	_____ because of my first love. _____ _____ _____ _____ _____
첫사랑과의 데이트	I really enjoyed _____. _____ _____ _____ _____ _____

가장 기억에 남는 추억	Our most memorable date was _____.
더 소개하고 싶은 것들	

🔊 앞에서 적은 내 이야기에서 '키워드'만 뽑아 아래의 마인드맵에 적어주세요. 이 키워드만 보고 아는 영어로 말해봅시다. 실제로 대화하듯이 키워드만 보고 말해보세요. 막힌다면 스크립트로 돌아가 큰 소리로 다시 읽어보고 시도하세요. 10번 이상 연습하세요. 키워드만 보고 3분 이상 영어로 술술 말할 수 있다면 미션 성공입니다.

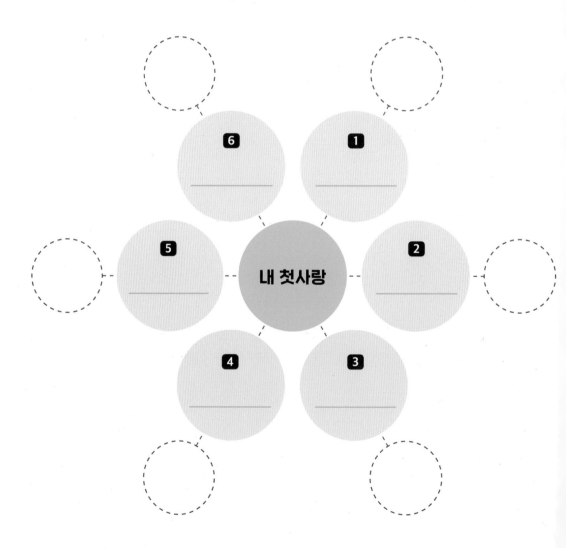

STEP 4 　　実전! 아는 영어로 톡하기

🔊 실전 말하기 시간입니다. 파트너와 5분 이상 첫사랑을 주제로 대화해보세요. 아래에 나온 질문 리스트를
참고해 서로의 이야기를 주고받아보세요.

1 Do you believe in love at first sight?

2 Do you think some people know that they will fall in love with some-
one at the first time they meet?

3 Do you know what a 'blind date' is?

4 Have you ever been on a blind date?

5 Do you drive or take the train when dating?

◎ **아는 영어 더하기**

이제 '아는 영어'를 늘릴 차례입니다. STEP 2에서 생각나지 않았던 표현을 사전에서 찾아 영어로 적어봅시다. 영
어로 표현을 찾은 후에는 충분히 내 것으로 만들 수 있도록 그 표현을 활용한 문장을 만들어봅시다.

한국어	영어 표현	활용 문장

내 버킷리스트 말하기

▶ PART 2에서 배운 문법 회화를 떠올리며 한글로 주어진 다음의 10문장을 영어로 바꿔보세요.

1 혼자서 동유럽을 여행하는 것은 제 버킷리스트 중 1순위입니다.

_____

2 저는 종종 여행을 가지만, 한 번도 동유럽에 가본 적은 없습니다.

_____

3 당신은 버킷리스트를 작성해본 적이 있습니까?

_____

4 버킷리스트란 당신이 죽기 전에 꼭 해보고 싶은 일을 적은 목록입니다.

_____

5 대통령을 만나는 것은 오랫동안 가졌던 제 버킷리스트 중 하나예요.

_____

6 올해 우리는 버킷리스트 중 마라톤 완주하기, 수영 배우기 두 가지를 이루겠다고
계획했습니다.

_____

7 대학생 때, 저는 수업 시간에 처음으로 버킷리스트를 적었습니다.

_____

8 제가 지금까지 가장 재미있게 읽은 책은 <해리 포터>입니다.

_____

9 다음 주에 저는 제 첫 번째 버킷리스트를 이룰지도 모릅니다.

_____

10 이 노트에 저는 제가 이루고 싶은 버킷리스트를 적어왔습니다.

_____

◎ **활용하기 좋은 영어 표현**

~ is top of my bucket list. / ~은 내 버킷리스트 중 1순위다.

I might be able to cross this off my bucket list. / 나는 이걸 제 버킷리스트에서 지울 수 있을지도 모른다.

I have written down ~ things on my bucket list. / 나는 버킷리스트 ~ 가지가 있다.

STEP 2 ▶ 아는 영어로 작문하기

▶ STEP 1에서 했던 작문을 떠올리며, 아래에 나와 있는 가이드를 참고해 '아는 영어'로 작문해보세요. 영어로 생각나지 않는 표현이 있더라도 사전이나 번역기를 사용하지 말고 최대한 아는 영어로 표현해보세요. 대신 생각나지 않는 표현은 한국어로 메모해두세요. 상단의 QR코드를 찍으면 작문 샘플을 확인할 수 있습니다. 하지만 여기에 얽매이지 말고 자유롭게 작문해보세요.

첫 번째 버킷리스트	I have written down ten things on my bucket list that I really want to do before I die. _____ _____ is top of my bucket list. _____ _____ _____ _____
두 번째 버킷리스트	The second thing on my bucket list is _____. _____ _____ _____ _____ _____

**세 번째
버킷리스트**

The third thing on my bucket list is _____.

_____

_____

_____

_____

_____

_____

**더 소개하고
싶은 것들**

_____

_____

_____

_____

_____

_____

_____

◀ 앞에서 적은 내 이야기에서 '키워드'만 뽑아 아래의 마인드맵에 적어주세요. 이 키워드만 보고 아는 영어로 말해봅시다. 실제로 대화하듯이 키워드만 보고 말해보세요. 막힌다면 스크립트로 돌아가 큰 소리로 다시 읽어보고 시도하세요. 10번 이상 연습하세요. 키워드만 보고 3분 이상 영어로 술술 말할 수 있다면 미션 성공입니다.

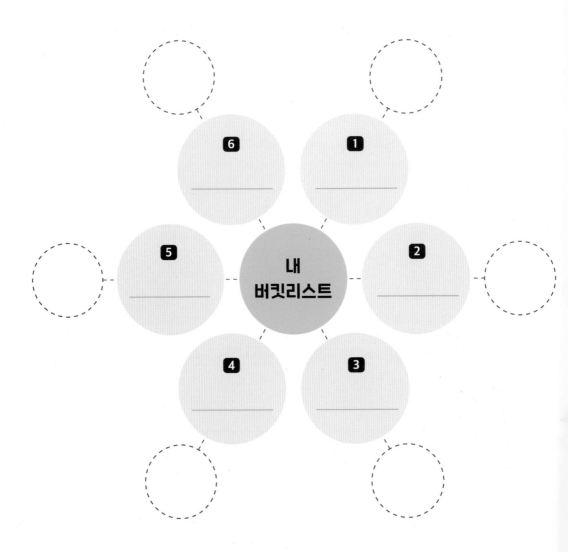

STEP 4 ▶ 실전! 아는 영어로 톡하기

🔊 실전 말하기 시간입니다. 파트너와 5분 이상 버킷리스트를 주제로 대화해보세요. 아래에 나온 질문 리스트를 참고해 서로의 이야기를 주고받아보세요.

1 What would you like to accomplish before you turn fifty?

2 What is one thing about your life that you would not change?

3 If you won a million dollars, what might you change about your life?

4 What is a goal you have?

5 How will you achieve it?

◎ **아는 영어 더하기**

이제 '아는 영어'를 늘릴 차례입니다. STEP 2에서 생각나지 않았던 표현을 사전에서 찾아 영어로 적어봅시다. 영어로 표현을 찾은 후에는 충분히 내 것으로 만들 수 있도록 그 표현을 활용한 문장을 만들어봅시다.

한국어	영어 표현	활용 문장

행복한 순간들에 대해 말하기

▷ PART 2에서 배운 문법 회화를 떠올리며 한글로 주어진 다음의 10문장을 영어로 바꿔보세요.

1 저는 매우 단순한 사람이고, 그래서 단지 좋은 음식을 먹는 것만으로 행복합니다.

_____

2 가족과 함께하는 매 순간이 행복합니다.

_____

3 당신은 지금 정말 행복해 보입니다.

_____

4 작년에 저는 아주 좋은 시간을 보냈어요.

_____

5 회사에 있을 때 저는 행복하지 않습니다.

_____

6 당신이 행복을 느낄 때에 대해 제게 말해줄 수 있나요?

_____

7 샘은 물속에 있을 때 가장 행복하다고 말했습니다.

_____

8 당신과 함께 살았던 때가 가장 행복했어요.

_____

9 오랫동안 못 봤던 친구를 다시 만나자마자, 저는 정말 행복했어요.

_____

10 그때는 내 인생에서 가장 행복했던 시절이었습니다.

_____

◎ **활용하기 좋은 영어 표현**

~ was the happiest time in my life. / ~는 내 인생에서 가장 행복한 시절이었다.

After I graduated from university, ~. / 나는 대학을 졸업한 후에, ~했다.

I booked a fligth to ~. / 나는 ~로 가는 비행기를 예약했다.

I look at the photos I took with fond memories. / 나는 애틋한 추억이 담긴 사진을 본다.

STEP 2 ▶ 아는 영어로 작문하기

▣ STEP 1에서 했던 작문을 떠올리며, 아래에 나와 있는 가이드를 참고해 '아는 영어'로 작문해보세요. 영어로 생각나지 않는 표현이 있더라도 사전이나 번역기를 사용하지 말고 최대한 아는 영어로 표현해보세요. 대신 생각나지 않는 표현은 한국어로 메모해두세요. 상단의 QR코드를 찍으면 작문 샘플을 확인할 수 있습니다. 하지만 여기에 얽매이지 말고 자유롭게 작문해보세요.

내 인생의 가장 행복한 순간	_____ was the happiest time in my life.
행복한 순간에 함께했던 사람	At my happiest time, I was with _____.

가장 기억에 남는 행복한 순간	The most memorable moment was _____. _____ _____ _____ _____
지금 느끼는 감정	Sometimes I _____ I took during that time with fond memories. _____ _____ _____ _____

🔊 앞에서 적은 내 이야기에서 '키워드'만 뽑아 아래의 마인드맵에 적어주세요. 이 키워드만 보고 아는 영어로 말해봅시다. 실제로 대화하듯이 키워드만 보고 말해보세요. 막힌다면 스크립트로 돌아가 큰 소리로 다시 읽어보고 시도하세요. 10번 이상 연습하세요. 키워드만 보고 3분 이상 영어로 술술 말할 수 있다면 미션 성공입니다.

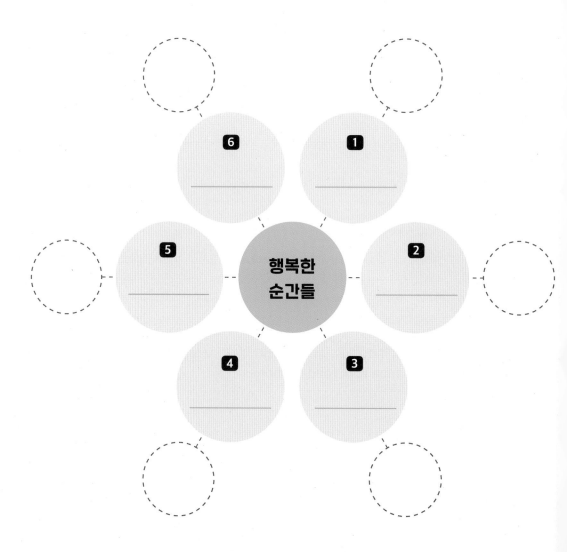

STEP 4 ▶ 실전! 아는 영어로 톡하기

🔊 실전 말하기 시간입니다. 파트너와 5분 이상 행복한 순간들을 주제로 대화해보세요. 아래에 나온 질문 리스트를 참고해 서로의 이야기를 주고받아보세요.

1 What is happiness for you?

2 Can money buy happiness?

3 What makes you feel happy?

4 What are the three most important things for you to be happy?

5 Would you be happier with a soul mate or single?

◎ **아는 영어 더하기**

이제 '아는 영어'를 늘릴 차례입니다. STEP 2에서 생각나지 않았던 표현을 사전에서 찾아 영어로 적어봅시다. 영어로 표현을 찾은 후에는 충분히 내 것으로 만들 수 있도록 그 표현을 활용한 문장을 만들어봅시다.

한국어	영어 표현	활용 문장

DAY 53 | 힘들었던 순간들에 대해 말하기

STEP 1 ▶ 10문장 작문해보기

▣ PART 2에서 배운 문법 회화를 떠올리며 한글로 주어진 다음의 10문장을 영어로 바꿔보세요.

1 그때를 돌아보면 저는 아직도 괴로움을 느낍니다.

_____

2 저는 극도의 스트레스를 받았고, 제 몸도 압박 때문에 아팠습니다.

_____

3 의사는 제게 반드시 쉬어야 한다고 말했습니다.

_____

4 그때, 저는 너무 힘들어서 포기하고 싶었습니다.

_____

5 저는 배도 고프지 않았고, 잠도 자지 않았습니다.

_____

6 일, 사랑 그리고 우정도 전부 잘 풀리지 않았습니다.

_____

7 저는 다시는 그때로 돌아가고 싶지 않아요.

_____

8 당신도 힘들었던 적이 있습니까?

_____

9 직장을 잃었을 때가 내 인생에서 가장 괴로웠습니다.

_____

10 그때 얼마나 힘들었는지 도저히 설명할 방법이 없습니다.

_____

◎ **활용하기 좋은 영어 표현**

The hardest time of my life was when ~. / 내 인생에서 가장 힘들었던 시절은 ~할 때였다.

It happened ~years ago. / 그것은 ~년 전에 일어났다.

My friends suggested that I ~. / 내 친구는 내게 ~라고 제안했다.

~ totally out of the blue. / ~은 매우 뜻밖이다.

go well / 잘돼가다

STEP 2 ▶ 아는 영어로 작문하기

▶ STEP 1에서 했던 작문을 떠올리며, 아래에 나와 있는 가이드를 참고해 '아는 영어'로 작문해보세요. 영어로 생각나지 않는 표현이 있더라도 사전이나 번역기를 사용하지 말고 최대한 아는 영어로 표현해보세요. 대신 생각나지 않는 표현은 한국어로 메모해두세요. 상단의 QR코드를 찍으면 작문 샘플을 확인할 수 있습니다. 하지만 여기에 얽매이지 말고 자유롭게 작문해보세요.

내 인생에서 가장 힘들었던 순간	The hardest time of my life was when I _____. _____ _____ _____ _____
그때 느꼈던 감정	At that time, _____. _____ _____ _____ _____

지금 느끼는
감정

Daily life _____.

_____

_____

_____

_____

_____

더 소개하고
싶은 것들

_____

_____

_____

_____

_____

_____

_____

◀)) 앞에서 적은 내 이야기에서 '키워드'만 뽑아 아래의 마인드맵에 적어주세요. 이 키워드만 보고 아는 영어로
말해봅시다. 실제로 대화하듯이 키워드만 보고 말해보세요. 막힌다면 스크립트로 돌아가 큰 소리로 다시
읽어보고 시도하세요. 10번 이상 연습하세요. 키워드만 보고 3분 이상 영어로 술술 말할 수 있다면 미션
성공입니다.

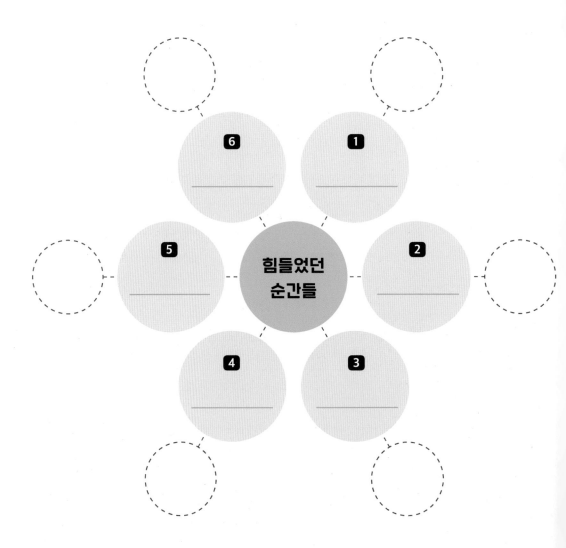

STEP 4 　　실전! 아는 영어로 톡하기

🔊 실전 말하기 시간입니다. 파트너와 5분 이상 힘들었던 순간들을 주제로 대화해보세요. 아래에 나온 질문 리스트를 참고해 서로의 이야기를 주고받아보세요.

1 What do you do to encourage yourself when going through hard times?

2 Who do you talk to for encouragement and inspiration?

3 What books offer encouragement and inspiration?

4 What could someone do to encourage you when you feel depressed?

5 What is the most encouraging book you have ever read?

◎ **아는 영어 더하기**

이제 '아는 영어'를 늘릴 차례입니다. STEP 2에서 생각나지 않았던 표현을 사전에서 찾아 영어로 적어봅시다. 영 어로 표현을 찾은 후에는 충분히 내 것으로 만들 수 있도록 그 표현을 활용한 문장을 만들어봅시다.

한국어	영어 표현	활용 문장

결혼에 대해 말하기

▣ PART 2에서 배운 문법 회화를 떠올리며 한글로 주어진 다음의 10문장을 영어로 바꿔보세요.

1 저는 작년에 결혼했습니다.

---

2 저를 결혼식에 초대해주셔서 고맙습니다.

---

3 저는 결혼할 생각이 전혀 없어요.

---

4 샘은 대니얼이 3년 전에 결혼했던 강남역 근처의 결혼식장에서 다음 주에 결혼할 예정입니다.

---

5 저는 63빌딩에 있는 레스토랑에서 프러포즈를 했습니다.

---

6 확신할 수는 없지만, 저는 내년에 결혼할지도 몰라요.

---

7   당신은 사랑의 끝이 결혼이라고 생각하나요?

_____

8   저는 친한 친구의 결혼식에서 축가를 부르기로 결정했어요.

_____

9   당신은 신혼여행을 어디로 갈지 정했나요?

_____

10   그의 여동생은 이미 결혼했습니다.

_____

◎ **활용하기 좋은 영어 표현**

I got married (시간 표현). / 나는 (시간 표현)에 결혼했다.

We had our ceremony at ~. / 우리는 ~에서 결혼식을 했다.

meet by chance / 오다가다 만나다

| STEP 2 | 아는 영어로 작문하기 |

▶ STEP 1에서 했던 작문을 떠올리며, 아래에 나와 있는 가이드를 참고해 '아는 영어'로 작문해보세요. 영어로 생각나지 않는 표현이 있더라도 사전이나 번역기를 사용하지 말고 최대한 아는 영어로 표현해보세요. 대신 생각나지 않는 표현은 한국어로 메모해두세요. 상단의 QR코드를 찍으면 작문 샘플을 확인할 수 있습니다. 하지만 여기에 얽매이지 말고 자유롭게 작문해보세요.

내 결혼	I got married _____. _____ _____ _____ _____
내 배우자	My _____ and I met _____. _____ _____ _____ _____

프러포즈	I proposed _____ before our wedding.
더 소개하고 싶은 것들	

🔊 앞에서 적은 내 이야기에서 '키워드'만 뽑아 아래의 마인드맵에 적어주세요. 이 키워드만 보고 아는 영어로 말해봅시다. 실제로 대화하듯이 키워드만 보고 말해보세요. 막힌다면 스크립트로 돌아가 큰 소리로 다시 읽어보고 시도하세요. 10번 이상 연습하세요. 키워드만 보고 3분 이상 영어로 술술 말할 수 있다면 미션 성공입니다.

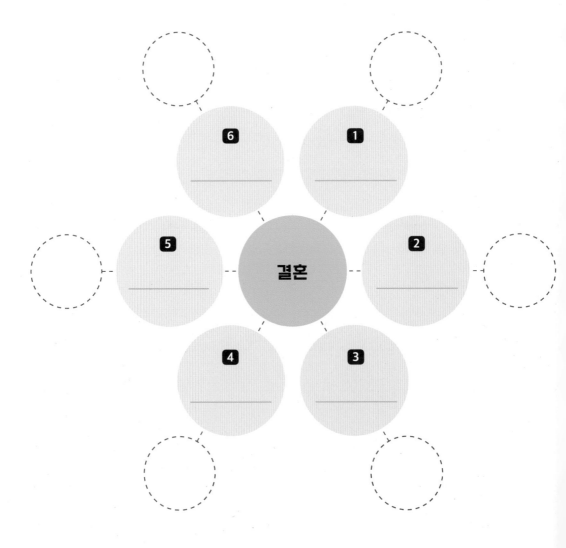

| STEP 4 | 실전! 아는 영어로 톡하기 |

◀》 실전 말하기 시간입니다. 파트너와 5분 이상 결혼을 주제로 대화해보세요. 아래에 나온 질문 리스트를 참고해 서로의 이야기를 주고받아보세요.

1 How does the idea of getting married make you feel? Excited? Scared? Happy? Nervous?

2 What do your parents tell you about getting married?

3 Some people say that marriage is not needed, do you agree or disagree?

4 What do you think married life will be like?

5 When do you plan on getting married?

◎ 아는 영어 더하기

이제 '아는 영어'를 늘릴 차례입니다. STEP 2에서 생각나지 않았던 표현을 사전에서 찾아 영어로 적어봅시다. 영어로 표현을 찾은 후에는 충분히 내 것으로 만들 수 있도록 그 표현을 활용한 문장을 만들어봅시다.

한국어	영어 표현	활용 문장

외국인 엔젤을 만나 영어 자신감 높이기

딱이만큼 영어 회화에서 항상 강조하는 것 중 하나가 '엔젤'입니다. 물론 사정상 독학을 해야 하는 사람은 어쩔 수 없지만 적어도 영어 학습에 있어서만큼은, 그것도 직장인의 영어 학습에 있어서만큼은 누군가와 함께하는 편이 훨씬 효과적이니까요.

영어 공부를 시작했다고 해서 갑자기 공부에 매진할 수 있는 환경이 저절로 조성되는 건 아닙니다. 어느 날은 돌연 회식이 잡히기도 하고, 피치 못한 사정으로 야근을 해야 할 때도 있지요. 이런 날은 '아, 오늘은 공부 쉬고 싶다'는 유혹에 빠지기 마련입니다. 이때 영어 공부를 포기하지 않도록 붙잡아주는 것이 엔젤의 역할입니다. 우리의 의지는 생각보다 약하기에 그 의지를 굳게 다잡아줄 존재가 필요하지요. 그래서 몇 번씩이나 엔젤의 존재를 강조한 것이랍니다.

이처럼 함께 영어를 배우는 한국인 엔젤도 필요하지만, 실전 대화를 연습하기 위해서는 외국인 엔젤을 만나는 것이 무엇보다도 효과적입니다. 외국인만 만나면 긴장되고 자신감이 떨어지는 '외국인 울렁증'을 치료하기 위해서는 무엇보다도 외국인과의 만남에 익숙해져야 하니까요. 이제 외국인 엔젤을 만들어 내 영어 실력을 높이고 자신감도 더해봅시다. 다행히 우리는 스마트폰 하나만 있으면 얼마든지 외국인과 교류할 수 있는 세상에 살고 있으니까요. 외국인 엔젤을 만날 수 있는 대표적인 앱을 소개해드립니다. 이 앱을 활용해 외국인과 소통하는 기회를 만들어보세요. 한국인 엔젤까지 함께 소통한다면 금상첨화겠지요?

● 모임 앱 : 밋업Meetup ●

'밋업'은 오프라인에서 실제로 외국인 친구를 만날 수 있는 모임 앱입니다. 특히 직장인 이용자가 많아서 퇴근한 뒤인 평일 저녁 7시 후에 만나는 모임이 많지요. 앱에 들어가보면 서울뿐 아니라 다양한 지역에서 모임이 개설되어 있습니다. 커피나 맥주를 한 잔씩 함께하며 교류할 수 있는 일반적인 친목 모임, 서로의 언어를 가르쳐주는 언어 교환 모임, 그리고 책을 읽고 토론하는 독서 모임 등 여러 모임이 있답니다. 관심사가 비슷한 외국인 친구들을 만나 취미를 함께하며 영어 공부를 하는 건 어떨까요?

● 채팅 앱 : 헬로톡HelloTalk ●

가장 유명한 언어 교환 앱입니다. 모국어는 물론 제2언어, 제3언어도 선택할 수 있으며, 나의 영어 수준을 설정할 수도 있습니다. 게다가 잘못된 문장을 쓰면 수정해주는 기능까지 있어 편리합니다. 또한 내 관심사를 설정해놓을 수 있어서 외국인 친구와 연결되었을 때 서로의 관심사를 바로 알 수 있다는 장점이 있습니다.

● 채팅 앱 : 헬로팔Hello Pal ●

이 앱에서는 원하는 언어를 지정해 검색하면 그 언어로 대화를 나눌 수 있는 사람들의 리스트가 나옵니다. 여기서 자유롭게 선택해 이야기를 나눠보세요. 이 앱은 시간과 장소의 제한 없이 다양한 나라의 외국인 친구들과 채팅할 수 있어 틈날 때마다 하기 좋습니다. 손쉽게 번역해주는 기능도 있고, 발음 교정도 해주기 때문에 초보자들이 사용하기에 무척 편리합니다.

◎ **딱소장의 팁**

밋업 앱을 통해 외국인과의 모임에 참여했다면, 그 후에 모임에서 하고 싶었지만 영어로 어떻게 표현해야 할지 몰라 망설이거나 막혔던 말들을 아영더 노트에 정리하고 훈련해보세요. 나만의 영어회화 사전이자 오답노트가 될 수 있습니다.

WEEK 9
아는 영어로 말하기
20분 트레이닝

외국인에게 한국 소개하기

▣ PART 2에서 배운 문법 회화를 떠올리며 한글로 주어진 다음의 10문장을 영어로 바꿔보세요.

1 한국은 아시아에 있는 나라 중 하나로, 중국과 일본 사이에 위치해 있습니다.

_____

2 한국은 문화적으로 발달한 나라로, 특히 K-POP, 드라마, 영화로 유명합니다.

_____

3 2018년에는 평창 올림픽이 열렸습니다.

_____

4 한류 열풍 덕에 저는 외국인들도 한국과 서울에 대해 많이 알 거라고 생각해요.

_____

5 저는 서울에서 태어났고, 지금까지 평생 한국에서 살아왔습니다.

_____

6 당신은 한국에 와서 처음 먹은 음식을 기억하나요?

_____

7 사계절이 뚜렷한 한국은 당신이 언제 방문하든 특유의 매력으로 아름답습니다.

---

8 제가 한국으로 돌아가면 처음으로 먹을 음식은 불고기예요.

---

9 한국은 무척 역사가 긴 나라로, 다양한 문화재와 관광 명소가 있습니다.

---

10 가장 먼저 저는 당신에게 한국의 맛있는 음식부터 말해주고 싶군요.

◎ **활용하기 좋은 영어 표현**

I would like to talk about my home country, (나라). / 나는 내 고국인 (나라)에 대해 말하고 싶다.
If you like ~, (나라) is the perfect country for you. / 만약 당신이 ~를 좋아한다면, (나라)는 당신에게 완벽한 나라일 것이다.
The ~ varies from one area to another. / ~은 지역마다 다르다.
~ is a must-visit destination. / ~은 꼭 가봐야 하는 곳이다.

STEP 2 ▶ 아는 영어로 작문하기

▶ STEP 1에서 했던 작문을 떠올리며, 아래에 나와 있는 가이드를 참고해 '아는 영어'로 작문해보세요. 영어로 생각나지 않는 표현이 있더라도 사전이나 번역기를 사용하지 말고 최대한 아는 영어로 표현해보세요. 대신 생각나지 않는 표현은 한국어로 메모해두세요. 상단의 QR코드를 찍으면 작문 샘플을 확인할 수 있습니다. 하지만 여기에 얽매이지 말고 자유롭게 작문해보세요.

한국과 내가 태어난 도시	First of all, I would like to talk about my home country, Korea. I was born in _____, which is _____. _____ _____ _____
한국의 음식	Do you remember the first time you had Korean food? Some examples of Korean traditional food are _____. _____ _____ _____ _____

한국의 문화	Korean music, movies, and dramas are also trendy. _____ _____ _____ _____ _____
한국의 관광지	I would also like to tell you about _____, which is a tourist spot in Korea. _____ _____ _____ _____ _____

🔊 앞에서 적은 내 이야기에서 '키워드'만 뽑아 아래의 마인드맵에 적어주세요. 이 키워드만 보고 아는 영어로 말해봅시다. 실제로 대화하듯이 키워드만 보고 말해보세요. 막힌다면 스크립트로 돌아가 큰 소리로 다시 읽어보고 시도하세요. 10번 이상 연습하세요. 키워드만 보고 4분 이상 영어로 술술 말할 수 있다면 미션 성공입니다.

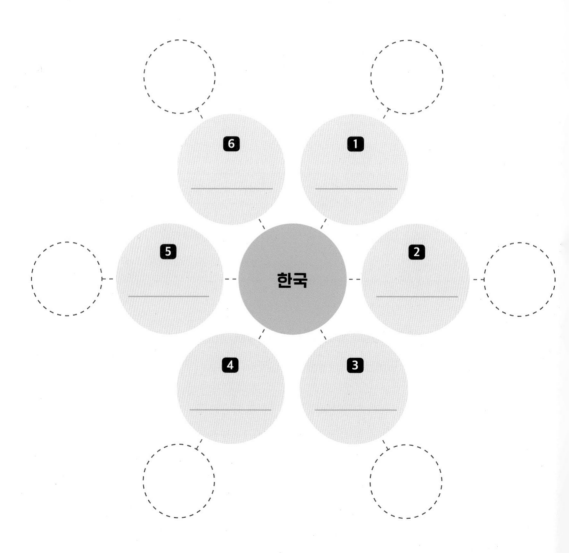

| STEP 4 | 실전! 아는 영어로 톡하기 |

◀)) 실전 말하기 시간입니다. 파트너와 5분 이상 한국을 주제로 대화해보세요. 아래에 나온 질문 리스트를 참고해 서로의 이야기를 주고받아보세요.

1 What are the must-sees and must-dos in Korea?

2 When is the best time to go in terms of weather?

3 Where can I go shopping?

4 What can I do during a short or long layover at Incheon International Airport?

5 What other things can I do in Korea or should I know about?

◎ **아는 영어 더하기**

이제 '아는 영어'를 늘릴 차례입니다. STEP 2에서 생각나지 않았던 표현을 사전에서 찾아 영어로 적어봅시다. 영어로 표현을 찾은 후에는 충분히 내 것으로 만들 수 있도록 그 표현을 활용한 문장을 만들어봅시다.

한국어	영어 표현	활용 문장

남북 관계 설명하기

⮕ PART 2에서 배운 문법 회화를 떠올리며 한글로 주어진 다음의 10문장을 영어로 바꿔보세요.

1 당신은 남한과 북한의 차이점에 대해 알고 있나요?

_____

2 그곳은 남한과는 무척 다릅니다.

_____

3 북한에서는 많은 사람이 아직도 한복을 입습니다.

_____

4 북한은 많은 에너지 자원을 갖고 있습니다.

_____

5 그곳은 높은 발전 잠재력을 갖고 있어요.

_____

6 저는 관계가 곧 좋아지기를 바랍니다.

_____

7 한국은 전 세계에서 유일한 분단국가로, 남한과 북한으로 나눠져 있습니다.

___

8 남한과 북한의 관계는 무척 복잡합니다.

___

9 이미 너무 큰 격차가 있습니다.

___

10 저는 언젠간 두 한국이 통일되기를 바랍니다.

___

◎ **활용하기 좋은 영어 표현**

Do you know the difference between A and B? / 당신은 A와 B의 차이를 아는가?
It is very different from ~ in economy. / 그곳은 경제 면에서 ~와 매우 다르다.
Since I have never been there before, I learned it all through ~. / 나는 그곳에 가본 적이 없기 때문에, 모든 것을 ~을 통해 배웠다.
I hope that one day ~ will -. / 나는 언젠간 ~가 -되길 바란다.

STEP 2 　아는 영어로 작문하기

▶ STEP 1에서 했던 작문을 떠올리며, 아래에 나와 있는 가이드를 참고해 '아는 영어'로 작문해보세요. 영어로 생각나지 않는 표현이 있더라도 사전이나 번역기를 사용하지 말고 최대한 아는 영어로 표현해보세요. 대신 생각나지 않는 표현은 한국어로 메모해두세요. 상단의 QR코드를 찍으면 작문 샘플을 확인할 수 있습니다. 하지만 여기에 얽매이지 말고 자유롭게 작문해보세요.

남북 관계	Do you know the difference between South and North Korea? _____ _____ _____ _____ _____
북한 소개	North Korea is _____ than South Korea. _____ _____ _____ _____ _____

남북 관계에 대한 바람	I hope that _____. _____ _____ _____ _____
더 소개하고 싶은 것들	_____ _____ _____ _____ _____

앞에서 적은 내 이야기에서 '키워드'만 뽑아 아래의 마인드맵에 적어주세요. 이 키워드만 보고 아는 영어로 말해봅시다. 실제로 대화하듯이 키워드만 보고 말해보세요. 막힌다면 스크립트로 돌아가 큰 소리로 다시 읽어보고 시도하세요. 10번 이상 연습하세요. 키워드만 보고 4분 이상 영어로 술술 말할 수 있다면 미션 성공입니다.

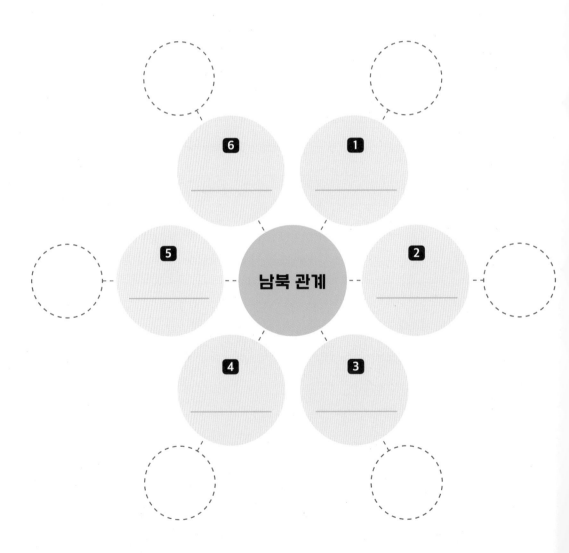

STEP 4 | 실전! 아는 영어로 톡하기

◀)) 실전 말하기 시간입니다. 파트너와 5분 이상 남북 관계를 주제로 대화해보세요. 아래에 나온 질문 리스트를 참고해 서로의 이야기를 주고받아보세요.

1 What are South and North Korea famous for?

2 What images of South and North Korea do you have?

3 Who are the most famous South and North Korean people you know?

4 What do you know about South and North Korean history?

5 What has South and North Korea given to the world?

◎ 아는 영어 더하기

이제 '아는 영어'를 늘릴 차례입니다. STEP 2에서 생각나지 않았던 표현을 사전에서 찾아 영어로 적어봅시다. 영어로 표현을 찾은 후에는 충분히 내 것으로 만들 수 있도록 그 표현을 활용한 문장을 만들어봅시다.

한국어	영어 표현	활용 문장

외국인에게 서울 소개하기

10문장 작문해보기

▶ PART 2에서 배운 문법 회화를 떠올리며 한글로 주어진 다음의 10문장을 영어로 바꿔보세요.

1. 서울은 한국의 수도이고, 가장 발전된 대도시입니다.

_____

2. 그곳은 막대한 인구가 있는 도시입니다.

_____

3. 한국의 수도인 서울은 교통이 매우 편리한데, 특히 지하철이 편리합니다.

_____

4. 서울은 너무 사람이 많아서 붐빕니다.

_____

5. 그곳은 서울에서 가장 유명한 관광지예요.

_____

6. 저는 경기도에 살지만 서울에서 일합니다.

_____

7 서울에는 의료 시설, 문화시설, 교통 등 모든 인프라가 전부 집중돼 있습니다.

---

8 서울의 날씨는 추워요.

---

9 우리 집에서 서울까지는 약 한 시간이 걸립니다.

---

10 인사동은 서울에서 방문해볼 만한 곳으로 추천됩니다.

◎ **활용하기 좋은 영어 표현**

(도시) is the capital of (나라). / (도시)는 (나라)의 수도다.

I was born in ~ and have lived here all my life. / 나는 ~에서 태어나 평생 동안 그곳에서 살아왔다.

~ is in the heart of the city. / ~은 도시의 중심부다.

I highly recommend ~. / 나는 ~을 강력히 추천한다.

| STEP 2 | 아는 영어로 작문하기 |

▶ STEP 1에서 했던 작문을 떠올리며, 아래에 나와 있는 가이드를 참고해 '아는 영어'로 작문해보세요. 영어로 생각나지 않는 표현이 있더라도 사전이나 번역기를 사용하지 말고 최대한 아는 영어로 표현해보세요. 대신 생각나지 않는 표현은 한국어로 메모해두세요. 상단의 QR코드를 찍으면 작문 샘플을 확인할 수 있습니다. 하지만 여기에 얽매이지 말고 자유롭게 작문해보세요.

서울 소개	Seoul is the capital of Korea and _____. _____ _____ _____ _____ _____
추천 관광지 1	Of all the tourist spots in Seoul, _____. _____ _____ _____ _____ _____

추천 관광지 2	The next place I want to tell you about is _____. _____ _____ _____ _____
서울의 자랑거리	One of the places I'm most proud of is _____. _____ _____ _____ _____

🔊 앞에서 적은 내 이야기에서 '키워드'만 뽑아 아래의 마인드맵에 적어주세요. 이 키워드만 보고 아는 영어로 말해봅시다. 실제로 대화하듯이 키워드만 보고 말해보세요. 막힌다면 스크립트로 돌아가 큰 소리로 다시 읽어보고 시도하세요. 10번 이상 연습하세요. 키워드만 보고 4분 이상 영어로 술술 말할 수 있다면 미션 성공입니다.

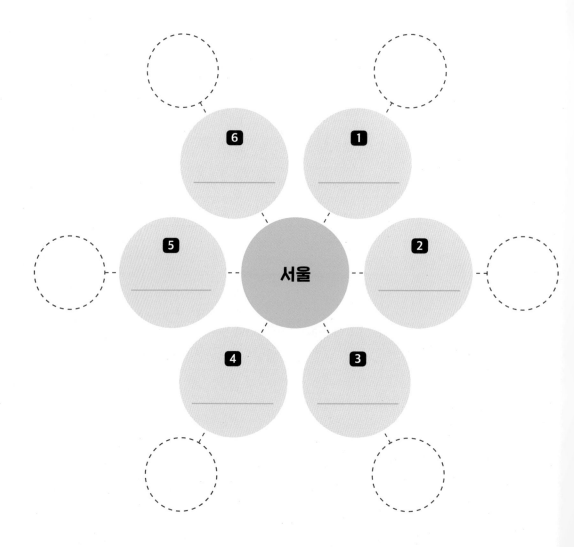

STEP 4 　 실전! 아는 영어로 톡하기

🔊 실전 말하기 시간입니다. 파트너와 5분 이상 서울을 주제로 대화해보세요. 아래에 나온 질문 리스트를 참고해 서로의 이야기를 주고받아보세요.

1 What are the must-sees and must-dos in Seoul?

2 I only have a couple of days in Seoul. What should I do?

3 When is the best time to go in terms of weather?

4 Where can I go shopping?

5 What other things can I do in Seoul or should know about?

◎ 아는 영어 더하기

이제 '아는 영어'를 늘릴 차례입니다. STEP 2에서 생각나지 않았던 표현을 사전에서 찾아 영어로 적어봅시다. 영어로 표현을 찾은 후에는 충분히 내 것으로 만들 수 있도록 그 표현을 활용한 문장을 만들어봅시다.

한국어	영어 표현	활용 문장

STEP 1 > 10문장 작문해보기

▣ PART 2에서 배운 문법 회화를 떠올리며 한글로 주어진 다음의 10문장을 영어로 바꿔보세요.

1 경복궁은 한국의 상징적이고 역사적인 관광지입니다.

_____

2 경복궁은 조선왕조의 왕들이 살던 궁궐이에요.

_____

3 광화문은 경복궁의 정문입니다.

_____

4 만약 당신이 딱 한 곳만 갈 수 있다면 저는 경복궁을 강력히 추천하고 싶습니다.

_____

5 경복궁은 아름다운 데다가 우아하기까지 합니다.

_____

6 만약 당신이 역사에 관심이 있다면 경복궁을 보면 좋을 거예요.

_____

7 경복궁에서 당신은 한국의 아름다움을 느낄 수 있습니다.

_____

8 그곳은 서울의 도심 한가운데에 있습니다.

_____

9 그곳은 역사 드라마에 나오는 궁궐의 모습과 비슷합니다.

_____

10 이곳은 여자친구와 함께 데이트하기에 아주 좋은 장소입니다.

_____

◎ **활용하기 좋은 영어 표현**

(관광지) is an iconic tourist attraction in (도시/나라). / (관광지)는 (도시/나라)에서 가장 상징적인 관광지다.

If you get a chance to visit ~, you have to -. / 만약 당신이 ~에 방문할 기회가 있다면 당신은 ~해야 한다.

If you are interested in ~, you will love -. / 만약 당신이 ~에 관심이 있다면 당신은 -을 좋아할 것이다.

Reservations are required in advance. / 예약은 사전에 해야 한다.

go out with ~ / ~와 데이트하다

STEP 2 ▷ 아는 영어로 작문하기

➦ STEP 1에서 했던 작문을 떠올리며, 아래에 나와 있는 가이드를 참고해 '아는 영어'로 작문해보세요. 영어로 생각나지 않는 표현이 있더라도 사전이나 번역기를 사용하지 말고 최대한 아는 영어로 표현해보세요. 대신 생각나지 않는 표현은 한국어로 메모해두세요. 상단의 QR코드를 찍으면 작문 샘플을 확인할 수 있습니다. 하지만 여기에 얽매이지 말고 자유롭게 작문해보세요.

경복궁 소개	Gyeongbokgung Palace is_____ in Korea.
경복궁의 매력 1	If you have ever been to Korea, you may have passed the main gate of Gyeongbokgung Palace._____

경복궁의 매력 2	You can also feel the charm of Gyeongbokgung ____.
더 소개하고 싶은 것들	

🔊 앞에서 적은 내 이야기에서 '키워드'만 뽑아 아래의 마인드맵에 적어주세요. 이 키워드만 보고 아는 영어로 말해봅시다. 실제로 대화하듯이 키워드만 보고 말해보세요. 막힌다면 스크립트로 돌아가 큰 소리로 다시 읽어보고 시도하세요. 10번 이상 연습하세요. 키워드만 보고 4분 이상 영어로 술술 말할 수 있다면 미션 성공입니다.

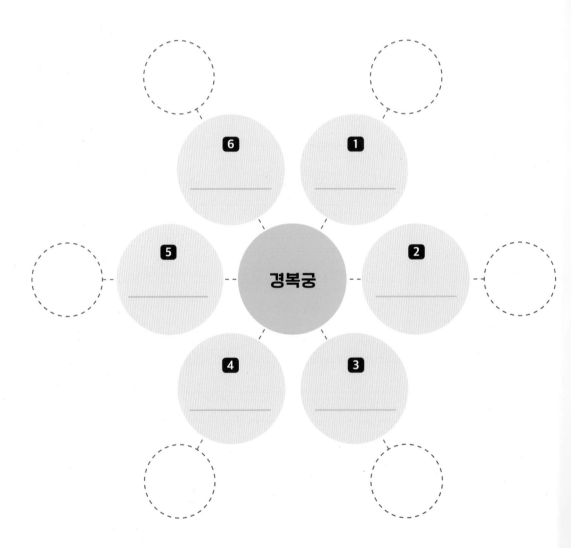

STEP 4 　실전! 아는 영어로 톡하기

🔊 실전 말하기 시간입니다. 파트너와 5분 이상 경복궁을 주제로 대화해보세요. 아래에 나온 질문 리스트를
참고해 서로의 이야기를 주고받아보세요.

1 What is Gyeongbokgung Palace?

2 Are you interested in history?

3 When is the best time to go to Gyeongbokgung Palace in terms of
weather?

4 Is there a good place to eat around Gyeongbokgung Palace?

5 What should I know before I go to Gyeongbokgung Palace?

◎ 아는 영어 더하기
이제 '아는 영어'를 늘릴 차례입니다. STEP 2에서 생각나지 않았던 표현을 사전에서 찾아 영어로 적어봅시다. 영
어로 표현을 찾은 후에는 충분히 내 것으로 만들 수 있도록 그 표현을 활용한 문장을 만들어봅시다.

한국어	영어 표현	활용 문장

딱이만큼 영어 회화 이후의 공부 계획

10문장 작문해보기

▣ PART 2에서 배운 문법 회화를 떠올리며 한글로 주어진 다음의 10문장을 영어로 바꿔보세요.

1 저는 3개월째 영어 회화를 공부해오고 있습니다.

_____

2 당신은 영어 학원에 다닌 적이 있습니까?

_____

3 저는 매일 하루에 두 시간씩 영어를 공부합니다.

_____

4 당신은 영어권 국가에 가본 적이 있나요?

_____

5 유창하게 영어로 말하는 것은 오랫동안 가졌던 제 버킷리스트 중 하나입니다.

_____

6 영어 회화는 어렵지만 재미있기도 합니다.

_____

7 때때로 저는 제 병원에 방문하는 외국인 환자와 자유롭게 소통하고 싶었고, 그래서 영어 회화 공부를 시작했습니다.

_____

8 영어를 잘하기 위해서 당신은 짧은 기간 동안 집중적으로 연습해야 합니다.

_____

9 온라인 강의를 보는 것보다 오프라인 학원에 다니는 것이 더 효과적입니다.

_____

10 제 언니는 영어를 유창하게 말합니다.

_____

◎ 활용하기 좋은 영어 표현

I have been studying English conversation since last ~. / 나는 지난 ~부터 영어 회화를 공부해왔다.
I speak English with ~ I met on the Internet. / 나는 인터넷에서 만난 ~와 함께 영어를 말한다.
Studying with ~ is much more effective. / ~를 공부하는 것은 훨씬 효과적이다.
Every time I take ~, I feel that English is not easy. / 나는 ~를 할 때마다 영어가 쉽지 않다고 느낀다.
It is been - months since I studied ~. / 내가 ~를 공부한 후로 -달이 지났다.

| STEP 2 | 아는 영어로 작문하기 |

▶ STEP 1에서 했던 작문을 떠올리며, 아래에 나와 있는 가이드를 참고해 '아는 영어'로 작문해보세요. 영어로 생각나지 않는 표현이 있더라도 사전이나 번역기를 사용하지 말고 최대한 아는 영어로 표현해보세요. 대신 생각나지 않는 표현은 한국어로 메모해두세요. 상단의 QR코드를 찍으면 작문 샘플을 확인할 수 있습니다. 하지만 여기에 얽매이지 말고 자유롭게 작문해보세요.

영어를 공부하는 이유	I have been studying English conversation since _____. _____is one of the oldest things on my bucket list. _____ _____ _____
나의 영어 공부 방법	I speak English with someone I met _____. _____ _____ _____ _____ _____

주말의 영어 공부 방법	On weekends, I _____ . _____ _____ _____ _____
더 소개하고 싶은 것들	_____ _____ _____ _____

🔊 앞에서 적은 내 이야기에서 '키워드'만 뽑아 아래의 마인드맵에 적어주세요. 이 키워드만 보고 아는 영어로
말해봅시다. 실제로 대화하듯이 키워드만 보고 말해보세요. 막힌다면 스크립트로 돌아가 큰 소리로 다시
읽어보고 시도하세요. 10번 이상 연습하세요. 키워드만 보고 4분 이상 영어로 술술 말할 수 있다면 미션
성공입니다.

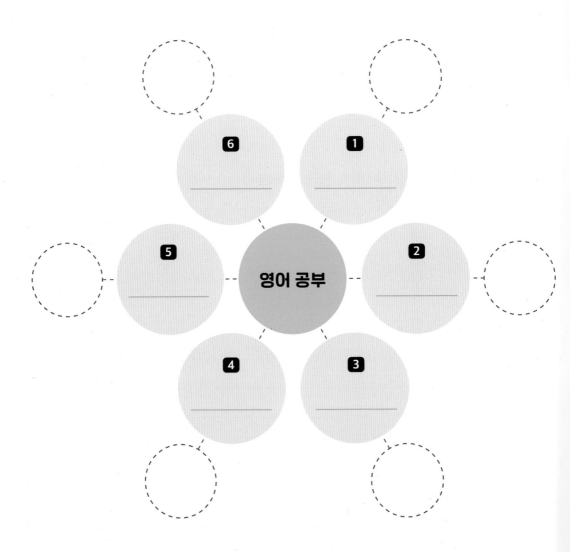

STEP 4　실전! 아는 영어로 톡하기

🔊 실전 말하기 시간입니다. 파트너와 5분 이상 영어 공부를 주제로 대화해보세요. 아래에 나온 질문 리스트를
참고해 서로의 이야기를 주고받아보세요.

1 Do you think English is a difficult language to learn?

2 Have you ever spoken English on the phone?

3 How often do you practice your English?

4 What is the most difficult thing about English?

5 Why are you learning English?

◎ **아는 영어 더하기**

이제 '아는 영어'를 늘릴 차례입니다. STEP 2에서 생각나지 않았던 표현을 사전에서 찾아 영어로 적어봅시다. 영
어로 표현을 찾은 후에는 충분히 내 것으로 만들 수 있도록 그 표현을 활용한 문장을 만들어봅시다.

한국어	영어 표현	활용 문장

팝송으로 즐겁게 영어 공부하기

이번 주는 즐겁게 노래를 부르며 아는 영어를 늘려봅시다. 혹시 팝송 중 처음부터 끝까지 가사를 보지 않고 외워서 부를 수 있는 노래가 있나요? 아마 한 곡을 처음부터 끝까지 완벽하게 부를 수 있는 사람은 많지 않을 거예요. 이번 기회에 팝송 한 곡을 마스터해, 가사를 보지 않고도 부를 수 있는 나의 '애창곡 팝송'을 만들어봅시다.

초보자가 외워 부르기 쉬운 팝송을 한 곡 소개해드리겠습니다. 'Mr.Big'이라는 밴드의 'To be with you'라는 노래입니다. 이 미션을 수행할 때는 가사를 반드시 외워야 합니다. 오른쪽 페이지에 있는 가사를 보고, 음악을 들으며 가사를 '뽀개기' 해주세요.

지금까지 공부했던 것처럼 심각하게 한 문장, 한 문장 뽀개기를 할 필요는 없어요. 즐겁게 노래를 따라 부르며 자연스럽게 뽀개주세요. 가사를 보며 몰랐던 단어가 있다면 아영더 노트에 적어봐도 좋습니다. 좀 더 즐겁게 아는 영어를 늘리는 방법입니다. 가사를 완벽히 외운 후에는 엔젤과 노래방에 가서 함께 불러보는 것도 좋겠지요.

딱소장에게 물어봐!
"노래는 어디서 들을 수 있나요? 한국어 해석은 없나요?"

Hold on little girl

Show me what he is done to you

Stand up little girl

A broken heart can't be that bad

When it is through, it is through

Fate will twist the both of you

So come on baby come on over

Let me be the one to show you

I'm the one who wants to be with you

Deep inside I hope you'll feel it too

Waited on a line of greens and blues

Just to be the next to be with you

Build up your confidence

So you can be on top for once

Wake up who cares about

Little boys that talks too much

I have seen it all go down

Your game of love was all rained out

So come on baby come on over

Let me be the one to hold you

I'm the one who wants to be with you

Deep inside I hope you'll feel it too

Waited on a line of greens and blues

Just to be the next to be with you

Why be alone when we can be together baby

You can make my life worthwhile

I can make you start to smile

When it is through, it is through

Fate will twist the both of you

come on baby come on over

Let me be the one to show you

I'm the one who wants to be with you

Deep inside I hope you'll feel it too

Waited on a line of greens and blues

Just to be the next to be with you

Just to be the next to be with you!

WEEK6　WEEK7　WEEK8　WEEK9

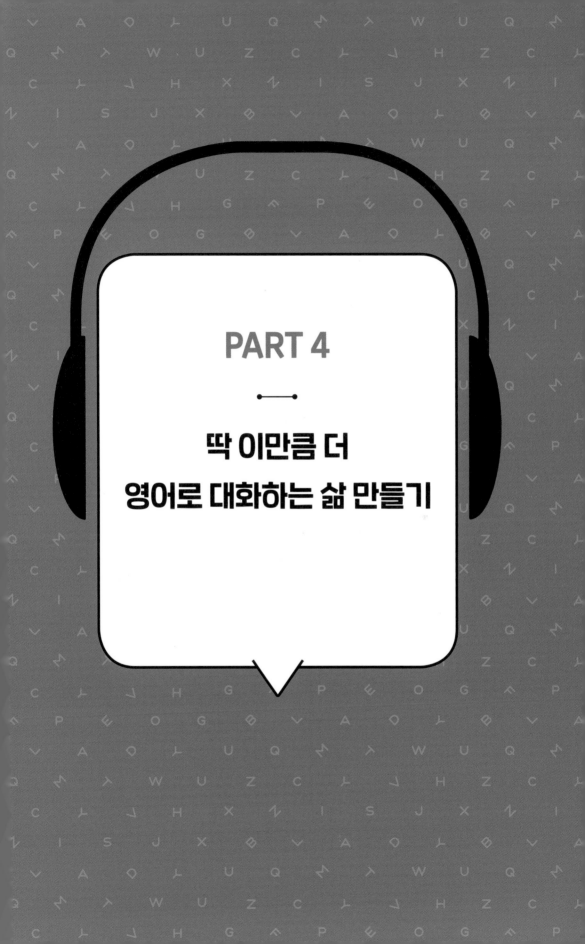

PART 4

딱 이만큼 더
영어로 대화하는 삶 만들기

WEEK 10
내 주변 콘텐츠로
영어 환경 만들기

DAY 64~68 영화로 영어 공부하기

주말의 딱 이만큼 미션 딱 이만큼 더 영어 생활
계획표 작성하기

벌써 딱이만큼 영어 회화를 시작한 지 9주가 흘렀습니다. 비즈니스 문법 회화 500문장을 뽀개며 내 것으로 만들었고, 그렇게 내 것으로 만든 문장들을 응용해 4주 동안은 내 이야기를 영어로 해봤지요. 아마 지금은 영어에 어느 정도 자신감이 붙었고, 하고 싶은 말을 웬만하면 영어로 표현할 수 있는 수준으로 성장했을 것입니다.

여기서 멈추지 않는 것이 중요합니다. 언어는 쓰지 않으면 퇴화하기 마련입니다. 이제부터는 '딱 이만큼 더' 영어로 대화하는 삶을 만들어가야 합니다. 내 머릿속에 일종의 '영어 시스템'을 설치한다는 생각으로 영어를 익혀나가는 과정입니다.

지금은 언제 어디서든 영어 콘텐츠를 무궁무진하게 접할 수 있습니다. 미국 드라마와 영화를 볼 수도 있고, 유튜브로 TV 쇼나 강연을 볼 수도 있지요. 이제부터는 원하는 콘텐츠를 하나 정해서 그 콘텐츠로 영어를 공부해봅시다. 이번 주에는 '영화로 영어 공부하는 법'을 소개해보려 합니다. 영화는 흥미로운 서사가 있는 데다가 대사마다 감정이 풍부하게 녹아 있기 때문에 재미있게 공부할 수 있습니다.

영화 한 편은 약 3000개의 문장으로 구성돼 있다고 합니다. 즉, 영화 한 편을 뽀개면 내 영어 시스템에 3000개가량의 데이터베이스가 쌓이는 셈이지요! 영어 실력이 한층 더 발전할 것입니다. 물론 영화 한 편을 뽀개는 것은 굉장히 난도 높은 작업이기 때문에 초보자에겐 섣불리 추천하지 않습니다. 좌절감만 느끼고 포기할 수도 있으니까요. 하지만 딱이만큼 영어 회화 9주 과정까지 마친 여러분에게 영화 뽀개기는 아주 유용하고도 재미있는 공부가 되어줄 거예요. 여러분에게는 이제 영어를 '딱 이만큼 더' 잘할 일만 남았습니다. 앞으로의 지침을 따라 영어로 대화하는 삶을 만들어보세요.

딱소장에게 물어봐!

"영어로 대화하는 삶을 어떻게 만들어야 할지 더 자세히 설명해주세요!
그리고 공부하기 좋은 콘텐츠도 추천해주세요. 도와줘요, 딱소장!"

• 콘텐츠를 활용한 영어 공부 훈련법 •

1 영어 콘텐츠를 하나 정해 하루 동안 훈련할 분량을 편하게 봅니다. 약 1분 정도 보는 걸 추천합니다. 콘텐츠를 고를 때는 자막이 있는 편이 더 공부하기 좋겠지요? 우선 이 단계에서는 콘텐츠를 자막 없이 시청하며 내용을 파악해봅니다.

2 이번에는 오늘의 훈련 분량을 한국어 자막과 함께 시청합니다. 아까 자신이 이해한 내용이 맞는지 확인하고, 오늘 훈련할 콘텐츠의 전반적인 내용을 파악합니다.

3 이제 한영 자막을 함께 보면서 한국어와 영어를 비교해보고, 몰랐던 표현은 아영더 노트에 적어둡니다. 해석이 안 되는 부분이 없을 때까지 공부합니다.

4 콘텐츠의 주요 대사를 20번 이상 큰 소리로 감정을 실어서 읽습니다. PART 2에서 했던 것과 동일한 방법으로 '뽀개기' 훈련을 합니다. 10주차 과정에는 뽀갤 문장들을 선정해 실어두었습니다. 콘텐츠를 직접 정해 공부할 때도 뽀갤 문장을 하루에 10~20개 정도 골라 내 것으로 만듭니다. 2초 안에 말할 수 없는 문장은 다시 돌아가 큰 소리로 10번 이상 읽는 것, 이제 아시죠?

5 그날 익힌 표현을 응용해서 PART 3에서 했던 것과 동일한 방법으로 '아는 영어로 말하기' 훈련을 합니다. 이때도 스크립트를 쓰면서 영어로 생각나지 않는 표현이 있다면 아영더 노트에 적어두고 내 것으로 만듭니다.

10주차에는 이 훈련법으로 영화 〈어바웃 타임About Time〉을 함께 공부해볼 것입니다. 방법을 익혀 원하는 콘텐츠로 다양하게 공부하세요! 문장을 모두 뽀갠 이후에 엔젤과 실감 나게 연기를 해보면 학습 효과는 배가됩니다.

STEP 1 ▶ 문장 뽀개기

🔊 큰 소리로 20번씩 따라 읽으세요. 따라 읽을 때마다 막대기를 하나씩 그리세요.

1	Um, As it is your last night, can I ask you a question?	卌 卌 卌 卌
2	Oh, Yeah. Ask away. No, wait. It is not going to be about love, is it?	卌 卌 卌 卌
3	Love? What?	卌 卌 卌 卌
4	Well, It is just that Kit Kat warned me that If you were to ever mention it, I should be very firm with you and tell you.	卌 卌 卌 卌
5	You must treat me like your sister and not be stupid or have I just made a total fool of myself and you were actually going to ask me for late night last minute tennis tips?	卌 卌 卌 卌
6	No, it was the love thing.	卌 卌 卌 卌
7	Well, that's very sweet of you.	卌 卌 卌 卌
8	It is just a shame you left it till the last night.	卌 卌 卌 卌

STEP 2	뽀갠 문장 확인하기

🔊 한글 문장만 보고도 2초 안에 영어 문장이 입에서 나온다면 박스에 체크 표시를 하세요. 문장을 제대로 '뽀갠' 것입니다. 만약 2초 안에 나오지 않는 문장이 있다면 STEP 1으로 돌아가서 다시 연습하세요.

1	오늘이 마지막 밤인데 뭐 하나 물어봐도 돼?	☐
2	그럼, 물어봐도 돼. 아니, 잠깐만. 설마 사랑에 관한 건 아니지?	☐
3	사랑? 왜?	☐
4	사실 킷캣이 경고해준 게 있거든. 네가 그런 말을 하면 확실하게 말해주라고 했어.	☐
5	날 여동생처럼 생각하고 멍청한 짓은 하지 말라고. 아니면 내가 그냥 혼자 바보 짓을 한 건가? 마지막으로 테니스 잘 치는 비결을 물어보려고 온 거야?	☐
6	아니, 사랑에 관한 게 맞아.	☐
7	정말 다정하네.	☐
8	마지막 밤까지 기다린 게 아주 아쉬워.	☐

STEP 1 ▶ 문장 뽀개기

🔊 큰 소리로 20번씩 따라 읽으세요. 따라 읽을 때마다 막대기를 하나씩 그리세요.

1	You should have tried creeping along the corridor while we still had time.	州 州 州 州
2	Okay, the 'last night' was a bad idea?	州 州 州 州
3	Very bad idea. It feels like an ever so slightly insulting afterthought.	州 州 州 州
4	'Last night' was never going to work.	州 州 州 州
5	All right. Good. I have got it. Charlotte.	州 州 州 州
6	Hi, sit down.	州 州 州 州
7	I know you have probably suspected this, but over the last month I have fallen completely in love with you.	州 州 州 州
8	Now obviously this was gonna happen because you are a goddess with that face and that hair.	州 州 州 州
9	But even if you didn't have a nice face and even if you had absolutely no hair because of some bizarre medical reason, I'd still adore you.	州 州 州 州
10	And I just wondered whether, by any chance, you might share my feelings.	州 州 州 州

| STEP 2 | 뽀갠 문장 확인하기 |

🔊) 한글 문장만 보고도 2초 안에 영어 문장이 입에서 나온다면 박스에 체크 표시를 하세요. 문장을 제대로 '뽀갠' 것입니다. 만약 2초 안에 나오지 않는 문장이 있다면 STEP 1으로 돌아가서 다시 연습하세요.

1	시간이 있었을 때 내 방에 왔어야지.	☐
2	그럼 '마지막 밤'은 안 좋은 아이디어였던 거야?	☐
3	아주 안 좋지. 어떻게 생각하면 좀 모욕적이기도 하고.	☐
4	'마지막 밤'에 할 수 있는 일은 없잖아.	☐
5	그러네. 알겠어. 샬롯.	☐
6	이봐, 앉아.	☐
7	눈치채고 있었는지 모르겠지만 지난 한 달 동안 난 너한테 완전히 빠졌어.	☐
8	당연히 있을 법한 일이지, 넌 마치 여신 같은 얼굴과 머리카락을 가졌으니까.	☐
9	하지만 얼굴이 예쁘지 않다고 해도, 심지어 머리카락이 아예 없다고 해도, 무슨 의학적인 이유로 말이야. 난 그래도 널 사랑했을 거야.	☐
10	그래서 말인데 혹시라도 너도 나랑 같은 감정인지 알고 싶어.	☐

STEP 1 　　　 문장 뽀개기

🔊 큰 소리로 20번씩 따라 읽으세요. 따라 읽을 때마다 막대기를 하나씩 그리세요.

1	Wow, I tell you what.	〰〰〰〰
2	Why don't we see how the summer goes and then you ask me again on my last night?	〰〰〰〰
3	Your last night?	〰〰〰〰
4	Yes, try me on the last night.	〰〰〰〰
5	See what happens then, shall we? It is exciting.	〰〰〰〰
6	Right, No, It is a perfect plan. That's absolutely perfect.	〰〰〰〰
7	Night-night, Timmy.	〰〰〰〰
8	Big lesson number one all the time travel in the world can't make someone love you.	〰〰〰〰
9	So the love of my life just drove away.	〰〰〰〰

STEP 2   뽀갠 문장 확인하기

🔊 한글 문장만 보고도 2초 안에 영어 문장이 입에서 나온다면 박스에 체크 표시를 하세요. 문장을 제대로 '뽀갠' 것입니다. 만약 2초 안에 나오지 않는 문장이 있다면 STEP 1으로 돌아가서 다시 연습하세요.

1	와우, 그럼 이렇게 하자.	☐
2	여름 동안 같이 지내고 마지막 밤에 다시 물어봐줄래?	☐
3	마지막 밤?	☐
4	그래, 마지막 밤에 얘기하자.	☐
5	그때 가서 어떻게 되는지 보는 거야, 흥미롭잖아.	☐
6	그래, 아니, 아주 완벽한 계획이네. 아주 완벽해.	☐
7	잘 자, 티미.	☐
8	아주 큰 교훈을 얻었다. 아무리 시간 여행을 한다 해도 누군가 날 사랑하게 할 수는 없다는 걸.	☐
9	그렇게 내 인생의 사랑은 떠나갔다.	☐

STEP 1 　　　 문장 뽀개기

🔊 큰 소리로 20번씩 따라 읽으세요. 따라 읽을 때마다 막대기를 하나씩 그리세요.

1	Hello, I'm Rory. Very pleased to meet you.	ЖЖ ЖЖ ЖЖ ЖЖ
2	Well, who knows. We might become, you know, pals, etcetera.	ЖЖ ЖЖ ЖЖ ЖЖ
3	Who the hell are you?	ЖЖ ЖЖ ЖЖ ЖЖ
4	Time Lake. Well, I hope you are better than this clown. Come on, Roger.	ЖЖ ЖЖ ЖЖ ЖЖ
5	It is Rory, actually. I have been here a year and a half.	ЖЖ ЖЖ ЖЖ ЖЖ
6	I'm just saying that to be nice. It is two years actually.	ЖЖ ЖЖ ЖЖ ЖЖ
7	So six lonely months went by and it was still just me and Harry.	ЖЖ ЖЖ ЖЖ ЖЖ
8	Me lawyer-ing every hour of the day and night.	ЖЖ ЖЖ ЖЖ ЖЖ
9	And him putting the finishing touches to his new play.	ЖЖ ЖЖ ЖЖ ЖЖ
10	No matter how many girls there were in the world, I always seemed to end up with Rory.	ЖЖ ЖЖ ЖЖ ЖЖ
11	Until, out of the blue, and a dodgy night out with dodgy Jay, something miraculous happened.	ЖЖ ЖЖ ЖЖ ЖЖ
12	The waiters are, wait for this, right, they are blind.	ЖЖ ЖЖ ЖЖ ЖЖ
13	You are kidding me?	ЖЖ ЖЖ ЖЖ ЖЖ
14	I'm kidding you as bats! not. No, as bats.	ЖЖ ЖЖ ЖЖ ЖЖ
15	Very good to have you here, gentleman. I hope you enjoy your experience.	ЖЖ ЖЖ ЖЖ ЖЖ
16	Carlo will show you to your table.	ЖЖ ЖЖ ЖЖ ЖЖ
17	Great. Lead on, maestro.	ЖЖ ЖЖ ЖЖ ЖЖ
18	Can I have your right hand on my right shoulder, please?	ЖЖ ЖЖ ЖЖ ЖЖ
19	And your friend hold on to your shoulder, thank you.	ЖЖ ЖЖ ЖЖ ЖЖ
20	Mind the stairs and be prepared because it is completely dark.	ЖЖ ЖЖ ЖЖ ЖЖ

STEP 2 ▶ 뽀갠 문장 확인하기

◀》 한글 문장만 보고도 2초 안에 영어 문장이 입에서 나온다면 박스에 체크 표시를 하세요. 문장을 제대로 '뽀갠' 것입니다. 만약 2초 안에 나오지 않는 문장이 있다면 STEP 1으로 돌아가서 다시 연습하세요.

1	안녕, 난 로리예요. 만나서 반가워요.	☐
2	누가 알겠어요. 우리가 절친한 친구가 될지도 모르지요.	☐
3	당신 누구야?	☐
4	팀 레이크입니다. 이 광대보다는 낫겠지요. 이리와, 로저.	☐
5	로리입니다. 여기서 일한 지 벌써 1년 반이나 됐는데.	☐
6	사실 그것도 줄여서 말한 거예요. 원래는 2년이나 되었다고요.	☐
7	그렇게 외로운 6개월이 흘렀고 여전히 나와 해리만 있었다.	☐
8	나는 밤낮없이 재판을 준비했다.	☐
9	해리는 새로운 연극의 마무리 작업을 했다.	☐
10	세상에 여자가 얼마나 많든지, 나와 함께 있는 사람은 로리뿐이었다.	☐
11	그러던 중 이상한 제이와 외출을 했던 기묘한 어느 날 밤, 기적 같은 일이 벌어졌다.	☐
12	웨이터들이 모두 장님이라니까.	☐
13	장난해?	☐
14	진짜야, 박쥐같이 한 치 앞도 못 봐. 진짜라니까!	☐
15	환영합니다. 즐거운 시간 되시길 바랍니다.	☐
16	카를로가 테이블로 안내해드릴 것입니다.	☐
17	좋아요, 가시지요, 마에스트로.	☐
18	오른손을 제 오른쪽 어깨에 올려주시겠습니까?	☐
19	그리고 친구는 앞에 계신 분 어깨를 잡으시고요, 감사합니다.	☐
20	아주 깜깜하니 계단 조심하세요.	☐

STEP 1 아는 영어로 작문하기

🔊 콘텐츠의 내용을 떠올리고 콘텐츠와 관련된 주제 하나를 선정해 아는 영어로 작문해보세요. 영어로 생각나지 않는 표현이 있더라도 사전이나 번역기를 이용하지 말고 최대한 '아는 영어'로 표현해보세요. 대신 생각나지 않는 표현을 한국어로 메모해두세요.

예시 주제

Can you tell me your first love story?

STEP 2 ▶ 아영말 트레이닝

🔊 앞에서 적은 나의 이야기에서 '키워드'만 뽑아 아래의 마인드맵에 적어보세요. 이 키워드만 보고 아는 영어로 말해봅시다. 막힌다면 스크립트로 돌아가 큰 소리로 다시 읽어보고 시도하세요. 키워드만 보고도 3분 이상 영어로 술술 말할 수 있다면 미션 성공입니다.

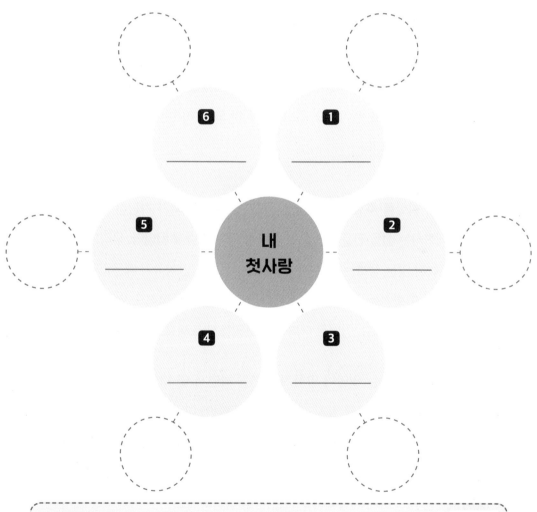

딱소장에게 물어봐!

"제가 쓴 스크립트가 어떤지 모르겠어요, 피드백 받고 싶어요!"

딱 이만큼 더 영어 생활 계획표 작성하기

우리는 딱이만큼 영어 회화를 시작하기 전, 10년이 넘게 영어를 배워왔지만 만족할 만한 결과를 얻지 못했습니다. 동영상 강의를 보고, 문법 규칙을 공부하고, 단어를 암기하고 계속 듣기만 하는 '일방적인' 공부 방법으로는 절대 영어가 늘지 않기 때문입니다. 영어를 이해할 수는 있어도, 내 이야기를 말할 수는 없지요.

그렇게 이해한 문장을 실제로 말해봐야 영어 실력이 발전합니다. 즉, 인풋input에서 아웃풋output으로 이어져야 말문이 열릴 수 있습니다. 사실 우리는 지금까지 학교에서, 학원에서 줄곧 인풋 중심의 영어 공부를 해왔기 때문에 인풋은 넘칠 만큼 많습니다. 단지 아웃풋을 내놓지 못했을 뿐이지요. 즉, 영어가 안 되는 이유는 영어로 말하는 환경을 만들지 못했기 때문입니다.

딱이만큼 영어 회화를 수료한 후 외국인과 20분 이상 대화가 가능한 수준이 되더라도 영어로 대화하는 삶을 만들지 않으면 실력은 금방 녹슬게 됩니다. 우리의 뇌는 일상적으로 사용하지 않는 정보는 '생존에 필요 없는' 정보로 인식하기 때문입니다. 이것이 우리가 '영어로 대화하는 삶'을 만들어야 하는 이유입니다. 적어도 일주일에 두 시간이상은 영어로 대화하세요. 영어로 대화하는 모임을 만드세요.

매주 월요일에 이번 주는 얼마나 말하기 훈련을 하면서 몇 개의 표현을 익힐지, 어떤 콘텐츠로 얼마나 영어 공부를 할지 그리고 어떤 모임에 나가 실제로 대화를 해볼지 계획을 세워보세요. 그리고 일주일 후 지난주의 영어 공부는 어땠는지 달성 여부를 확인하며 스스로 평가해본 후, 또 새로운 계획을 세웁니다. 여기서 중요한 것은 꾸준함입니다. 영어 공부는 꾸준하게 계속해야 한다는 점을 명심하세요!

• 딱 이만큼 더 영어 생활 계획표 작성하기 •

1. 말하기 연습 Private speech

1 체화 재료 _____

2 훈련 시간 _____ 요일 _____ 시간

3 말하기 연습 목표 _____ 시간 / 달성 _____ 시간

2. 실제 대화 Meaningful interaction

1 실제 대화를 할 모임 이름 _____

2 실제 대화 시간 _____ 요일 _____ 시간

3 실제 대화 목표 _____ 시간 / 달성 _____ 시간

3. 쉬운 영어 듣기 Comprehensible input

1 영어 듣기 재료 _____ _____

2 영어 듣기 시간 _____ 요일 _____ 시간

3 영어 듣기 목표 _____ 시간 / 달성 _____ 시간

4. 셀프 피드백

1 이번 주 영어 평가 _____ 점 / 5점

2 이번 주 영어로 살아간 시간 목표 _____ 시간 / _____ 시간

3 이번 주의 잘한 점

_____

4 이번 주의 개선할 점

_____

WEEK 11
마지막 미션,
10분 프레젠테이션

DAY 71~75 딱 이만큼 영어 회화로
10분 프레젠테이션하기

주말의 딱 이만큼 미션 외국인 친구
관광 가이드하기

드디어 3개월의 공부 여정에 마침표를 찍을 날이 왔습니다. 대망의 피날레는 10분 영어 프레젠테이션입니다. 특별히 어려운 주제나 전문적인 주제를 고를 필요는 없습니다. 지금의 영어 실력으로 충분히 청중을 이해시킬 수 있을 법한 주제를 선택하세요. 자신에 대한 이야기를 주제로 삼는 게 가장 좋겠지요. 첫사랑 이야기, 가장 인상 깊었던 여행지, 나의 고향……. 어떤 주제든 상관없습니다. 직장에서 당장 영어로 프레젠테이션을 해야 할 일이 있다면 그걸 연습해보는 것도 괜찮습니다.

프레젠테이션을 할 때는 먼저 스크립트부터 만듭니다. 스크립트를 쓸 때는 그동안 입으로 연습하며 뽀갰던 구문들을 빠짐없이 이용해보세요. 예를 들어 'Do you know when the meeting is?'라는 구문을 외웠다면, 이 구문의 'Do you know~' 문장 구조를 아래와 같이 응용해서 써보는 것이지요.

- Do you know what the agenda of meeting is?
- Do you know when this branch was set up?
- Do you know the answer to this question?

이렇게 연습했던 문장들을 응용해서 10분 프레젠테이션 스크립트에 사용해봅시다. 이렇게 함으로써 그동안 뽀갰던 주요 구문들을 확실하게 내 것으로 만들 수 있습니다. 이 스크립트를 외울 필요는 없습니다. 한국어로 하는 프레젠테이션도 전체를 전부 외워서 하기는 불가능하니까요. 다만 내용은 숙지하고 있어야 합니다. 회사에서 프레젠테이션을 하듯, 큐 카드를 만들어 키워드를 적고 그것만 보며 말해보세요. 직접 프레젠테이션을 해보면 1주차에 비해 장족의 발전을 했다는 게 느껴집니다.

영어로 30초간 막힘없이 말할 수 있으면 3분도 말할 수 있습니다. 3분 이상 말할 수 있다면 10분의 프레젠테이션도 할 수 있습니다. 대본을 보지 않고 10분간 프레젠테이션을 해냈다면 20분 동안 외국인과 대화하는 것도 거뜬할 것입니다.

• 10분 프레젠테이션 미션 수행하는 법 •

DAY 71 **주제를 선정하고 스크립트를 작성합니다.**

500문장 훈련에서 외웠던 문장을 응용해서 스크립트를 써보세요.

DAY 72 **엔젤과 서로의 스크립트를 교환해 읽어봅니다.**

엔젤의 피드백을 통해 스크립트를 더욱 발전시킬 수 있습니다.

DAY 73 **파워포인트를 만듭니다.**

파워포인트가 화려할 필요는 없습니다. 이미지와 주요 키워드만 넣어 간략하게 만들어 보세요.

DAY 74 **스크립트를 20번 이상 큰소리로 읽으며 내 것으로 만듭니다.**

완벽하게 외울 필요는 없습니다. 키워드를 보고 문장을 말할 수 있는 수준으로 외우세요. 직접 큐 카드를 만들어보는 것도 좋습니다.

DAY 75 **실제로 남들 앞에서 10분 이상 발표합니다.**

남들 앞에서 해볼 기회가 없다면 프레젠테이션하는 모습을 동영상으로 찍어보세요. 그리고 SNS에 올려보세요. 엔젤에게 동영상을 보여주고 피드백을 받으면 더욱 좋습니다.

딱소장에게 물어봐!

"스크립트와 프레젠테이션 피드백을 해줄 엔젤이 없어요!"

외국인 친구 관광 가이드하기

드디어 마지막 미션입니다. 여기까지 오느라 수고 많으셨습니다. 지금까지 드렸던 주말의 딱 이만큼 미션을 충실히 수행했다면, 아마 외국인 친구가 한 명쯤은 생겼을 것입니다. 이 외국인 친구와 직접 만나 우리나라의 관광 명소에 가보세요. 대망의 딱이만큼 영어 회화 마지막 주말 미션은 직접 관광 가이드가 되어 외국인 친구에게 명소를 소개해주는 것입니다.

지금까지 익힌 비즈니스 문법 회화와 차곡차곡 쌓은 영어 표현을 사용해 좋아하는 관광 명소를 설명해봅시다. 이때 엔젤도 함께 참여해 세 명이서 즐긴다면 더욱 즐겁고 유익한 시간이 될 거예요.

딱소장에게 물어봐!

"수고하셨습니다! 딱이만큼 영어 회화를 수료한 여러분께
딱소장이 보내는 마지막 편지입니다."

• 외국인 친구 관광 가이드하기 •

STEP 1 **외국인 친구에게 소개할 관광 명소를 정합니다.**

PART 3에서 '외국인에게 경복궁 소개하기', '외국인에게 서울 소개하기'를 했던 것을 떠올리며 소개하고 싶은 관광 명소를 정해보세요.

STEP 2 **소개할 스크립트를 작성합니다.**

PART 3 '아는 영어로 말하기'를 수행했던 것처럼 우선 어떻게 관광 명소를 소개할지 스크립트를 작성해보세요. 그 관광 명소가 있는 도시를 함께 소개하는 것도 좋겠지요. 예를 들어 경복궁을 소개한다면 서울 소개를, 첨성대를 소개한다면 경주 소개를 간략하게 넣어봅시다.

STEP 3 **스크립트로 '아영말 트레이닝'을 해봅니다.**

물론 실제로 외국인 친구를 가이드할 때는 프레젠테이션을 하듯 완벽하게 할 필요는 없습니다. 친구와 대화하는 것이니까요. 하지만 무슨 말을 할지 숙지하지 않는다면 외국인 친구도 당황스럽겠지요. 여유롭게 관광 명소 곳곳을 둘러보면서 소개말을 술술 할 수 있도록 '아영말 트레이닝'을 해보세요.

STEP 4 **외국인 친구를 만나 관광 명소를 소개합니다.**

외국인 친구를 관광시켜주세요. 즐겁게 둘러보며 관광 명소에 대해 친구에게 알려주고, 함께 사진을 찍어 SNS에 올리면 미션 성공입니다. SNS에 올릴 때는 소감도 함께 올려봅시다. 멋진 추억이 될 거예요.

PART 2
직장인이라면 반드시 익혀야 할
비즈니스 문법 회화 STEP 2 정답

DAY 1

1. I'm a salesman.
2. I'm sorry to call you so late.
3. My children are tired and sleepy.
4. My manager is on a business trip at the moment.
5. My brother is unemployed at the moment.

DAY 2

1. I work in an office.
2. I work for a software company.
3. I have an appointment with a client.
4. I usually start work at 8 am.
5. We need to recruit a new training manager.

DAY 3

1. Business is booming.
2. We are developing a new product.
3. I'm putting together a team.
4. I'm calling about the meeting next week.
5. Paul is giving a presentation in the conference room at the moment.

DAY 4

1. My wife was an artist.
2. I wasn't in the office last night.
3. I was an actor.
4. We were so busy when you visited my office.
5. The weather was beautiful when I went on my business trip.

DAY 5

1. I just got your message.
2. Did you watch the match on TV last night?
3. We got off early yesterday.
4. When I was a rookie, I used to work with passion.
5. We used to work in the same department.

WEEK 2

DAY 8

1. I have heard a lot about him.
2. Have you been to the United States?

3. Have you finished the report?
4. I have worked here since 2004.
5. Have you ever tried any Korean food?

DAY 9

1. The company was founded in 2005.
2. Hyundai was started by Chung Ju-yung.
3. Only one of our proposals was accepted.
4. This machine should be cleaned every month.
5. What is it made from?

DAY 10

1. I'll call you back.
2. I'm going to meet her tomorrow.
3. I'm going to have a meeting with my bank manager tomorrow.
4. We are going to have a meeting at 10 am tomorrow morning.
5. We will start again after a 10 minute break.

DAY 11

1. Can I call you back?
2. Can I have the bill, please?
3. Could you cancel the hotel reservation, please?
4. Could you repeat the main point?
5. Can I see some samples?

DAY 12

1. I have to go to the dentist.
2. We might win the contract.
3. He should work harder to meet the deadline.
4. I think we should spend more money on research.
5. I have to finish this report before I go home.

WEEK 3

DAY 15

1. I'd like to change my room.
2. I'd like to invite you to lunch next week.
3. Would you like to leave a message?
4. The company doesn't want its employees to know It's restructuring.
5. Would you mind giving us more information on that matter?

DAY 16

1. What do you do for a living?
2. When can you start working?

3. How's the new job?

4. Who am I speaking to?

5. What did you major in?

DAY 17

1. A single ticket to New York, please.

2. Let's try someplace new for dinner today.

3. Please email me back if you have any questions.

4. Let's move on to the next topic.

5. Please let me know by Friday at the latest.

DAY 18

1. It is cheaper than our competitors.

2. Money isn't the most important thing in life.

3. He works as hard as you do.

4. Brazil has the biggest economy in Latin America.

5. We're the largest manufacturer in Asia.

DAY 19

1. I'll get a bonus if sales go up.

2. I'd get a bonus if sales went up.

3. If he asks you, you should tell the truth.

4. If we order 1000 pieces, will you give us a discount?

5. If I debuted as a K-POP singer, I'd get a lot of money.

WEEK 4

DAY 22

1. I can recommend the hotel that I stayed in.

2. I have a brother who just graduated from university.

3. The sales plan was the main thing that we discussed.

4. The restaurant that we went is near the station.

5. What we need to decide is our marketing strategy for next quarter.

DAY 23

1. I was waiting at the bus stop.

2. I usually go out in the evening.

3. My birthday is on March 21.

4. I'll call you on Tuesday.

5. We met on a cold afternoon in early spring.

DAY 24

1. He sits in the back of the office.

2. I have to stand up in front of the whole management team.

3. Can you send it to me by fax?

4. Are you still sweating over that report?

5. There is a virus going around the office.

DAY 25

1. Hyundai is known for its car.

2. We have lived here since 1994.

3. She joined the company six months ago.

4. I haven't packed my suit case yet.

5. She has been off work since Friday.

DAY 26

1. There is a flight at 2 pm.

2. Is there a pencil on my desk?

3. There was an accident last night.

4. There isn't anything to eat in fridge.

5. Is there another meeting room that we can use?

WEEK 5

DAY 29

1. I don't have any money.

2. There is something to eat on the table.

3. I bought some flowers with the bonus I got.

4. Can you give me some advice in this situation?

5. You can choose any company you would like.

DAY 30

1. My friend makes me laugh.

2. Can you get here early?

3. Do you always make the same mistake?

4. Do you have any suggestions?

5. I'll get this finished by lunchtime.

DAY 31

1. Can you give me any discount?

2. Did you take my pen by mistake?

3. Do you take a vacation every summer?

4. Give me her honest opinion.

5. Could you give me a few more details?

DAY 32

1. It is up to you.

2. It just happened by accident.

3. Have you heard about the merger?

4. This product has been on the market for over a year.

5. Our software is completely up to date.

DAY 33

1. Anne is a lawyer.

2. Can you give me the information?
3. Information is power.
4. Is this report about the research we're doing?
5. We only use the best quality ingredients in our food.

PART 3
딱 이만큼 영어 회화를 위한
아는 영어로 말하기 STEP 3 정답

DAY 36
1. I work in an office.
2. I'm married with three kids.
3. I have been working for Samsung for seven years as an engineer in the R&D department.
4. I'm not married yet and still live with my family.
5. In my free time, I like to go to the movies with my family.
6. I often get together with my friends and have some Soju.
7. I'm an outgoing person.
8. I'm currently looking for a job in marketing.
9. I started my career as a designer.
10. It has been seven years since I started this job.

DAY 37
1. I work in an office near Seoul Station.
2. The company had no choice but to do restructuring.
3. I'm not sure whether the manager has checked the report or not.
4. The movie that I like is 〈Avengers〉.
5. We usually finish work at 6 pm.
6. As soon as I saw her, I got sad.
7. I used to work out a lot.
8. I have been learning English conversation since the year before last.
9. I'm planning to study abroad soon .
10. I'm sure that I can get everything done without having to work at night.

DAY 38
1. I was born in Seoul, which is the largest city in Korea.
2. It takes about an hour to get to Seoul Station on the subway.
3. I have an uncle who is ten years older than me.
4. I have a younger sister who is two years younger than me.
5. My mother gets up very early every morning.
6. My brother works at an office like me.
7. He broke up with his girlfriend last year.
8. On the other hand, my sister is already married.
9. My family has an adorable puppy.
10. My aunt used to take care of this puppy three years ago.

DAY 39
1. Most people have cellphones.
2. Walking is the easiest way to go.
3. It is slower than driving.
4. It is possible to go directly from home to work.
5. Many people think taking the train is more comfortable than taking the bus.
6. It is necessary to make a reservation in advance.
7. This can be done by our team.
8. It takes about half an hour to get to work from home.
9. Flying is the fastest method of travel.
10. It is slower and more crowded than the subway.

DAY 40
1. I live in a small apartment in Seoul with my cat.
2. As soon as you go into the apartment, you can see a sofa and my cat.
3. There is a bedroom and a kitchen next to the living room.
4. I used to live in a studio apartment, but now I live in a bigger place.
5. The walls are decorated with a picture frame and a mirror.
6. This house is much more spacious and comfortable .
7. She works at a bank across from our apartment building.
8. Whenever we see each other in the elevator, we always say 'Hi'.
9. It is convenient to take public transport.
10. It is a great place to live.

DAY 43
1. I often go to the movies with my wife on weekends.
2. My favorite genre is human drama.
3. I like to understand the situation of the main character.

4. When I watch movies, it relieves my stress.

5. Emma was a wannabe actress.

6. The best movie I have ever seen is 〈La La Land〉.

7. What they did was just exchange eye contact, with a lot of their feelings behind it.

8. 〈La La Land〉 is an excellent movie with a great plot and soundtrack .

9. 〈La la land〉 has been re-released in theaters.

10. If you have not seen it, I highly recommend watching it.

DAY 44

1. I don't enjoy cooking.

2. After work, I usually cook dinner myself.

3. My favorite food is Korean, but when I cook, I sometimes eat pasta or steak.

4. I use butter, herbs, and garlic when cooking steak.

5. Salt and pepper are placed on the table.

6. The food I cook most often is omurice.

7. It is fun to invite friends to eat my home-cooked food.

8. I saw a tomato pasta recipe on YouTube last night.

9. If I had basil in my house, I'd have cooked pasta.

10. My favorite food is Bulgogi.

DAY 45

1. When I come home after work, I enjoy watching dramas on TV.

2. What I'm watching these days is a soap opera.

3. The most exciting drama I have ever seen is 〈Descendants of the Sun〉.

4. The main character in this drama is a very competent and respected female doctor.

5. The main character's next door neighbor appears as a villain, who is a handsome and young man.

6. I like dramas with detectives and doctors because I can learn about the job.

7. My mother watches an evening drama aired on KBS every weekend.

8. The male actor who emerges as the main character is a particularly popular Korean wave star in China.

9. It is a drama that is full of tension and emotions .

10. Thanks to the drama, I look forward to every Friday and Saturday.

DAY 46

1. What is your favorite sport?

2. I like to play sports myself rather than watching them.

3. My favorite sport is soccer.

4. I like Son Heung Min so much that I watch European soccer games.

5. I have played soccer on the school grounds with my friends since I was young.

6. Last year, I traveled to the United States to watch a major league match.

7. How often do you go to watch sports?

8. What team do you support?

9. My wife likes baseball more than soccer.

10. He is a very fast and physically strong player.

DAY 47

1. My favorite music genre is hip hop.

2. I also like TV programs with music as the subject.

3. My brother and I have entirely different tastes in music.

4. If I had continued to play the piano, I'd have been a pianist.

5. I was listening to music when you called.

6. I'm going to a rock concert next Saturday.

7. When I was young, I used to played the piano.

8. My hobby is listening to music, especially slow ones.

9. He is a singer who not only sings well but also dances well.

10. When I'm tired and stressed, listening to music makes me feel good.

WEEK 8

DAY 50

1. My last year in high school is very memorable because of my first love.

2. I got a boyfriend for the first time in high school.

3. I'll never forget him.

4. Brad is taller than John, but smaller than James.

5. We first met on a flight to Jeju Island.

6. I like Brad more than John.

7. I still keep in touch with my first love.

8. He gave me a bouquet of flowers as my first gift.

9. As soon as I met him again, I became sad.

10. He is very caring and considerate.

DAY 51

1. Traveling alone to Eastern Europe is top of my bucket list.

2. I travel often, but I have never been to Eastern Europe.

3. Have you ever made a bucket list?

4. A bucket list is a list of things you want to do before

you die.

5. Meeting the president has been one of the things on my bucket list for a long time.
6. This year, we plan to achieve two of the things on our bucket lists : running a marathon and learning to swim.
7. When I was in college, I wrote a bucket list for the first time.
8. ⟨Harry Potter⟩ is the most exciting book I have ever read.
9. Next week, I might make my first bucket list.
10. In this note, I have written a bucket list of things I'd like to achieve.

DAY 52

1. I'm a very simple person, so I'm happy just eating good food.
2. Every moment I'm with my family is happy.
3. You look really happy now.
4. Last year, I had a great time.
5. When I'm at work, I'm not happy.
6. Can you tell me about when you feel happy?
7. Sam said that he is happiest when he is in the water.
8. The time I lived with you was the happiest.
9. As soon as I met a friend I hadn't seen for a long time, I was really happy.
10. It was the happiest time of my life.

DAY 53

1. I still feel distressed when I look back at that time.
2. I was under extreme stress, and my body was sick because of the pressure.
3. The doctor told me that I had to rest.
4. At that time, it was so hard that I wanted give up.
5. I wasn't hungry, and I never slept.
6. Work, love, and friendship didn't go well together at all.
7. I don't want to go back to that time again.
8. Have you ever had a hard time?
9. Losing my job was the most painful time of my life.
10. There is no way to explain how difficult it was then.

DAY 54

1. I got married last year.
2. Thank you for inviting me to the wedding.
3. I have no intention of getting married.
4. Sam is going to get married next week at the wedding hall near Gangnam Station, where Daniel had his wedding three years ago.

5. I proposed at the restaurant in the Building 63.
6. I'm not sure, but I might get married next year.
7. Do you think the end of love is marriage?
8. I decided to do the wedding song at my close friend's wedding.
9. Did you decide where to go on your honeymoon?
10. His sister is already married.

WEEK 9

DAY 57

1. Korea is one of the countries in Asia , located between China and Japan.
2. Korea is a culturally advanced country, especially famous for K-POP, drama, and movies.
3. The PyeongChang Olympics was held in 2018.
4. Thanks to the Korean wave, I think foreigners will know a lot about Korea and Seoul.
5. I was born in Seoul and have lived in Korea all my life.
6. Do you remember the first food you had in Korea?
7. Korea, which has four distinct seasons, is beautiful with its unique charm whenever you visit it.
8. When I go back to Korea, the first thing I'll eat is bulgogi.
9. Korea is a country with a long history, and there are many cultural assets and tourist attractions.
10. First of all, I want to tell you about delicious Korean food.

DAY 58

1. Do you know the difference between North and South Korea?
2. It is very different from South Korea.
3. Many people still wear hanboks in North Korea.
4. North Korea has a lot of energy resources.
5. It has a very high potential for development.
6. I hope that the relationship will get better soon.
7. Korea is the only country which is separated in the world, divided into South and North Korea.
8. The relationship between North and South is very complicated.
9. There is a gap that is already too big.
10. I hope that one day the two Koreas will be reunified.

DAY 59

1. Seoul is the capital of Korea and the most developed metropolis.
2. It is a city with a huge population.

3. Seoul, the capital of Korea, has very convenient transport, especially the subway.
4. Seoul is crowded with too many people.
5. It is the most famous tourist attraction in Seoul.
6. I live in Gyeonggi-do, but I work in Seoul.
7. In Seoul, all of the infrastructure, including medical facilities, cultural facilities, and the transport system, is concentrated.
8. The weather in Seoul is cold.
9. It takes about an hour from my house to Seoul.
10. Insadong is recommended as a place to visit in Seoul.

DAY 60
1. Gyeongbokgung Palace is an iconic and historical tourist attraction in Korea.
2. Gyeongbokgung is the palace where the kings of the Joseon Dynasty.
3. Gwanghwamun is the main gate of Gyeongbokgung Palace.
4. If you can only go to one place, I'd highly recommend Gyeongbokgung Palace.
5. Gyeongbokgung Palace is beautiful and even elegant.
6. If you are interested in history, it will be nice to see Gyeongbokgung Palace.
7. At Gyeongbokgung Palace, you can feel the beauty of Korea.
8. It is in the middle of downtown Seoul.
9. It is similar to the appearance of the palace in the historical drama.
10. This is a great place to go out with your girlfriend.

DAY 61
1. I have been studying English conversation for three months.
2. Have you ever been to an English academy?
3. I study English for 2 hours a day.
4. Have you ever been to an English speaking country?
5. Speaking English fluently has been on my bucket list for a long time.
6. Speaking English is difficult, but it is also enjoyable.
7. Sometimes I wanted to communicate freely with foreign patients visiting my hospital, so I started studying English conversation.
8. To speak English well, you must practice intensively for a short period.
9. It is more effective to attend an offline class than to take an online one.
10. My sister speaks English fluently.

시간 없는 직장인도 3개월 만에 외국인과 20분간 대화가 되는

딱이만큼 영어 회화

초판 1쇄 발행 2020년 9월 9일
초판 4쇄 발행 2022년 7월 22일

지은이 김영익
펴낸이 김선식

경영총괄 김은영
기획편집 문주연 **디자인** 윤유정 **크로스교정** 조세현 **책임마케터** 권장규
콘텐츠사업1팀장 임보윤 **콘텐츠사업1팀** 윤유정, 한다혜, 성기병, 문주연
편집관리팀 조세현, 백설희 **저작권팀** 한승빈, 김재원, 이슬
마케팅본부장 권장규 **마케팅2팀** 이고은, 김지우
미디어홍보본부장 정명찬
홍보팀 안지혜, 김은지, 이소영, 김민정, 오수미 **뉴미디어팀** 허지호, 박지수, 임유나, 송희진, 홍수경
재무관리팀 하미선, 윤이경, 김재경, 오지영, 안혜선
인사총무팀 이우철, 김혜진, 황호준 **제작관리팀** 박상민, 최완규, 이지우, 김소영, 김진경, 양지환
물류관리팀 김형기, 김선진, 한유현, 민주홍, 전태환, 전태연, 양문현

펴낸곳 다산북스 **출판등록** 2005년 12월 23일 제313-2005-00277호
주소 경기도 파주시 회동길 357, 3층
전화 02-702-1724 **팩스** 02-703-2219 **이메일** dasanbooks@dasanbooks.com
홈페이지 www.dasanbooks.com **블로그** blog.naver.com/dasan_books
종이 (주)한솔피앤에스 **출력·인쇄** 갑우문화사

ⓒ 2020, 김영익

ISBN 979-11-306-3114-1 (13740)

다산북스(DASANBOOKS)는 독자 여러분의 책에 관한 아이디어와 원고 투고를 기쁜 마음으로 기다리고 있습니다.
책 출간을 원하는 아이디어가 있으신 분은 다산북스 홈페이지 '투고원고'란으로 간단한 개요와 취지, 연락처 등을 보내주세요.
머뭇거리지 말고 문을 두드리세요.

시간 없는 직장인도 3개월 만에
외국인과 20분간 대화가 되는

딱 이만큼 영어회화

Mouth to Mouth Training

다산
북스

마우스 투 마우스 훈련 활용법 :
제대로 마투마 뽀개는 법

영어 문장은 한번 외웠다고 해서 쉽게 내 것이 되지 않습니다. 분명히 어제는 확실히 외운 것 같았는데, 오늘 아침 다시 말해보려 하면 입에서 맴돌 뿐 술술 나오지 않지요. 이 단계를 넘어 '2초 만에 영어가 튀어나오는' 수준이 되려면 이해하고 뽀갠 문장들을 꾸준히 사용해야 합니다. '마우스 투 마우스 훈련Mouth to mouth training'을 통해 소가 되새김질하듯 영어 문장들을 내 것으로 만들어봅시다.

STEP 1 훈련 파트너와 훈련 시간 정하기

마투마 훈련은 엔젤이 있을 때 그 효과가 극대화됩니다. 엔젤을 만들어 함께 훈련할 시간을 정해보세요. 하루에 한 시간 이상은 꼭 마투마 훈련에 투자해 영어에 몰입합니다. 만약 엔젤을 구하기 힘들다면, 훈련용 마투마 음원 파일을 이용해서 연습해주세요.

STEP 2 엔젤과 질문-답변 반복하기

엔젤과 번갈아가며 질문-답변 역할을 맡습니다. 오늘 엔젤이 질문하고 내가 답했다면, 내일은 내가 질문하고 엔젤이 답하는 것입니다. 질문에는 긍정 혹은 부정 답변 중 하나를 골라 답하고, 질문받은 문장 구조를 복기해 완전한 문장으로 답합니다. 최대한 스크립트를 보지 않고 질문에 바로 답할 수 있도록 연습하세요. 처음에는 답이 잘 나오지 않을 거예요. 질문을 듣자마자 2초 안에 답할 수 있다면 그 문장은 이제 내 것이 된 것입니다.

주의! 누적 학습하기

마투마 훈련은 누적 학습을 하는 것이 좋습니다. 즉, 첫째 날 1번부터 20번까지 뽀갰다면, 둘째 날은 1번부터 40번까지, 셋째 날은 1번부터 60번까지 뽀개는 것이지요. 조금 버겁더라도 누적해서 학습하는 편이 공부에 훨씬 효과적이니 마투마 훈련은 꼭 누적으로 진행하세요.

딱소장에게 물어봐!

"마투마 훈련법이 잘 이해가 안 가요. 그리고 누적으로 공부하면 시간이 너무 오래 걸릴 것 같은데…… 어떻게 하면 될까요? 도와줘요, 딱소장!"

1	**Are you a salesperson?** 당신은 영업사원입니까?	• **Yes**, I'm a salesperson. 네, 저는 영업사원입니다. • **No**, I'm not a salesperson. 아니요, 저는 영업사원이 아닙니다.
2	**Do you have your business card?** 당신은 명함을 갖고 있습니까?	• **Yes**, I have my business card. Here it is. 네, 저는 명함을 갖고 있어요. 여기 있습니다. • **No**, I don't have my business card. 아니요, 저는 명함을 갖고 있지 않습니다.
3	**Is this your first time here?** 당신은 이곳이 처음인가요?	• **Yes**, it is my first time here. 네, 저는 이곳이 처음입니다. • **No**, it isn't my first time here. 아니요, 저는 이곳이 처음이 아닙니다.
4	**Is your office number 02-538-0711?** 당신의 사무실 번호는 02-538-0711입니까?	• **Yes**, my office number is 02-538-0711. 네, 제 사무실 번호는 02-538-0711입니다. • **No**, my office number isn't 02-538-0711. 아니요, 제 사무실 번호는 02-538-0711이 아닙니다.
5	**What is the meeting agenda?** 회의 의제는 무엇인가요?	• The meeting agenda is our sales plan for the next quarter. 회의 의제는 다음 분기 영업 계획입니다.
6	**Is your brother unemployed at the moment?** 지금 당신의 남자 형제는 무직입니까?	• **Yes**, my brother is unemployed at the moment. 네, 제 남자 형제는 지금 무직입니다. • **No**, my brother isn't unemployed at the moment. 아니요, 제 남자 형제는 지금 무직이 아닙니다.
7	**Are you busy?** 바쁘신가요?	• **Yes**, I'm busy. 네, 저는 바쁩니다. • **No**, I'm not busy. 아니요, 저는 바쁘지 않습니다.
8	**Are your kids tired and sleepy?** 당신의 아이들은 피곤하고 졸린가요?	• **Yes**, my kids are tired and sleepy. 네, 제 아이들은 피곤하고 졸립니다. • **No**, my kids aren't tired and sleepy. 아니요, 제 아이들은 피곤하고 졸리지 않습니다.
9	**Is it OK for me to call you this late?** 제가 늦게 전화드려도 괜찮으신가요?	• **Sure**, it's OK for you to call me this late. 네, 늦게 전화하셔도 괜찮습니다. • **No**, it's not OK for you to call me this late. 아니요, 늦게 전화하시면 곤란합니다.
10	**Is this a good time to call?** 지금 전화하기에 좋은 시간입니까?	• **Yes**, it's a good time to call. 네, 전화하기에 좋은 시간입니다. • **No**, it isn't a good time to call. 아니요, 전화하기에 좋은 시간이 아닙니다.

11	**Is it time-sensitive?** 시간을 넘기면 안 되는 급한 일입니까?	• **Yes**, it's time-sensitive. 네, (분초를 다툴 만큼) 급한 일입니다. • **No**, it isn't time-sensitive. 아니요, 급한 일은 아닙니다.
12	**Is she on another line at the moment?** 그녀는 지금 통화 중인가요?	• **Yes**, she is on another line at the moment. 네, 그녀는 지금 통화 중입니다. • **No**, she isn't on another line at the moment. 아니요, 그녀는 지금 통화 중이 아닙니다.
13	**Is it about organizing the seminar?** 세미나 준비에 관한 것입니까?	• **Yes**, it's about organizing the seminar. 네, 세미나 준비에 관한 것입니다. • **No**, it isn't about organizing the seminar. 아니요, 세미나 준비에 관한 것이 아닙니다.
14	**Are you honored to win this award?** 이 상을 타게 되어 영광인가요?	• **Yes**, I'm honored to win this award. 네, 이 이 상을 타게 되어 영광입니다. • **No**, I'm not honored to win this award. 아니요, 이 상을 타게 된 것이 영광스럽지 않습니다.
15	**Do you know when the meeting is?** 회의가 언제인지 아세요?	• **Yes**, I know when the meeting is. 네, 저는 회의가 언제인지 알고 있습니다. • **No**, I don't know when the meeting is. 아니요, 저는 회의가 언제인지 모릅니다.
16	**Is he in a meeting at the moment?** 지금 그는 회의 중입니까?	• **Yes**, he is in a meeting at the moment. 네, 그는 지금 회의 중입니다. • **No**, he isn't in a meeting at the moment. 아니요, 그는 지금 회의 중이 아닙니다.
17	**Are you in the education business?** 당신은 교육 사업에 종사하십니까?	• **Yes**, I'm in the education business. 네, 저는 교육 사업에 종사하고 있습니다. • **No**, I'm not in the education business. 아니요, 저는 교육 사업에 종사하지 않습니다.
18	**Are you responsible for the marketing of new products?** 당신은 신제품 마케팅을 담당하고 계십니까?	• **Yes**, I'm responsible for the marketing of new products. 네, 저는 신제품 마케팅을 담당하고 있습니다. • **No**, I'm not responsible for the marketing of new products. 아니요, 저는 신제품 마케팅을 담당하지 않습니다.
19	**How should we pay?** 계산은 어떻게 할까요?	• It's on me. 제가 내겠습니다. • Let's split the bill. 각자 계산합시다.

20	**Is your manager on a business trip at the moment?** 당신의 매니저는 현재 출장 중인가요?	• **Yes**, my manager is on a business trip at the moment. 네, 제 매니저는 현재 출장 중입니다. • **No**, my manager isn't on a business trip at the moment. 아니요, 제 매니저는 현재 출장 중이 아닙니다.
21	**Do you work in an office?** 당신은 사무실에서 일하시나요?	• **Yes**, I work in an office. 네, 저는 사무실에서 일합니다. • **No**, I don't work in an office. 아니요, 저는 사무실에서 일하지 않습니다.
22	**Does tomorrow work for you?** 내일도 당신은 괜찮으십니까?	• **Yes**, tomorrow works for me. 네, 저는 내일도 괜찮습니다. • **No**, tomorrow doesn't work for me. 아니요, 저는 내일은 어렵습니다.
23	**Does the job involve a lot of traveling?** 일하면서 출장을 많이 가시나요?	• **Yes**, the job involves a lot of traveling. 네, 일하면서 출장을 많이 다닙니다. • **No**, the job doesn't involve a lot of traveling. 아니요, 일하면서 출장을 많이 다니지는 않습니다.
24	**Does she prepare a sales report three times a year?** 그녀는 1년에 세 번 판매 보고서를 준비합니까?	• **Yes**, she prepares a sales report three times a year. 네, 그녀는 1년에 세 번 판매 보고서를 준비합니다. • **No**, she doesn't prepare a sales report three times a year. 아니요, 그녀는 1년에 세 번 판매 보고서를 준비하지 않습니다.
25	**Do you need someone with excellent communication skills?** 당신은 의사소통 능력이 뛰어난 사람이 필요하십니까?	• **Yes**, we need someone with excellent communication skills. 네, 우리는 의사소통 능력이 뛰어난 사람이 필요합니다. • **No**, we don't need someone with excellent communication skills. 아니요, 우리는 의사소통 능력이 뛰어난 사람이 필요하지 않습니다.
26	**Do you work for a software company?** 당신은 소프트웨어 회사에서 일하십니까?	• **Yes**, I work for a software company. 네, 저는 소프트웨어 회사에서 일합니다. • **No**, I don't work for a software company. 아니요, 저는 소프트웨어 회사에서 일하지 않습니다.
27	**What time do you usually start work?** 당신은 보통 몇 시에 일을 시작하십니까?	• I usually start work at 8 am. 저는 보통 일을 8시에 시작합니다.
28	**Where do you live?** 당신은 어디에 살고 있습니까?	• I live in Seoul. 저는 서울에 살고 있습니다.

29 **Do you need to recruit a new manager?**
당신은 새 매니저를 채용해야 하나요?

- **Yes**, we need to recruit a new manager.
  네, 우리는 새 매니저를 채용해야 합니다.
- **No**, we don't need to recruit a new manager.
  아니요, 우리는 새 매니저를 채용하지 않아도 됩니다.

30 **Do you have plans?**
당신은 계획이 있으십니까?

- **Yes**, I have plans.
  네, 저는 계획이 있습니다.
- **No**, I don't have plans.
  아니요, 저는 계획이 없습니다.

31 **How many bags do you have to check in?**
체크인해야 할 가방이 몇 개인가요?

- I have only one bag to check in.
  저는 체크인할 가방이 하나 있습니다.
- I don't have any bags to check in.
  저는 체크인할 가방이 없습니다.

32 **Do you have an excellent reputation for service?**
당신은 서비스에 대해 평판이 좋습니까?

- **Yes**, we have an excellent reputation for service.
  네, 우리는 서비스에 좋은 평판을 받고 있습니다.
- **No**, we don't have an excellent reputation for service.
  아니요, 우리는 서비스에 대해 좋은 평판을 받지 못합니다.

33 **Do you need my credit card number to hold the reservation?**
예약하기 위해 제 신용카드 번호가 필요합니까?

- **Yes**, we need your credit card number to hold the reservation.
  네, 우리는 예약하기 위해 당신의 신용카드 번호가 필요합니다.
- **No**, we don't need your credit card number to hold the reservation.
  아니요, 우리는 예약하기 위해 당신의 신용카드 번호가 필요하지 않습니다.

34 **Does everyone agree?**
모두 동의하시나요?

- **Yes**, everyone agrees.
  네, 모두가 동의합니다.
- **No**, not everyone agrees.
  아니요, 모두가 동의하지는 않습니다.

35 **Do you have a double room for two nights?**
이틀 동안 지낼 더블 룸이 있습니까?

- **Yes**, we have a double room for two nights.
  네, 우리는 이틀 동안 지낼 더블 룸이 있습니다.
- **No**, we don't have a double room for two nights.
  아니요, 우리는 이틀 동안 지낼 더블 룸이 없습니다.

36 **Do you take credit card?**
당신은 신용카드를 받으십니까?

- **Yes**, we take credit card.
  네, 신용카드를 받습니다.
- **No**, we don't take credit card.
  아니요, 신용카드는 받지 않습니다.

37 **Do I need to reserve a seat?**
제가 좌석을 예약해야 하나요?

- **Yes**, you need to reserve a seat.
  네, 당신은 좌석을 예약해야 합니다.
- **No**, you don't need to reserve a seat.
  아니요, 당신은 좌석을 예약할 필요가 없습니다.

38	**Do you have any cash on you?** 당신은 수중에 현금이 있으십니까?	• **Yes**, I have some cash on me. 네, 저는 수중에 현금이 있습니다. • **No**, I don't have any cash on me. 아니요, 저는 수중에 현금이 없습니다.
39	**Do you have an appointment with a client?** 당신은 고객과 약속이 있습니까?	• **Yes**, I have an appointment with a client of mine. 네, 저는 고객과 약속이 있습니다. • **No**, I don't have an appointment with a client. 아니요, 저는 고객과 약속이 없습니다.
40	**Do you report directly to the Managing Director?** 당신은 총괄 관리자에게 직접 보고하십니까?	• **Yes**, I report directly to the Managing Director. 네, 저는 총괄 관리자에게 직접 보고합니다. • **No**, I don't report directly to the Managing Director. 아니요, 저는 총괄 관리자에게 직접 보고하지 않습니다.
41	**Is your business booming?** 당신의 사업은 잘되고 있습니까?	• **Yes**, my business is booming. 네, 제 사업은 잘되고 있습니다. • **No**, my business isn't doing so well. 아니요, 제 사업은 잘되고 있지 않습니다.
42	**Are you predicting a slowdown next year?** 당신은 내년에 경기 둔화를 예상하십니까?	• **Yes**, I'm predicting a slowdown next year. 네, 저는 내년에 경기 둔화를 예상하고 있습니다. • **No**, I'm not predicting a slowdown next year. 아니요, 저는 내년에 경기 둔화를 예상하지 않습니다.
43	**Are you calling from room 27?** 당신은 27번 방에서 전화하고 있습니까?	• **Yes**, I'm calling from room 27. 네, 저는 27번 방에서 전화하고 있습니다. • **No**, I'm not calling from room 27. 아니요, 저는 27번 방에서 전화하고 있지 않습니다.
44	**Are you trying to arrange a meeting for next week?** 당신은 다음 주로 회의 일정을 잡으려고 합니까?	• **Yes**, I'm trying to arrange a meeting for next week. 네, 저는 다음 주로 회의 일정을 잡으려고 합니다. • **No**, I'm not trying to arrange a meeting for next week. 아니요, 저는 다음 주로 회의 일정을 잡으려는 게 아닙니다.
45	**Is your department having a get together this Thursday?** 당신의 부서는 이번 주 목요일에 다함께 모이나요?	• **Yes**, our department is having a get together this Thursday. 네, 우리 부서는 이번 주 목요일에 다함께 모일 계획입니다. • **No**, our department isn't having a get together this Thursday. 아니요, 우리 부서는 이번 주 목요일에 다함께 모일 계획이 아닙니다.
46	**Where are you going for your holidays this year?** 올해 휴가를 어디로 가세요?	• I'm going to Jeju island for my holidays this year. 저는 올해 휴가를 제주도로 갈 예정입니다. • I'm not going anywhere for my holidays this year. 저는 올해 휴가에 어디에도 가지 않을 예정입니다.

47 **Are you developing any new products at the moment?**
당신은 지금 신제품을 개발하는 중입니까?

- **Yes**, we're developing some new products at the moment.
  네, 우리는 지금 신제품을 개발하고 있습니다.
- **No**, we aren't developing any new products at the moment.
  아니요, 우리는 지금 신제품을 개발하고 있지 않습니다.

48 **Am I eating this the right way?**
제가 제대로 먹고 있는 건가요?

- **Yes**, you're eating that the right way.
  네, 당신은 제대로 먹고 있습니다.
- **No**, you aren't eating that the right way.
  아니요, 당신은 제대로 먹고 있지 않습니다.

49 **Are you putting together a team?**
당신은 팀을 구성하고 있습니까?

- **Yes**, I'm putting together a team.
  네, 저는 팀을 구성하고 있습니다.
- **No**, I'm not putting together a team.
  아니요, 저는 팀을 구성하고 있지 않아요.

50 **Has he returned your call?**
그는 당신에게 회답 전화를 했습니까?

- **Yes**, he has returned my call.
  네, 그는 제게 회답 전화를 했습니다.
- **No**, he hasn't returned my call.
  아니요, 그는 제게 회답 전화를 하지 않았습니다.

51 **Where are you planning to go on vacation?**
당신은 휴가에 어디로 갈 계획인가요?

- I'm planning to go on a vacation to the States.
  저는 미국으로 휴가 갈 계획이에요.
- I'm not planning to go anywhere on a vacation.
  저는 어디로든 휴가를 갈 계획이 없어요.

52 **Are you calling about the meeting next week?**
다음 주 회의 때문에 전화하셨나요?

- **Yes**, I'm calling about the meeting next week.
  네, 저는 다음 주 회의 때문에 전화했습니다.
- **No**, I'm not calling about the meeting next week.
  아니요, 저는 다음 주 회의 때문에 전화한 게 아닙니다.

53 **Are you putting me through to the person in charge of sales?**
당신이 저와 영업 담당자를 (전화) 연결해주시는 건가요?

- **Yes**, I'm putting you through to the person in charge of sales.
  네, 제가 당신을 영업 담당자와 (전화) 연결해드리겠습니다.
- **No**, I'm not putting you through to the person in charge of sales.
  아니요, 저는 당신을 영업 담당자와 (전화) 연결해드리지 않습니다.

54 **Are you planning to submit a report this afternoon?**
당신은 오늘 오후에 보고서를 제출할 계획인가요?

- **Yes**, I'm planning to submit a report this afternoon.
  네, 저는 오늘 오후에 보고서를 제출할 계획입니다.
- **No**, I'm not planning to submit a report this afternoon.
  아니요, 저는 오늘 오후에 보고서를 제출하지 않을 계획입니다.

55	**Compared to yesterday, are things getting better?** 어제에 비해 상황이 나아지고 있나요?	• **Yes**, things are getting better. 네, 상황이 나아지고 있습니다. • **No**, things aren't getting any better. 아니요, 상황이 아무것도 나아지고 있지 않습니다.
56	**Will you be available for a follow-up call next week?** 다음 주에 팔로우업 통화가 가능하시겠어요?	• **Yes**, I'm looking forward to hearing from you soon. 네, 저는 당신들로부터 곧 연락이 오길 기다리고 있습니다. • **No**, unfortunately I won't be available next week. 아니요, 죄송하지만 다음 주에는 제가 안 될 것 같아요.
57	**What are you writing about?** 당신은 무엇 때문에 쓰고 있습니까?	• I'm writing to you regarding the development of the new product. 신제품 개발 건 때문에 메일 드렸어요.
58	**Are you getting my account up on the screen?** 당신은 제 계좌를 화면에 띄우려는 건가요?	• **Yes**, I'm getting your account up on the screen. 네, 저는 당신의 계좌를 화면에 띄울 것입니다. • **No**, I can't open it right now. 아니요, 지금 당장은 열리지 않습니다.
59	**Is Paul giving a presentation in the conference room at the moment?** 폴은 지금 회의실에서 프레젠테이션 중입니까?	• **Yes**, Paul is giving a presentation in the conference room at the moment. 네, 폴은 지금 회의실에서 프레젠테이션 중입니다. • **No**, Paul isn't giving a presentation in the conference room at the moment. 아니요, 폴은 지금 회의실에서 프레젠테이션을 하고 있지 않습니다.
60	**Did you hear about my recent promotion?** 최근에 제 승진 소식을 들으셨습니까?	• **Yes**, I'm writing to send you my warmest congratulations on your promotion. 네, 당신의 승진을 축하하기 위해 연락드렸어요. • **No**, I didn't hear about that. Congratulations! 아니요, 승진을 축하하기 위해 연락드린 건 아니에요. 축하합니다!
61	**Were you an actor?** 당신은 배우였습니까?	• **Yes**, I was an actor. 네, 저는 배우였습니다. • **No**, I wasn't an actor. 아니요, 저는 배우가 아니었습니다.
62	**Was your husband an artist?** 당신의 남편은 예술가였습니까?	• **Yes**, my husband was an artist. 네, 제 남편은 예술가였습니다. • **No**, my husband wasn't an artist. 아니요, 제 남편은 예술가가 아니었습니다.
63	**Were you in the office last night?** 당신은 어젯밤 사무실에 있었습니까?	• **Yes**, I was in the office last night. 네, 저는 어젯밤 사무실에 있었습니다. • **No**, I wasn't in the office last night. 아니요, 저는 어젯밤 사무실에 없었습니다.

64 Did you hear that my company was having some problems?

당신은 우리 회사에 문제가 좀 있다는 것을 들었습니까?

- **Yes**, I was very sorry to hear that your company was not doing so well.

  네, 저는 당신의 회사가 잘 안 된다는 말을 듣고 매우 유감이었습니다.
- **No**, I didn't hear that. I hope things are getting better.

  아니요, 저는 그 소식에 대해 듣지 못했습니다. 모든 게 좋아지길 바랍니다.

---

65 Do you remember where we were?

당신은 우리가 어디에 있었는지 기억하나요?

- **Yes**, I remember where we were.

  네, 저는 우리가 어디에 있었는지 기억합니다.
- **No**, I don't remember where we were.

  아니요, 저는 우리가 어디에 있었는지 기억나지 않습니다.

---

66 Did you enjoy yourself today?

오늘 여기에 와서 즐거웠나요?

- **Yes**, it was a real pleasure being here today.

  네, 오늘 여기에 와서 정말 즐거웠습니다.
- **No**, it was a little disappointing.

  아니요, 조금 실망스러웠습니다.

---

67 Did you enjoy our chat?

저희와 이야기하신 거 괜찮으셨습니까?

- **Yes**, it was nice talking to you.

  네, 당신과 이야기해서 정말 좋았습니다.
- **No**, I didn't enjoy it.

  아니요, 별로 즐겁지 않았습니다.

---

68 Was the client here last Sunday?

고객이 지난 일요일에 여기에 왔습니까?

- **Yes**, the client was here last Sunday.

  네, 지난 일요일에 고객이 여기에 왔습니다.
- **No**, the client wasn't here last Sunday.

  아니요, 지난 일요일에 고객이 여기 오지 않았습니다.

---

69 How was the weather when you went on your business trip?

당신이 출장 갔을 때 날씨가 좋았습니까?

- The weather was beautiful when I went on my business trip.

  네, 제가 출장 갔을 때 날씨가 좋았습니다.

---

70 Did you discover any problems while you were testing the new machine?

새 기계를 테스트하는 동안 어떤 문제점을 발견했습니까?

- **Yes**, we discovered some problems while we were testing the new machine.

  네, 새 기계를 테스트하는 동안 우리는 몇 가지 문제점을 발견했습니다.
- **No**, we didn't discover any problems while we were testing the new machine.

  아니요, 새 기계를 테스트하는 동안 우리는 어떤 문제점도 발견하지 못했습니다.

---

71 Do you need any help?

도와드릴까요?

- **Yes**, I need your help.

  네, 도와주세요.
- **No**, I don't need any help.

  아니요, 도움이 필요하지 않습니다.

72 **Do you need more information on that case?**
그 사건에 대해 더 많은 정보가 필요한가요?

- **Yes**, I was wondering if you could give us more information on that case.
  네, 저는 당신이 그 사건에 대해 더 많은 정보를 줄 수 있는지 궁금했습니다.
- **No**, we don't need any more information.
  아니요, 저는 그 사건에 대해 더 많은 정보가 필요하지 않습니다.

73 **Were you living in Japan when you started this business?**
이 사업을 시작했을 때 당신은 일본에 살고 있었습니까?

- **Yes**, I was living in Japan when I started this business.
  네, 이 사업을 시작했을 때 저는 일본에 살고 있었습니다.
- **No**, I wasn't living in Japan when I started this business.
  아니요, 이 사업을 시작했을 때 저는 일본에 살고 있지 않았습니다.

74 **Were you working on the report when I called you?**
제가 전화했을 때 당신은 보고서를 작성하고 있었습니까?

- **Yes**, I was working on the report when you called me.
  네, 저는 당신이 전화했을 때 보고서를 작성하고 있었습니다.
- **No**, I wasn't working on the report when you called me.
  아니요, 저는 당신이 전화했을 때 보고서를 작성하고 있지 않았습니다.

75 **Did it rain while you were on the business trip?**
당신이 출장 갔을 때 비가 내렸습니까?

- **Yes**, it rained while I was on the business trip.
  네, 제가 출장 갔을 때 비가 왔습니다.
- **No**, it didn't rain while I was on the business trip.
  아니요, 제가 출장 갔을 때 비가 오지 않았습니다.

76 **Was it raining when you got up this morning?**
오늘 아침 당신이 일어났을 때 비가 내렸습니까?

- **Yes**, it was raining when I got up this morning.
  네, 제가 오늘 아침 일어났을 때 비가 내리고 있었습니다.
- **No**, it wasn't raining when I got up this morning.
  아니요, 제가 오늘 아침 일어났을 때 비가 내리지 않았습니다.

77 **Did you fall asleep while you were writing the report last night?**
당신은 어젯밤에 보고서를 쓰다가 잠이 들었나요?

- **Yes**, I fell asleep while I was writing the report last night.
  네, 저는 어젯밤에 보고서를 쓰다가 잠이 들었습니다.
- **No**, I didn't fall asleep while I was writing the report last night.
  아니요, 저는 어젯밤에 보고서를 쓰다가 잠들지 않았습니다.

78 **Were you busy when I visited your office?**
제가 당신의 사무실을 방문했을 때 바빴습니까?

- **Yes**, I was so busy when you visited my office.
  네, 저는 당신이 사무실을 방문했을 때 많이 바빴습니다.
- **No**, I wasn't busy when you visited my office.
  아니요, 저는 당신이 사무실을 방문했을 때 바쁘지 않았습니다.

79 **Was he working as an engineer in his thirties?**
그는 30대 때 엔지니어로 일했습니까?

- **Yes**, he was working as an engineer in his thirties.
  네, 그는 30대 때 엔지니어로 일했습니다.
- **No**, he wasn't working as an engineer in his thirties.
  아니요, 그는 30대 때 엔지니어로 일하지 않았습니다.

80 **Were they having a meeting when you entered the room?**
당신이 방에 들어갔을 때 그들은 회의 중이었습니까?

- **Yes**, they were having a meeting when I entered the room.
  네, 제가 방에 들어갔을 때 그들은 회의 중이었습니다.
- **No**, they weren't having a meeting when I entered the room.
  아니요, 제가 방에 들어갔을 때 그들은 회의를 하고 있지 않았습니다.

81 **Did you change your job in 2020?**
2020년에 당신은 직업을 바꾸셨습니까?

- **Yes**, I changed my job in 2020.
  네, 저는 2020년에 직업을 바꿨습니다.
- **No**, I didn't change my job in 2020.
  아니요, 저는 2020년에 직업을 바꾸지 않았습니다.

82 **Did you go on a business trip to New York?**
당신은 뉴욕으로 출장을 다녀오셨습니까?

- **Yes**, I went on a business trip to New York.
  네, 저는 뉴욕으로 출장을 다녀왔습니다.
- **No**, I didn't go on a business trip to New York.
  아니요, 저는 뉴욕으로 출장을 다녀오지 않았습니다.

83 **Did profits increase by 6% last year?**
작년에 수익이 6% 증가했습니까?

- **Yes**, profits increased by 6% last year.
  네, 작년에 수익이 6% 증가했습니다.
- **No**, profits didn't increase by 6% last year.
  아니요, 작년에 수익이 6% 증가하지 않았습니다.

84 **Did you get off early yesterday?**
당신은 어제 일찍 퇴근했습니까?

- **Yes**, I got off work early yesterday.
  네, 저는 어제 일찍 퇴근했습니다.
- **No**, I didn't get off work early yesterday.
  아니요, 저는 어제 일찍 퇴근하지 않았습니다.

85 **Did you speak to your client?**
당신은 당신의 고객과 통화했습니까?

- **Yes**, I spoke to my client.
  네, 저는 고객과 통화했습니다.
- **No**, I didn't speak to my client.
  아니요, 저는 고객과 통화하지 않았습니다.

86 **Did you catch the question?**
질문을 파악하셨습니까?

- **Yes**, I caught the question.
  네, 무슨 말인지 알겠습니다.
- **No**, I didn't catch the question.
  아니요, 질문을 알아듣지 못했습니다.

87 **Did you get my message?**
당신은 제 메시지를 받았습니까?

- **Yes**, I just got your message.
  네, 저는 당신의 메시지를 방금 받았습니다.
- **No**, I didn't get your message.
  아니요, 저는 당신의 메시지를 받지 않았습니다.

88 **Did you come up with a new strategy?**
당신은 새 전략을 구상했습니까?

- **Yes**, I came up with a new strategy.
  네, 저는 새 전략을 구상했습니다.
- **No**, I didn't come up with a new strategy.
  아니요, 저는 새 전략을 구상하지 않았습니다.

89	**Did I catch you at a bad time?** 제가 곤란할 때 전화드렸나요?	• **Yes**, you caught me at a bad time. 네, 지금은 통화가 곤란합니다. • **No**, you didn't catch me at a bad time. Go ahead. 아니요, 통화해도 괜찮습니다. 말씀하세요.
90	**Did you have a good weekend?** 주말 잘 보내셨나요?	• **Yes**, I had a good weekend. 네, 주말 잘 보냈습니다. • **No**, I didn't have a good weekend. 아니요, 주말을 잘 보내지 못했습니다.
91	**Did turnover rise by 12% last year?** 작년에 매출이 12% 증가했습니까?	• **Yes**, turnover rose by 12% last year. 네, 작년에 매출이 12% 증가했습니다. • **No**, turnover didn't rise by 12% last year. 아니요, 작년에 매출이 12% 증가하지 않았습니다.
92	**Did you watch the match on TV last night?** 당신은 어젯밤에 TV로 경기를 봤나요?	• **Yes**, I watched the match on TV last night. 네, 저는 어젯밤에 TV로 경기를 봤습니다. • **No**, I didn't watch the match on TV last night. 아니요, 저는 어젯밤에 TV로 경기를 보지 않았습니다.
93	**Did you see my email about the new project?** 새 프로젝트에 대한 제 이메일을 보셨습니까?	• **Yes**, I saw your email about the new project. 네, 새 프로젝트에 대한 당신의 이메일을 봤습니다. • **No**, I didn't see your email about the new project yet. 아니요, 아직 새 프로젝트에 대한 당신의 이메일을 보지 않았습니다.
94	**Did you hear that the weather there is much cooler than here?** 그곳의 날씨가 여기보다 훨씬 더 선선하다는 이야기를 들었습니까?	• **Yes**, I heard that the weather there is much cooler than here. 네, 저는 그곳의 날씨가 여기보다 훨씬 더 선선하다는 이야기를 들었습니다. • **No**, I didn't hear that the weather there is much cooler than here. 아니요, 그곳의 날씨가 여기보다 훨씬 더 선선하다는 이야기는 듣지 못했습니다.
95	**Did you convince your boss to change the system?** 당신의 상사에게 시스템을 바꾸라고 설득하셨습니까?	• **Yes**, we made a very good case for changing the system. 네, 우리는 시스템을 바꾸는 것에 대해 매우 긍정적으로 생각했습니다. • **No**, we couldn't convince my boss. 아니요, 우리는 상사를 설득시키지 못했습니다.
96	**Did they reject all of your proposals?** 그들이 당신의 거의 모든 제안을 거절했습니까?	• **Yes**, unfortunately, they rejected all of our proposals. 네, 유감스럽게도 그들은 우리의 제안을 거의 모두 거절했습니다. • **No**, fortunately, they didn't reject any of our proposals. 아니요, 다행히도 그들은 우리의 제안을 거의 모두 거절하진 않았습니다.

97

Of the fifty people you asked, how many people did not agree with the idea?

당신이 물어본 50명 중에, 얼마나 많은 사람이 그 생각에 동의하지 않았습니까?

- Of the fifty people I asked, only one did not agree with the idea.
  제가 물어본 50명 중에, 오직 한 사람만 그 생각에 동의하지 않았습니다.

98

When you were a rookie, did you use to work with passion?

당신은 신입이었을 때 열정적으로 일했습니까?

- **Yes**, when I was a rookie, I used to work with passion.
  네, 저는 신입이었을 때 열정적으로 일했습니다.
- **No**, when I was a rookie, I didn't use to work with passion.
  아니요, 저는 신입이었을 때 열정적으로 일하지 않았습니다.

99

Where did you use to work before you joined the company that you work for now?

당신은 지금 일하는 회사에 입사하기 전 어디에서 일하셨습니까?

- I used to work for Samsung before I joined the company that I work for now.
  저는 지금 회사에 들어오기 전에 삼성에서 일했습니다.

100

Did you use to work in the same department?

당신들은 예전에는 같은 부서에서 일하셨습니까?

- **Yes**, we used to work in the same department.
  네, 우리는 예전에는 같은 부서에서 일했습니다.
- **No**, we didn't use to work in the same department.
  아니요, 우리는 예전에 같은 부서에서 일하지 않았습니다.

101

Have you heard a lot about him?

당신은 그 남자에 대해 많이 들어보셨습니까?

- **Yes**, I have heard a lot about him.
  네, 저는 그 남자에 대해 많이 들었습니다.
- **No**, I haven't heard much about him.
  아니요, 저는 그 남자에 대해 많이 듣지 못했습니다.

102

Have you worked here for two years?

당신은 이곳에서 2년 동안 일해왔습니까?

- **Yes**, I have worked here for two years.
  네, 저는 2년 동안 이곳에서 일해왔습니다.
- **No**, I haven't worked here for two years.
  아니요, 저는 이곳에서 2년 동안 일해오지 않았습니다.

103

Have you been to the United States?

당신은 미국에 가본 적이 있나요?

- **Yes**, I have been to the United States.
  네, 저는 미국에 가본 적이 있습니다.
- **No**, I haven't been to the United States.
  아니요, 저는 미국에 가본 적이 없습니다.

104

Have you lived in Seoul for 30 years?

당신은 서울에서 30년 동안 살았습니까?

- **Yes**, I have lived in Seoul for 30 years.
  네, 저는 서울에서 30년 동안 살았습니다.
- **No**, I haven't lived in Seoul for 30 years.
  아니요, 저는 서울에서 30년 동안 살지 않았습니다.

105

How long has it been since you got married?

당신은 결혼한 지 얼마나 됐나요?

- It has been ten years since I got married.
  저는 결혼한 지 10년이 됐습니다.

106 Have you finished the report?
당신은 보고서를 다 작성했습니까?

- **Yes**, I've finished the report.
  네, 저는 보고서를 다 작성했습니다.
- **No**, I haven't finished the report.
  아니요, 저는 보고서를 다 작성하지 않았습니다.

107 Have you worked here since 2004?
당신은 이곳에서 2004년부터 일했습니까?

- **Yes**, I have worked here since 2004.
  네, 저는 이곳에서 2004년부터 일했습니다.
- **No**, I haven't worked here since 2004.
  아니요, 저는 2004년부터 이곳에서 일하지 않았습니다.

108 Have you decided to expand the product line?
제품군을 확장하기로 결정했습니까?

- **Yes**, we've decided to expand the product line.
  네, 우리는 제품군을 확장하기로 결정했습니다.
- **No**, we've decided not to expand the product line.
  아니요, 우리는 제품군을 확장하지 않기로 결정했습니다.

109 Have this year's profits increased by 2%?
올해 수익이 2% 증가했습니까?

- **Yes**, this year's profits have increased by 2%.
  네, 올해 수익이 2% 증가했습니다.
- **No**, this year's profits haven't increased by 2%.
  아니요, 올해 수익이 2% 증가하지 않았습니다.

110 Have you been in this job for three years?
당신은 이 일을 3년 동안 해왔습니까?

- **Yes**, I've been in this job for three years.
  네, 저는 이 일을 3년 동안 해왔습니다.
- **No**, I haven't been in this job for three years.
  아니요, 저는 이 일을 3년 동안 해오지 않았습니다.

111 Have you heard that the company is restructuring?
당신은 그 회사가 구조조정하고 있다는 것을 들은 적이 있습니까?

- **Yes**, I've heard that the company is restructuring.
  네, 저는 그 회사가 구조조정하고 있다는 것을 들은 적이 있습니다.
- **No**, I haven't heard that the company is restructuring.
  아니요, 저는 그 회사가 구조조정하고 있다는 것을 들어본 적이 없습니다.

112 Have you changed your job?
당신은 직장을 옮겼습니까?

- **Yes**, I've changed my job.
  네, 저는 직장을 옮겼습니다.
- **No**, I haven't changed my job.
  아니요, 저는 직장을 옮기지 않았습니다.

113 Have you ever tried any Korean food?
당신은 한국 음식을 먹어본 적이 있나요?

- **Yes**, I've tried some Korean food.
  네, 저는 한국 음식을 먹어본 적이 있습니다.
- **No**, I haven't tried any Korean food.
  아니요, 저는 한국 음식을 먹어본 적이 없습니다.

114 Have you just won the contract?
당신은 그 계약을 따냈습니까?

- **Yes**, we have just won the contract.
  네, 우리가 그 계약을 따냈습니다.
- **No**, we haven't won the contract yet.
  아니요, 우리는 아직 그 계약을 따내지 못했습니다.

115	**Have sales been falling slowly over the last few years?** 지난 몇 년 동안 매출이 서서히 감소하고 있습니까?	• **Yes**, sales have been falling slowly over the last few years. 네, 지난 몇 년 동안 매출이 서서히 감소하고 있습니다. • **No**, sales haven't been falling over the last few years. 아니요, 지난 몇 년 동안 매출이 서서히 감소하지 않았습니다.
116	**Have you been thinking about my suggestion?** 제 제안에 대해 생각해봤습니까?	• **Yes**, I've been thinking about your suggestion all week. 네, 저는 일주일 내내 당신의 제안에 대해 생각해봤습니다. • **No**, I haven't been thinking about your suggestion. 아니요, 저는 당신의 제안에 대해 생각해보지 않았습니다.
117	**Have you been waiting for ages?** 오랫동안 기다리셨습니까?	• **Yes**, I've been waiting for ages. 네, 저는 오랫동안 기다렸습니다. • **No**, I haven't been waiting for ages. 아니요, 저는 오랫동안 기다리지 않았습니다.
118	**Has it been a really busy day today?** 오늘은 매우 바쁜 하루였나요?	• **Yes**, it's been a really busy day today. 네, 오늘은 정말 바쁜 하루였습니다. • **No**, it hasn't been too busy today. 아니요, 오늘은 그렇게 바쁘지 않았습니다.
119	**Have you cc'd your engineer, Mr. Kim to share the information?** 당신은 엔지니어인 김 씨에게 정보를 공유하기 위해 메일을 참조했습니까?	• **Yes**, I've cc'd our engineer, Mr. Kim to share the information. 네, 저는 정보를 공유하기 위해 엔지니어인 김 씨에게 메일을 참조했습니다. • **No**, I haven't cc'd our engineer, Mr. Kim to share the information. 아니요, 저는 정보를 공유하기 위해 엔지니어인 김 씨에게 메일을 참조하지 않았습니다.
120	**Have you attached the draft minutes of the meeting?** 당신은 회의록 초안을 첨부했습니까?	• **Yes**, I've attached the draft minutes of the meeting. 네, 저는 회의록 초안을 첨부했습니다. • **No**, I haven't attached the draft minutes of the meeting. 아니요, 저는 회의록 초안을 첨부하지 않았습니다.
121	**Has the meeting room been cleaned?** 회의실이 청소되어 있나요?	• **Yes**, the meeting room has been cleaned. 네, 회의실은 청소되어 있습니다. • **No**, the meeting room hasn't been cleaned. 아니요, 회의실은 청소되어 있지 않습니다.
122	**What is it made from?** 무엇으로 만들어진 것입니까?	• It is made from milk. 이것은 우유로 만들어졌습니다.

123	**What is being built across from the park?** 공원 건너편에 무엇을 짓고 있습니까?	• Some new factories are being built across from the park. 공원 건너편에 몇몇 새 공장들이 지어지고 있습니다.
124	**Is the report being reviewed by your manager at the moment?** 지금 당신의 매니저가 보고서를 검토하고 있습니까?	• Yes, the report is being reviewed by my manager at the moment. 네, 그 보고서는 지금 제 매니저가 검토하고 있습니다. • No, the report isn't being reviewed by my manager at the moment. 아니요, 그 보고서는 지금 제 매니저가 검토하고 있지 않습니다.
125	**Has the bed been made?** 침대가 정리되었나요?	• Yes, the bed has been made. 네, 침대가 정리되었습니다. • No, the bed hasn't been made. 아니요, 침대가 정리되지 않았습니다.
126	**Was only one of your proposals accepted?** 당신의 제안 중 단 하나만 수용되었습니까?	• Yes, only one of our proposals was accepted. 네, 우리의 제안 중 하나만 수용됐습니다. • No, several of our proposals were accepted. 아니요, 우리의 제안 중 몇 가지가 수용되었습니다.
127	**Were you given my number by my colleague?** 당신은 제 동료로부터 제 번호를 받았습니까?	• Yes, I was given your number by your colleague. 네, 저는 당신의 동료로부터 당신의 번호를 받았습니다. • No, I wasn't given your number by your colleague. 아니요, 저는 당신의 동료로부터 당신의 번호를 받지 않았습니다.
128	**Are you excited to be here today?** 오늘 이곳에 와서 기분이 좋으신가요?	• Yes, I'm delighted to be here today to tell you about our new project. 네, 우리의 새 프로젝트를 당신에게 말해주기 위해 여기에 와서 무척 기쁩니다.
129	**Do you know what this is used for?** 이것이 어디에 쓰이는지 아십니까?	• Yes, I know what this is used for. 네, 저는 이것이 어디에 쓰이는지 압니다. • No, I don't know what this is used for. 아니요, 저는 이것이 어디에 쓰이는지 모릅니다.
130	**Have you been invited to a formal dinner with the Managing Director this evening?** 당신은 오늘 저녁 상무이사님과의 저녁 만찬에 초대받았습니까?	• Yes, I've been invited to a formal dinner with the Managing Director this evening. 네, 저는 오늘 저녁 상무이사님과의 저녁 만찬에 초대받았습니다. • No, I haven't been invited to a formal dinner with the Managing Director this evening. 아니요, 저는 오늘 저녁 상무님과의 저녁 식사에 초대받지 않았습니다.
131	**Is the seat reservation included in the price of the ticket?** 티켓 가격에 좌석 지정도 포함되어 있습니까?	• Yes, the seat reservation is included in the price of the ticket. 네, 티켓 가격에 좌석 지정도 포함되어 있습니다. • No, the seat reservation isn't included in the price of the ticket. 아니요, 티켓 가격에 좌석 지정은 포함되어 있지 않습니다.

132	**Is the software being installed the day after tomorrow?** 내일 모레 소프트웨어가 설치됩니까?	• **Yes**, the software is being installed the day after tomorrow. 네, 소프트웨어는 내일 모레 설치될 예정입니다. • **No**, the software isn't being installed the day after tomorrow. 아니요, 소프트웨어는 내일 모레 설치되지 않을 것입니다.
133	**Should this machine be cleaned every month?** 이 기계는 매달 청소해야 합니까?	• **Yes**, this machine should be cleaned every month. 네, 이 기계는 매달 청소해야 합니다. • **No**, this machine shouldn't be cleaned every month. 아니요, 이 기계는 매달 청소해서는 안 됩니다.
134	**Was Hyundai started by 정주영?** 현대는 정주영에 의해 시작됐습니까?	• **Yes**, Hyundai was started by 정주영. 네, 현대는 정주영에 의해 시작됐습니다. • **No**, Hyundai wasn't started by 정주영. 아니요, 현대는 정주영에 의해 시작되지 않았습니다.
135	**Are millions of dollars traded by currency dealers every day?** 매일 외환 딜러들에 의해 수백만 달러가 거래되고 있습니까?	• **Yes**, millions of dollars are traded by currency dealers every day. 네, 매일 외환 딜러들에 의해 수백만 달러가 거래되고 있습니다. • **No**, millions of dollars aren't traded by currency dealers every day. 아니요, 매일 외환 딜러들에 의해 수백만 달러가 거래되지 않습니다.
136	**Was the package I sent delivered at this office yesterday?** 제가 보낸 소포가 어제 이 사무실에 배송되었나요?	• **Yes**, the package you sent was delivered at this office yesterday. 네, 당신이 보낸 소포가 어제 이 사무실에 배송되었습니다. • **No**, the package you sent wasn't delivered at this office yesterday. 아니요, 당신이 보낸 소포가 어제 이 사무실에 배송되지 않았습니다.
137	**Has it been a while since we talked on the phone?** 우리가 지난번에 통화하고 나서 시간이 좀 지났지요?	• **Yes**, it's been a while since we talked on the phone. 네, 지난번에 통화하고 난 뒤 시간이 오래 지났습니다. • **No**, we talked on the phone recently. 아니요, 우리는 최근에 통화했습니다.
138	**Will a decision be made tomorrow?** 내일 결정될 것입니까?	• **Yes**, a decision will be made tomorrow. 네, 내일 결정될 것입니다. • **No**, a decision won't be made tomorrow. 아니요, 내일 결정되지 않을 것입니다.
139	**Is the economy expected to grow next year?** 내년에 경제가 성장할 것이라 예상하십니까?	• **Yes**, the economy is expected to grow next year by around 2%. 네, 내년에 경제가 2% 정도 성장할 것이라 예상됩니다. • **No**, the economy isn't expected to grow next year. 아니요, 내년에 경제가 성장하지 않을 것이라 예상됩니다.

140

Is it considered necessary to invest more in product development?

제품 개발에 더 많은 투자가 필요하다고 생각하십니까?

- **Yes**, it's considered necessary to invest more in product development.
  네, 제품 개발에 더 많은 투자가 필요하다고 생각됩니다.
- **No**, it isn't considered necessary to invest more in product development.
  아니요, 제품 개발에 더 많은 투자가 필요하지 않다고 생각됩니다.

141

Will you call me back?

다시 전화해주시겠습니까?

- **Yes**, I'll call you back.
  네, 제가 다시 전화 드리겠습니다.
- **No**, I won't call you back.
  아니요, 저는 다시 전화하지 않겠습니다.

142

Will you be 40 next year?

당신은 내년에 40살이 됩니까?

- **Yes**, I'll be 40 next year.
  네, 저는 내년에 40살이 됩니다.
- **No**, I won't be 40 next year.
  아니요, 저는 내년에 40살이 아닙니다.

143

Are you going to have a meeting with your bank manager tomorrow?

당신은 내일 은행 지점장님과 미팅을 할 예정입니까?

- **Yes**, I'm going to have a meeting with my bank manager tomorrow.
  네, 저는 내일 은행 지점장님과 미팅을 할 예정입니다.
- **No**, I'm not going to have a meeting with my bank manager tomorrow.
  아니요, 저는 내일 은행 지점장님과 미팅을 하지 않을 예정입니다.

144

Are you going to meet her tomorrow?

당신은 내일 그녀를 만날 예정입니까?

- **Yes**, I'm going to meet her tomorrow.
  네, 저는 내일 그녀를 만날 예정입니다.
- **No**, I'm not going to meet her tomorrow.
  아니요, 저는 내일 그녀를 만나지 않을 예정입니다.

145

Are you meeting her tomorrow?

당신은 내일 그녀를 만날 것입니까?

- **Yes**, I'm meeting her tomorrow.
  네, 저는 내일 그녀를 만날 것입니다.
- **No**, I'm not meeting her tomorrow.
  아니요, 저는 내일 그녀를 만나지 않을 것입니다.

146

Will you be in touch with me by next week?

다음 주까지 제게 연락해주시겠습니까?

- **Yes**, I'll be in touch with you by next week.
  네, 제가 다음 주까지 당신에게 연락드리겠습니다.
- **No**, I won't be in touch with you by next week.
  아니요, 저는 다음 주까지 당신에게 연락하지 않을 것입니다.

147

Do you think we will take a rain check on that?

우리가 다음 기회로 미뤄야 할까요?

- **Yes**, I think we will take a rain check.
  네, 저는 우리가 다음 기회로 미룰 것이라 생각합니다.
- **No**, we should go ahead with it.
  아니요, 우리는 계속 진행할 것입니다.

148

Will we wrap up today's meeting here?

오늘 회의는 여기서 끝낼까요?

- **Yes**, we'll wrap up today's meeting here.
  네, 오늘 회의는 여기서 끝내도록 합시다.
- **No**, we still have more to discuss.
  아니요, 우리에겐 아직 논의할 게 더 있습니다.

149	**Will you move on to the next topic?** 다음 주제로 넘어가시겠습니까?	• **Yes**, I'll move on to the next topic. 네, 다음 주제로 넘어가겠습니다. • **No**, I have more to say on this topic. 아니요, 저는 이 주제에 대해 더 이야기할 게 있습니다.
150	**Will we start again after a ten minute break?** 10분만 쉬고 나서 다시 시작할까요?	• **Yes**, we will start again after a ten minute break. 네, 10분만 쉬고 나서 다시 시작하지요. • **No**, we're almost finished. Let's keep going. 아니요, 거의 다 끝났습니다. 계속 하시지요.
151	**Can you be more specific?** 좀 더 구체적으로 알려줄 수 있습니까?	• **Yes**, I'll get to the point. 네, 요점을 말씀드릴게요. • **No**, I can't be more specific. I have given you enough detail. 아니요, 더 구체적이기 힘들어요. 이미 충분히 자세히 알려드렸어요.
152	**Can I call you back?** 제가 다시 전화해도 되겠습니까?	• **Yes**, I'll wait for your call. 네, 전화 기다리겠습니다. • **No**, you can't call me back. 아니요, 다시 전화하실 수 없습니다.
153	**What do you think about sales of the new product?** 신제품의 매출에 대해 어떻게 생각하십니까?	• In terms of sales, the new product will do good. 매출 면에서, 신제품은 잘될 것입니다.
154	**Are some people going to lose their jobs?** 몇몇 사람들이 그들의 직장을 잃게 될까요?	• **Yes**, some people are going to lose their jobs. 네, 몇몇 사람들은 직장을 잃을 것입니다. • **No**, nobody is going to lose their job. 아니요, 아무도 직장을 잃지 않을 것입니다.
155	**Are you going to move all your production to Slovakia next year?** 내년에 당신들의 모든 생산시설을 슬로바키아로 이전할 예정입니까?	• **Yes**, we're going to move all our production to Slovakia next year. 네, 우리는 모든 생산시설을 슬로바키아로 이전할 예정입니다. • **No**, we aren't going to move our production to Slovakia next year. 아니요, 우리는 생산시설을 슬로바키아로 이전하지 않을 예정입니다.
156	**Are we going to have a meeting at 9:30 am?** 오전 9시 30분에 회의할 예정입니까?	• **Yes**, we're going to have a meeting at 9:30 am. 네, 우리는 오전 9시 30분에 회의할 예정입니다. • **No**, we aren't going to have a meeting at 9:30 am. 아니요, 우리는 오전 9시 30분에 회의하지 않을 예정입니다.

157	**Is it going to be difficult to increase market share?** 시장 점유율을 높이는 것이 어려울까요?	• **Yes**, it's going to be difficult to increase market share. 네, 시장 점유율을 높이는 건 어려울 것입니다. • **No**, it isn't going to be difficult to increase market share. 아니요, 시장 점유율을 높이는 건 어렵지 않을 것입니다.
158	**Is your team going to have a get-together this Thursday after work?** 당신의 팀은 이번 주 목요일에 퇴근하고 나서 회식을 할 예정입니까?	• **Yes**, our team is going to have a get-together this Thursday after work. 네, 우리 팀은 이번 주 목요일에 퇴근하고 나서 회식을 할 예정입니다. • **No**, our team isn't going to have a get-together this Thursday after work. 아니요, 우리 팀은 이번 주 목요일에 퇴근하고 나서 회식을 하지 않을 예정입니다.
159	**Are you going to talk about the business outlook for next year?** 당신은 내년 사업 전망에 대해 이야기할 예정입니까?	• **Yes**, I'm going to talk about the business outlook for next year. 네, 저는 내년 사업 전망에 대해 이야기할 예정입니다. • **No**, I'm not going to talk about the business outlook for next year. 아니요, 저는 내년 사업 전망에 대해 이야기하지 않을 예정입니다.
160	**Does it look like inflation is going to fall next year?** 내년에 물가상승률이 떨어질 것으로 보십니까?	• **Yes**, it looks like inflation is going to fall next year. 네, 내년에 물가상승률이 떨어질 것으로 보입니다. • **No**, it doesn't look like inflation is going to fall next year. 아니요, 내년에 물가상승률이 떨어질 것 같지 않습니다.
161	**Can I take your message? He is away from his desk at the moment.** 메시지 남겨드릴까요? 그는 잠시 자리 비웠습니다.	• **Yes**, I'd like to leave a message. 네, 메시지를 남기고 싶습니다. • **No**, I will call him back later. 아니요, 제가 다시 전화드리겠습니다.
162	**Can I speak to Mr. Nam, please?** 남 씨와 통화할 수 있습니까?	• **Yes**, you can speak to Mr. Nam. 네, 남 씨와 통화할 수 있습니다. • **No**, he is on another line right now. Should I have him call you back? 아니요, 그는 지금 통화 중입니다. 그에게 다시 전화하라고 할까요?
163	**Can I have the bill, please?** 계산서 좀 주시겠습니까?	• **Yes**, you can have the bill. 네, 여기 계산서입니다. • **No**, just pay at the cash register. 아니요, 계산대에서 계산하세요.
164	**Can I have a drink?** 음료 한잔 마셔도 될까요?	• **Yes**, you can have a drink. 네, 한잔 드십시오. • **No**, you can't have a drink. 아니요, 당신은 음료를 마실 수 없습니다.

165	**Could you cancel the hotel reservation, please?** 호텔 예약을 취소해줄 수 있습니까?	• **Yes**, I can cancel the hotel reservation. 네, 제가 호텔 예약을 취소할 수 있습니다. • **No**, I can't cancel the hotel reservation. 아니요, 저는 호텔 예약을 취소할 수 없습니다.
166	**Could I ask who is calling?** 전화하신 분이 누구시지요?	• **Yes**, this is Mr. Kim speaking. 네, 저는 김 씨입니다. • **No**, I'd prefer not to say. It's personal. 아니요, 말하기 곤란합니다. 개인적인 일이라서요.
167	**Could you give me directions to your office?** 당신의 사무실로 가는 길을 가르쳐주시겠습니까?	• **Yes**, I can give you directions to my office. 네, 제가 사무실로 오는 길을 가르쳐드리겠습니다. • **No**, I can't give you directions to my office. 아니요, 사무실로 오는 길을 가르쳐드릴 수 없습니다.
168	**Can I see some samples?** 제가 샘플을 좀 볼 수 있습니까?	• **Yes**, you can see some samples. 네, 당신은 샘플을 확인할 수 있습니다. • **No**, you can't see any samples. 아니요, 당신은 샘플을 확인할 수 없습니다.
169	**Can you send me the catalog?** 카탈로그를 보내주실 수 있습니까?	• **Yes**, I can send you the catalog. 네, 제가 카탈로그를 보내드리겠습니다. • **No**, I can't send you the catalog. 아니요, 카탈로그를 보내드릴 수 없습니다.
170	**Could you give me your business card?** 제게 명함 한 장 주시겠습니까?	• **Yes**, I can give you my business card. 네, 여기 제 명함 드리겠습니다. • **No**, I don't have one with me right now. 아니요, 지금 가지고 있는 게 없습니다.
171	**Can I reach you at this number?** 제가 이 연락처로 연락드리면 됩니까?	• **Yes**, you can reach me at this number. 네, 이 번호로 제게 연락주시면 됩니다. • **No**, you can't reach me at this number. 아니요, 이 번호로 제게 연락할 수 없습니다.
172	**Can you email it to me?** 그것을 제게 이메일로 보내주시겠습니까?	• **Yes**, I can email it to you. 네, 제가 이메일로 보내드리겠습니다. • **No**, I can't email it to you. 아니요, 이메일로 보내드릴 수 없습니다.
173	**Can you fax me the documents?** 서류를 팩스로 보내주시겠습니까?	• **Yes**, I can fax you the documents. 네, 제가 팩스로 서류를 보내드리겠습니다. • **No**, I can't fax you the documents. 아니요, 팩스로 서류를 보내드릴 수 없습니다.
174	**Could you repeat the main point?** 요점을 다시 한 번 말씀해주시겠습니까?	• **Yes**, I can repeat the main point. 네, 요점을 다시 한 번 말씀드리겠습니다. • **No**, I can't repeat the main point. 아니요, 요점을 반복할 수 없습니다.

175 **Can you come up with a plan by tomorrow?**
당신은 내일까지 계획을 세울 수 있습니까?

- **Yes**, I can come up with a plan by tomorrow.
  네, 저는 내일까지 계획을 세울 수 있습니다.
- **No**, I can't come up with a plan by tomorrow.
  아니요, 저는 내일까지 계획을 세울 수 없습니다.

176 **Can everybody hear me?**
모두 제 말이 들리시나요?

- **Yes**, everyone can hear you.
  네, 모두 당신의 말을 들을 수 있습니다.
- **No**, not everyone can hear you.
  아니요, 모든 사람에게 들리지는 않습니다.

177 **Could you speak more slowly, please?**
조금 더 천천히 말씀해주시겠습니까?

- **Yes**, I can speak more slowly.
  네, 조금 더 천천히 말씀드리겠습니다.
- **No**, we're running out of time.
  아니요, 우리에겐 시간이 없습니다.

178 **Can you do that?**
그렇게 할 수 있습니까?

- **Yes**, we can do that due to our company policy.
  네, 우리는 회사 방침에 따라 그렇게 할 수 있습니다.
- **No**, we can't do that due to our company policy.
  아니요, 우리는 회사 방침에 따라 그렇게 할 수 없습니다.

179 **Can I pay by credit card?**
신용카드로 결제할 수 있나요?

- **Yes**, you can pay by credit card.
  네, 당신은 신용카드로 결제할 수 있습니다.
- **No**, you can't pay by credit card.
  아니요, 당신은 신용카드로 결제할 수 없습니다.

180 **Can you tell us when the report will be ready?**
보고서가 언제 준비되는지 우리에게 알려주실 수 있습니까?

- **Yes**, I can tell you when the report will be ready.
  네, 저는 보고서가 언제 준비되는지 당신에게 알려줄 수 있습니다.
- **No**, I can't tell you when the report will be ready.
  아니요, 저는 보고서가 언제 준비되는지 당신에게 알려줄 수 없습니다.

181 **Do you think you may be on annual leave tomorrow?**
내일 연차 휴가를 내실 것 같으신가요?

- **Yes**, I think I may be on annual leave tomorrow.
  네, 저는 내일 연차 휴가를 낼 수도 있을 것 같습니다.
- **No**, I don't think I'll be on annual leave tomorrow.
  아니요, 저는 내일 연차 휴가를 내지 않을 것 같습니다.

182 **Should we discuss that over dinner?**
저녁 먹으면서 논의하시겠습니까?

- **Yes**, we should discuss that over dinner.
  네, 저녁 먹으면서 논의합시다.
- **No**, we don't have to discuss that.
  아니요, 그것에 대해 논의할 필요 없습니다.

183 **May I have your attention, please.**
주목해주시겠습니까?

- Yes, I'm all ears.
  네, 귀 기울이겠습니다.

184 **Do you think you might win the contract?**
당신은 그 계약을 따낼 수 있다고 생각하십니까?

- **Yes**, I think we might win the contract.
  네, 저는 우리가 그 계약을 따낼 수 있다고 생각합니다.
- **No**, I don't think we'll win the contract.
  아니요, 저는 우리가 그 계약을 따낼 수 있다고 생각하지 않습니다.

185	**Do you know who I am?** 제가 누군지 아시나요?	• **Yes**, you must be Mr. Robert. 네, 당신이 로버트 씨군요. • **No**, I don't know who you are. 아니요, 당신이 누군지 모르겠습니다.
186	**Do you think she is tired?** 그녀가 피곤하다고 생각하십니까?	• **Yes**, she must be tired. She worked late last night. 네, 그녀는 틀림없이 피곤할 것입니다. 그녀는 어제 밤늦게까지 일했습니다. • **No**, she doesn't seem tired. 아니요, 그녀는 피곤해 보이지 않습니다.
187	**Should he work harder to meet the deadline?** 마감일을 맞추려면 그가 더 열심히 일해야 합니까?	• **Yes**, he should work harder to meet the deadline. 네, 마감일을 맞추기 위해 그는 더 열심히 일해야 합니다. • **No**, he doesn't have to work harder. 아니요, 그는 더 열심히 일할 필요가 없습니다.
188	**Do you think I should take care of myself?** 제가 제 자신을 돌봐야 한다고 생각하십니까?	• **Yes**, I think you should take care of yourself. 네, 저는 당신이 스스로를 돌봐야 한다고 생각합니다. • **No**, I don't think you should take care of yourself. 아니요, 저는 당신이 스스로를 돌봐야 한다고 생각하지 않습니다.
189	**Do you have to go to the dentist?** 당신은 치과에 가야 하나요?	• **Yes**, I have to go to the dentist. 네, 저는 치과에 가야 합니다. • **No**, I don't have to go to the dentist. 아니요, 저는 치과에 갈 필요가 없습니다.
190	**Does Mike have to work very hard?** 마이크는 매우 열심히 일해야 합니까?	• **Yes**, Mike has to work very hard. 네, 마이크는 매우 열심히 일해야 합니다. • **No**, Mike doesn't have to work very hard. 아니요, 마이크는 매우 열심히 일할 필요가 없습니다.
191	**Did you have to wait a long time for his reply?** 그의 답장을 오래 기다려야 했습니까?	• **Yes**, I had to wait a long time for his reply. 네, 저는 그의 답장을 오래 기다려야 했습니다. • **No**, I didn't have to wait a long time for his reply. 아니요, 저는 그의 답장을 오래 기다릴 필요가 없었습니다.
192	**Should we maybe sleep on this and try again next week?** 잘 생각해보고 다음 주에 다시 해보겠습니까?	• **Yes**, maybe we should sleep on this and try again next week. 네, 우리는 잘 생각해보고 다음 주에 다시 해보겠습니다. • **No**, I don't think we should sleep on it. 아니요, 고민해볼 필요가 없다고 생각합니다.
193	**Will we have to stop here?** 이쯤에서 멈춰야 할까요?	• **Yes**, we'll have to stop here. 네, 이쯤에서 멈춰야 합니다. • **No**, we can continue. 아니요, 우리는 계속할 수 있습니다.

194	**Do you think you have to finish this report before you go home?** 집에 가기 전에 이 보고서를 끝내야 한다고 생각합니까?	• **Yes**, I think I have to finish this report before I go home. 네, 저는 집에 가기 전에 이 보고서를 끝내야 한다고 생각합니다. • **No**, I don't think I have to finish this report before I go home. 아니요, 저는 집에 가기 전에 이 보고서를 끝내야 한다고 생각하지 않습니다.
195	**Do you have to prepare your presentation?** 당신은 발표를 준비해야 합니까?	• **Yes**, I have to prepare my presentation. 네, 저는 발표를 준비해야 합니다. • **No**, I don't have to prepare my presentation. 아니요, 저는 발표를 준비하지 않아도 됩니다.
196	**Do you think you should spend more money on research and development?** 당신은 연구 개발에 더 많은 돈을 써야 한다고 생각합니까?	• **Yes**, I think we should spend more money on research and development. 네, 저는 우리가 연구 개발에 더 많은 돈을 써야 한다고 생각합니다. • **No**, I don't think we should spend more money on research and development. 아니요, 저는 우리가 연구 개발에 더 많은 돈을 써야 한다고 생각하지 않습니다.
197	**Do you think I should start looking for another job if I am not happy?** 만약 내가 행복하지 않다면 당신은 내가 다른 직업을 찾아야 한다고 생각합니까?	• **Yes**, I think you should start looking for another job if you're not happy. 네, 저는 당신이 행복하지 않다면 다른 직업을 찾아야 한다고 생각합니다. • **No**, I don't think you should start looking for another job, even if you're not happy. 아니요, 저는 당신이 행복하지 않을지라도 다른 직업을 찾지 않아야 한다고 생각합니다.
198	**Do you think you may have to increase your prices next year?** 내년에 가격을 올려야 한다고 생각합니까?	• **Yes**, we think we may have to increase our prices next year. 네, 우리는 내년에 가격을 올려야 할 것 같습니다. • **No**, we don't think we'll have to increase our prices next year. 아니요, 우리는 내년에 가격을 올려야 한다고 생각하지 않습니다.
199	**Will you be in the office on that day?** 당신은 그날 사무실에 있을 것입니까?	• **Yes**, I'll be in the office on that day. 네, 저는 그날 사무실에 있을 것입니다. • **No**, I won't be in the office on that day. 아니요, 저는 그날 사무실에 없을 것입니다.
200	**Should that be a problem?** 그것이 문제가 될까요?	• **Yes**, that should be a problem. 네, 그것은 문제가 될 것입니다. • **No**, that shouldn't be a problem. 아니요, 그건 별 문제가 되지 않을 것입니다.

201 **Would you say that again?** 다시 한 번 말씀해주시겠습니까?	• **Yes**, I'll say that again. 네, 다시 한 번 말해드리겠습니다. • **No**, I won't say that again. 아니요, 저는 다시 말하지 않겠습니다.	
202 **Would you like to change your room?** 당신은 방을 바꾸시겠습니까?	• **Yes**, I'd like to change my room. 네, 저는 방을 바꾸고 싶습니다. • **No**, I wouldn't like to change my room. 아니요, 저는 방을 바꾸고 싶지 않습니다.	
203 **Are you sure she'd like some sweeties?** 당신은 그녀가 달콤한 것을 좋아한다고 확신하십니까?	• **Yes**, I'm sure she'd like some sweeties. 네, 그녀는 분명히 달콤한 것을 좋아할 것이라 확신합니다. • **No**, I'm not sure she'd like some sweeties. 아니요, 그녀가 달콤한 것을 좋아할지 잘 모르겠습니다.	
204 **How about meeting next week?** 다음 주에 만나는 거 어떠세요?	• **Yes**, I'd like to invite you to lunch next week. 네, 저는 당신을 다음 주 점심에 초대하고 싶습니다. • **No**, I'm actually busy next week. 아니요, 사실 저는 다음 주에 바쁩니다.	
205 **Would you rather work than take a break?** 쉬는 것보다 일하는 게 좋겠습니까?	• **Yes**, I'd rather work than take a break. 네, 저는 쉬는 것보다 일하는 게 더 좋습니다. • **No**, I'd rather take a break. 아니요, 저는 쉬는 게 좋겠습니다.	
206 **Would you like to see our factory?** 저희 공장을 보시겠습니까?	• **Yes**, I'd like to see your factory. 네, 저는 당신의 공장을 보고 싶습니다. • **No**, I wouldn't like to see your factory. 아니요, 저는 당신의 공장을 보고 싶지 않습니다.	
207 **Would you like me to tell her to call you back?** 그녀한테 당신에게 다시 전화하라고 말씀드리는 게 좋을까요?	• **Yes**, I'd like you to tell her to call me back. 네, 저는 당신이 그녀에게 제게 다시 전화하라고 말해주었으면 좋겠습니다. • **No**, I'll call back another time, thanks. 아니요, 다른 시간에 다시 전화하겠습니다. 감사합니다.	
208 **Would you like to make a toast?** 건배하시겠습니까?	• **Yes**, I'd like to make a toast. 네, 저는 건배하고 싶습니다. • **No**, I'm not ready yet. 아니요, 저는 아직 준비가 되지 않았습니다.	
209 **Would you like to leave a message?** 메시지를 남기시겠습니까?	• **Yes**, I'd like to leave a message. 네, 저는 메시지를 남기고 싶습니다. • **No**, I wouldn't like to leave a message. 아니요, 저는 메시지를 남기고 싶지 않습니다.	

210 Would you mind explaining it in more detail?

좀 더 자세히 설명해주시겠습니까?

- **Sorry**, I think I've given enough details already.
  죄송하지만 저는 이미 충분히 세부사항을 설명했다고 생각합니다.
- **No**, I wouldn't mind explaining it in more detail.
  아니요, 저는 더 자세히 설명해드려도 상관없습니다.

211 Would you like to set up a meeting?

미팅 일정을 잡으시겠습니까?

- **Yes**, I'd like to set up a meeting with you at your earliest convenience.
  네, 저는 가능한 한 빨리 당신과 미팅을 잡고 싶습니다.
- **No**, I don't think that's necessary.
  아니요, 그럴 필요는 없다고 생각합니다.

212 Would you like to apologize for the problems you created?

당신이 만든 문제에 대해 사과해주시겠습니까?

- **Yes**, I'd like to apologize for the problems I created.
  네, 저는 제가 만든 문제에 대해 사과하고 싶습니다.
- **No**, I wouldn't like to apologize for the problems I created.
  아니요, 저는 제가 만든 문제에 대해 사과하고 싶지 않습니다.

213 Who would like to take the minutes?

회의록은 누가 맡아주시겠습니까?

- I'd like to take the minutes.
  제가 회의록을 맡고 싶습니다.

214 Do you have anything more to say in your presentation?

발표에서 더 이야기하고 싶은 게 있습니까?

- **Yes**, I'd like to finish by thanking you all for coming.
  네, 모두 와주셔서 감사하다는 말씀을 드리고 싶습니다.
- **No**, I have nothing more to say.
  아니요, 더 이상 드릴 말씀이 없습니다.

215 Would you like any feedback?

피드백을 원하시나요?

- **Yes**, I'd welcome your feedback.
  네, 당신의 피드백이라면 환영입니다.
- **No**, that won't be necessary.
  아니요, 그럴 필요 없습니다.

216 Does the company want its employees to know it's restructuring?

회사는 직원들이 구조조정에 대해 알기를 원합니까?

- **Yes**, the company wants its employees to know it's restructuring.
  네, 회사는 직원들이 구조조정에 대해 알기를 바랍니다.
- **No**, the company doesn't want its employees to know it's restructuring.
  아니요, 회사는 직원들이 구조조정에 대해 알기를 원하지 않습니다.

217 What advice would you give me?

당신은 제게 어떤 조언을 해주시겠습니까?

- I would like to tell you not to work too hard and to take care of yourself.
  저는 당신이 너무 무리하지 말고 당신 스스로를 돌보라고 말해주고 싶습니다.

218 **Would you mind giving us more information on that matter?**
그 문제에 대해 우리에게 더 많은 정보를 알려주시겠습니까?

- **Sorry**, I can't give you any more information on that matter.
  그 문제에 대해 좀 더 자세히 말씀드리기는 곤란합니다.
- **No**, I wouldn't mind giving you more information on that matter.
  아니요, 그 문제에 대해 더 많은 정보를 알려드려도 괜찮습니다.

219 **Would you like to talk about how you organize things in this department?**
이 부서에서 어떻게 일을 정리하는지에 대해 이야기해주시겠습니까?

- **Yes**, I'd like to talk about how we organize things in this department.
  네, 제가 이 부서에서 어떻게 일을 정리하는지 말씀드리겠습니다.
- **Sorry**, I wouldn't like to talk about how we organize things in this department.
  죄송하지만 저는 이 부서에서 어떻게 일을 정리하는지 말하고 싶지 않습니다.

220 **Would you rather stay in the company than find another job?**
다른 직장을 구하는 것보다 회사에 남는 게 낫겠습니까?

- **Yes**, I'd rather stay in the company than find another job.
  네, 다른 직장을 구하는 것보다 회사에 남는 게 낫겠습니다.
- **No**, I would rather find another job.
  아니요, 저는 다른 직장을 구하겠습니다.

221 **When do you need it by?**
그것이 언제까지 필요하십니까?

- I need it by next week.
  저는 다음 주까지 그것이 필요합니다.

222 **What is this regarding?**
이건 무엇에 관련된 건가요?

- This is regarding safety.
  이는 안전에 관한 것입니다.

223 **What do you do for a living?**
당신의 직업은 무엇입니까?

- I'm a dancer.
  저는 댄서입니다.
- I'm a teacher.
  저는 교사입니다.

224 **Do you know when this branch was set up?**
이 지점이 언제 세워졌는지 아시나요?

- **Yes**, I know when this branch was set up.
  네, 저는 이 지점이 언제 세워졌는지 압니다.
- **No**, I don't know when this branch was set up.
  아니요, 저는 이 지점이 언제 세워졌는지 모릅니다.

225 **Do you remember where I put the document?**
당신은 혹시 제가 그 서류를 어디에 두었는지 기억합니까?

- **Yes**, I remember where you put the document.
  네, 저는 당신이 그 서류를 어디에 두었는지 기억합니다.
- **No**, I don't remember where you put the document.
  아니요, 당신이 서류를 어디에 두었는지 기억이 나지 않습니다.

226 **How long is your commute?**
통근하는 데 얼마나 걸리십니까?

- It takes 1 hour.
  1시간 정도 걸립니다.

227 **How much experience do you have?**
경력이 얼마나 되십니까?

- I have a lot of experience. I've been in this field for 15 years.
  저는 수많은 경험이 있습니다. 이 분야에서 15년 동안 일해왔습니다.

228	**When can you start working?** 언제부터 일을 시작할 수 있습니까?	• I can start working next week. 저는 다음 주부터 일을 시작할 수 있습니다.
229	**What did you major in?** 무엇을 전공하셨습니까?	• I majored in business managemnet. 저는 경영학을 전공했습니다.
230	**Who am I speaking to?** 저와 통화하시는 분은 누구시죠?	• You're speaking to Nam. 당신은 남 씨와 통화하고 있습니다.
231	**How's the new job?** 새 직장은 어떠세요?	• The new job is good. 새 직장은 좋습니다.
232	**How would you like to pay?** 결제는 어떻게 하시겠습니까?	• I'd like to pay in cash. 저는 현금으로 결제하겠습니다. • I'd like to pay by credit card3. 저는 신용카드로 결제하겠습니다.
233	**How do you like your coffee?** 커피는 어떻게 해드릴까요?	• Black, please. 블랙으로 부탁합니다. • With sugar, please. 설탕 넣어주십시오.
234	**What are your thoughts on this?** 이것에 대해 어떻게 생각하십니까?	• My thoughts on this are that it is a wonderful project. 저는 그것이 아주 훌륭한 프로젝트라고 생각합니다.
235	**What kind of person are you looking for?** 어떤 사람을 찾고 계시나요?	• I'm looking for a very skilled person. 저는 충분히 숙련된 사람을 찾고 있습니다.
236	**Where do you see yourself in 10 years?** 10년 뒤 본인은 어떤 모습일까요?	• In 10 years, I see myself being in a position where I can lead the marketing team. 10년 뒤, 저는 마케팅팀을 이끌 수 있는 자리에 있는 제 자신을 그리고 있습니다.
237	**How does 2:30 pm Thursday sound?** 목요일 오후 2시 30분 어떠세요?	• It sounds good. 네, 좋습니다. • I'm busy then, sorry. Another time? 죄송하지만, 그때는 바쁩니다. 다른 시간은 어떠십니까?
238	**Who did you go to the conference with?** 누구와 함께 회의에 갔습니까?	• I went to the conference with my colleagues. 저는 제 동료들과 함께 회의에 갔습니다.
239	**When can I expect to hear from you?** 언제쯤 당신으로부터 연락을 받을 수 있습니까?	• You can expect to here from me tomorrow. 당신은 내일 연락을 받을 수 있을 것입니다.

240	**Who is presiding over the meeting?** 누가 회의를 주재하고 있습니까?	• Mike is presiding over the meeting. 마이크가 회의를 주재하고 있습니다.
241	**Can I go on reporting?** 제가 계속 보고해도 되겠습니까?	• **Yes**, you can go on reporting. 네, 당신이 계속 보고해주세요. • **No**, you can't go on reporting. 아니요, 당신은 계속 보고할 수 없습니다.
242	**Do you want a single to New York?** 뉴욕 행 편도 티켓 드릴까요?	• **Yes**, I want a single to New York, please. 네, 뉴욕 행 편도 티켓 주세요. • **No**, I want a return ticket, please. 아니요, 왕복 티켓 주세요.
243	**Which number should I dial to get an outside line?** 외부 전화를 받으려면 몇 번을 눌러야 합니까?	• Dial 9 to get an outside line. 외부 전화를 받으려면 9번을 누르세요.
244	**Can I contact you if I have any questions?** 궁금한 점이 있으면 당신에게 연락해도 되겠습니까?	• **Yes**, you can contact me if you have any questions. 네, 궁금한 점이 있으면 연락해주세요. • **No**, you can't contact me if you have any questions. 아니요, 궁금한 점이 있어도 연락하면 안 됩니다.
245	**Can I email you back if I have any questions?** 궁금한 점이 있으면 다시 이메일을 보내도 되겠습니까?	• **Yes**, you can email me back if you have any questions. 네, 궁금한 점이 있으면 다시 이메일 보내주세요. • **No**, you can't email me back if you have any questions. 아니요, 궁금한 점이 있어도 다시 이메일을 보내면 안 됩니다.
246	**Can you take me to the meeting room?** 저를 회의실로 데려다줄 수 있습니까?	• **Yes**, I can take you to the meeting room. 네, 저는 당신을 회의실로 데려다줄 수 있습니다. • **No**, I can't take you to the meeting room. 아니요, 저는 당신을 회의실로 데려다줄 수 없습니다.
247	**Can I call you any time?** 제가 당신에게 언제든지 전화해도 될까요?	• **Yes**, you can feel free to call me any time. 네, 당신은 나에게 언제든지 전화해도 됩니다. • **No**, you can't call me after business hours. 아니요, 업무 시간 후에는 전화해선 안 됩니다.
248	**Please be informed that we will be closed next Monday.** 다음 주 월요일에 문을 닫는다는 걸 알려드립니다.	• **Yes**, thank you for the information. 네, 알려주셔서 감사합니다.
249	**Why don't we move on to the next topic?** 다음 주제로 넘어가는 게 어떨까요?	• **Yes**, let's move on to the next topic. 네, 다음 주제로 넘어갑시다. • **No**, we have more to discuss on this topic. 아니요, 이 주제에 대해 더 논의할 게 있습니다.

250	**Why don't we pick this up tomorrow?** 내일 이어서 하는 것이 어떻습니까?	• **Yes**, let's pick this up tomorrow. 네, 내일 이어서 합시다. • **No**, let's not pick this up tomorrow. 아니요, 내일 이어서 하지 맙시다.
251	**Why don't we call it a day and pick this up tomorrow?** 오늘은 이만 끝내고 내일 이어서 하는 것이 어떻습니까?	• **Yes**, let's call it a day and pick this up tomorrow. 네, 오늘은 이만 끝내고 내일 이어서 합시다. • **No**, let's continue working on it. 아니요, 계속 이어서 해봅시다.
252	**Can I let you know later?** 나중에 알려드려도 되겠습니까?	• **Yes**, you can let me know at your earliest convenience. 네, 가능한 한 빨리 저에게 알려주세요. • **No**, it's urgent. Please let me know ASAP. 아니요, 긴급합니다. 가능한 한 빨리 알려주세요.
253	**Can I let you know by Friday?** 금요일까지 알려드리면 되겠습니까?	• **Yes**, please let me know by Friday at the latest. 네, 늦어도 금요일까지는 제게 알려주세요. • **No**, please let me know tomorrow. Friday is too late. 아니요, 내일 알려주세요. 금요일은 너무 늦습니다.
254	**When should I have it done?** 언제 끝내야 합니까?	• I want you to have it done before the deadline. 저는 당신이 그것을 마감 전에 끝내길 원합니다.
255	**Can I come in to start next week?** 다음 주부터 시작할 수 있습니까?	• **Yes**, you can come in to start next week. 네, 당신은 다음 주부터 시작할 수 있습니다. • **No**, you can't come in to start next week. 아니요, 당신은 다음 주부터 시작할 수 없습니다.
256	**Can I cover for you?** 내가 대신해드려도 될까요?	• **Yes**, you can cover for me. 네, 당신이 대신해도 됩니다. • **No**, you can't cover for me. 아니요, 당신이 대신할 수 없습니다.
257	**Can I finish it by this Friday?** 이번 주 금요일까지 끝내면 될까요?	• **Yes**, you can finish it by this Friday. 네, 이번 주 금요일까지 끝내도 됩니다. • **No**, Friday is too late. Please finish it ASAP. 아니요, 금요일은 너무 늦습니다. 최대한 빨리 끝내주세요.
258	**Why don't we get down to business?** 이제 일 이야기를 좀 해볼까요?	• **Sure**, let's get down to business. 그럼요, 이제 일을 시작해봅시다.
259	**Can I let you know if I can come?** 제가 갈 수 있는지 알려드려도 괜찮을까요?	• **Yes**, you can let me know if you can come. 네, 오실 수 있는지 알려주세요. • **No**, you don't have to. Just show up. 아니요, 그럴 필요 없습니다. 그냥 오세요.

260	**Can you give me a hand?** 저 좀 도와주시겠습니까?	• **Yes**, I can give you a hand. 네, 도와드리겠습니다. • **No**, I can't give you a hand. I'm busy. 아니요, 도와드릴 수 없습니다. 바쁘거든요.
261	**Is it cheaper than your competitors?** 당신의 경쟁사보다 저렴한가요?	• **Yes**, it's cheaper than our competitors. 네, 우리 경쟁사보다 더 저렴합니다. • **No**, it isn't cheaper than our competitors. 아니요, 우리 경쟁사보다 저렴하지 않습니다.
262	**Do you think you need more than two hours?** 당신에게 2시간 이상 필요하다고 생각합니까?	• **Yes**, I think we need more than two hours. 네, 2시간 이상 필요하다고 생각합니다. • **No**, I don't think we need more than two hours. 아니요, 2시간 이상 필요하다고 생각하지 않습니다.
263	**Are you the largest manufacturer in Asia?** 당신의 회사는 아시아에서 가장 큰 제조사입니까?	• **Yes**, we're the largest manufacturer in Asia. 네, 우리는 아시아에서 가장 큰 제조사입니다. • **No**, we aren't the largest manufacturer in Asia. 아니요, 우리는 아시아에서 가장 큰 제조사가 아닙니다.
264	**Does China have a bigger economy than Japan?** 중국은 일본보다 경제 규모가 큽니까?	• **Yes**, China has a bigger economy than Japan. 네, 중국은 일본보다 경제 규모가 큽니다. • **No**, China doesn't have a bigger economy than Japan. 아니요, 중국은 일본보다 경제 규모가 크지 않습니다.
265	**Does he work as hard as I do?** 그가 저만큼 열심히 일하나요?	• **Yes**, he works as hard as you do. 네, 그는 당신만큼 열심히 일합니다. • **No**, he doesn't work as hard as you do. 아니요, 그는 당신만큼 열심히 일하지 않습니다.
266	**Do you have any more meetings today?** 당신은 오늘 다른 회의가 있습니까?	• **Yes**, I have some more meetings today. 네, 저는 오늘 몇몇 회의가 더 있습니다. • **No**, I don't have any more meetings today. 아니요, 오늘은 더 이상 회의가 없습니다.
267	**Does Brazil have the biggest economy in Latin America?** 브라질은 라틴 아메리카에서 경제 규모가 가장 큽니까?	• **Yes**, Brazil has the biggest economy in Latin America. 네, 브라질은 라틴 아메리카에서 경제 규모가 가장 큽니다. • **No**, Brazil doesn't have the biggest economy in Latin America. 아니요, 브라질은 라틴 아메리카에서 경제 규모가 가장 크지 않습니다.
268	**Is it harder and harder to do business in Korea?** 한국에서 사업하는 것이 점점 더 힘들어지고 있습니까?	• **Yes**, it's harder and harder to do business in Korea. 네, 한국에서 사업하는 것이 점점 더 힘들어지고 있습니다. • **No**, it's getting easier to do business in Korea. 아니요, 한국에서 사업하는 것이 점점 더 쉬워지고 있습니다.

269

Is North America your biggest market in terms of sales by region?

지역별 판매량 면에서 북아메리카가 당신에게 가장 큰 시장입니까?

- **Yes**, North America is our biggest market in terms of sales by region.
  네, 지역별 판매량 면에서 북아메리카가 우리에게 가장 큰 시장입니다.
- **No**, North America isn't our biggest market in terms of sales by region.
  아니요, 지역별 판매량 면에서 북아메리카가 우리에게 가장 큰 시장이 아닙니다.

270

Is it getting more and more difficult to make a profit in the music business?

음악 사업에서 이윤을 내는 것이 점점 더 어려워지고 있습니까?

- **Yes**, it's getting more and more difficult to make a profit in the music business.
  네, 음악 사업에서 이윤을 내는 것이 점점 더 어려워지고 있습니다.
- **No**, it's getting easier to make a profit in the music business.
  아니요, 음악 사업에서 이윤을 내는 것이 점점 더 쉬워지고 있습니다.

271

Has the company earned more money than it needs?

회사는 필요한 금액보다 더 많은 돈을 벌어들였습니까?

- **Yes**, the company has earned more money than it needs.
  네, 회사는 필요한 금액보다 더 많은 돈을 벌었습니다.
- **No**, the company hasn't earned more money than it needs.
  아니요, 회사는 필요한 금액보다 더 많은 돈을 벌지 않았습니다.

272

Is the restaurant more crowded than usual?

레스토랑이 평소보다 더 붐비나요?

- **Yes**, the restaurant is more crowded than usual.
  네, 레스토랑이 평소보다 더 붐비고 있습니다.
- **No**, the restaurant isn't more crowded than usual.
  아니요, 레스토랑이 평소보다 더 붐비지 않습니다.

273

Did you arrive at the same time as Tim?

당신은 팀과 동시에 도착하였습니까?

- **Yes**, I arrived at the same time as Tim.
  네, 저는 팀과 동시에 도착했습니다.
- **No**, I didn't arrive at the same time as Tim.
  아니요, 저는 팀과 동시에 도착하지 않았습니다.

274

Was the company's third-quarter profit as large as KOSPI expected?

회사의 3분기 이익이 코스피가 기대한 만큼 컸습니까?

- **Yes**, the company's third-quarter profit was as large as KOSPI expected.
  네, 회사의 3분기 이익이 코스피가 기대한 만큼 컸습니다.
- **No**, the company's third-quarter profit was not as large as KOSPI expected.
  아니요, 회사의 3분기 이익이 코스피가 기대한 만큼 크지 않았습니다.

275

Is KFC in China as profitable as in the United States?

중국 내에서 KFC는 미국에서만큼 수익성이 좋습니까?

- **Yes**, KFC in China is as profitable as in the United States.
  네, 중국 내에서 KFC는 미국에서만큼 수익성이 좋습니다.
- **No**, KFC in China isn't as profitable as in the United States.
  아니요, 중국 내에서 KFC는 미국에서만큼 수익성이 좋지 않습니다.

276

Is this the most popular product that you've ever produced?

이 제품이 지금까지 당신이 생산했던 것 중 가장 인기 있는 제품입니까?

- **Yes**, this is the most popular product that we've ever produced.
  네, 이 제품은 지금까지 우리가 생산한 것 중 가장 인기 있는 제품입니다.
- **No**, this isn't the most popular product that we've ever produced.
  아니요, 이 제품은 지금까지 우리가 생산한 것 중 가장 인기 있는 제품이 아닙니다.

277

Have you had fewer complaints since you improved your quality control system?

품질 관리 시스템을 개선한 이후 불만이 줄어들었습니까?

- **Yes**, we've had fewer complaints since we improved our quality control system.
  네, 품질 관리 시스템을 개선한 이후 불만이 줄어들었습니다.
- **No**, we haven't had fewer complaints since we improved our quality control system.
  아니요, 품질 관리 시스템을 개선한 이후에도 불만이 줄어들지 않았습니다.

278

Is money the most important thing in life?

돈이 인생에서 가장 중요한가요?

- **Yes**, money is the most important thing in life.
  네, 돈이 인생에서 가장 중요합니다.
- **No**, money isn't the most important thing in life.
  아니요, 돈이 인생에서 가장 중요하지는 않습니다.

279

Do you think it is the worst movie you've ever seen?

당신이 본 영화 중 이게 최악의 영화라고 생각하시나요?

- **Yes**, I think it's the worst movie I've ever seen.
  네, 저는 이게 제가 본 영화 중 최악이라고 생각합니다.
- **No**, I don't think it's the worst movie I've ever seen.
  아니요, 저는 이게 제가 본 영화 중 최악이라고 생각하지 않습니다.

280

Is your turnover as big as my company's?

당신의 매출액은 우리 회사만큼 큽니까?

- **Yes**, our turnover is as big as your company's.
  네, 우리의 매출액은 당신의 회사만큼 큽니다.
- **No**, our turnover is not as big as your company's.
  아니요, 우리의 매출액은 당신의 회사만큼 크지 않습니다.

281

Will you get a bonus if sales go up?

매출이 올라가면 보너스를 받을 것입니까?

- **Yes**, I'll get a bonus if sales go up.
  네, 저는 매출이 올라가면 보너스를 받을 것입니다.
- **No**, I won't get a bonus if sales go up.
  아니요, 저는 매출이 올라가도 보너스를 받지 않을 것입니다.

282

Would you get a bonus if sales went up?

당신은 매출이 올라가면 보너스를 받게 됩니까?

- **Yes**, I'd get a bonus if sales went up.
  네, 저는 매출이 올라가면 보너스를 받게 됩니다.
- **No**, I wouldn't get a bonus if sales went up.
  아니요, 저는 매출이 올라가도 보너스를 받게 됩니다.

283

Will it be a good thing if one more member joins your team?

당신의 팀에 한 명 더 합류하는 것이 좋은 일이 될까요?

- **Yes**, it'll be a good thing if one more member joins our team.
  네, 우리 팀에 직원 한 명이 더 합류하면 좋을 것 같습니다.
- **No**, it won't be a good thing if one more member joins our team.
  아니요, 우리 팀에 직원 한 명이 더 합류하면 좋을 것 같지 않습니다.

284

If we order 1000 pieces, will you give us a discount?

우리가 1000개를 주문하면 할인을 해주시겠습니까?

- **Yes**, if you order 1000 pieces, I will give you a discount.
  네, 당신이 1000개를 주문하면 할인을 해드리겠습니다.
- **No**, even if you order 1000 pieces, I still won't give you a discount.
  아니요, 당신이 1000개를 주문해도 할인을 해드릴 수 없습니다.

285

If we ordered 1000 pieces, would you give us a discount?

우리가 1000개를 주문하면 할인을 해주시겠습니까?

- **Yes**, if you ordered 1000 pieces, I would give you a discount.
  네, 당신이 1000개를 주문한다면 할인을 해드릴 수 있을 거예요.
- **No**, even if you ordered 1000 pieces, I still wouldn't give you a discount.
  아니요, 당신이 1000개를 주문해도 여전히 할인을 해드릴 수 없을 것 같습니다.

286

Do you hope the negotiations go well?

당신은 협상이 잘되기를 바라십니까?

- **Yes**, I hope the negotiations go well.
  네, 저는 협상이 잘되기를 바랍니다.
- **No**, I hope the negotiations don't go well.
  아니요, 저는 협상이 잘되지 않기를 바랍니다.

287

Do you hope the merger will be a success?

당신은 합병이 성공하길 바라십니까?

- **Yes**, I hope the merger will be a success.
  네, 저는 합병이 성공하길 바랍니다.
- **No**, I hope the merger won't be a success.
  아니요, 저는 합병이 성공하지 않기를 바랍니다.

288

If you don't reduce your costs, will you go out of business?

만약 비용을 줄이지 않는다면 당신은 폐업하게 됩니까?

- **Yes**, if we don't reduce our costs, we'll go out of business.
  네, 만약 비용을 줄이지 않는다면 우리는 폐업하게 될 것입니다.
- **No**, if we don't reduce our costs, we won't go out of business.
  아니요, 비용을 줄이지 않아도 우리는 폐업하지 않을 것입니다.

289

If anyone calls, please tell them I'm in a meeting.

전화 오면 저는 회의 중이라고 말해주세요.

- If anyone calls, I will tell them you are in a meeting.
  네, 전화 오면 회의 중이시라고 말씀드리겠습니다.

290

If he says no, do I have to try to persuade him?

만약 그가 싫다고 말한다면 제가 그를 설득해야 합니까?

- **Yes**, if he says no, you have to try to persuade him.
  네, 만약 그가 싫다고 말한다면 당신은 그를 설득해야 합니다.
- **No**, if he says no, you don't have to try to persuade him.
  아니요, 만약 그가 싫다고 말한다면 당신은 그를 설득할 필요가 없습니다.

291

If they ask me, should I tell the truth?

만약 그들이 제게 묻는다면 저는 진실을 말해야 합니까?

- **Yes**, if they ask you, you should tell the truth.
  네, 만약 그들이 당신에게 묻는다면 당신은 진실을 말해야 합니다.
- **No**, if they ask you, you shouldn't tell the truth.
  아니요, 만약 그들이 당신에게 물어본다고 해도 당신은 진실을 말해선 안 됩니다.

292

If we offered a lower price, would we get the contract?

만약 우리가 낮은 가격을 제시한다면 우리가 계약을 따낼 수 있을까요?

- **Yes**, if you offered a lower price, you would get the contract.
  네, 만약 낮은 가격을 제시한다면 계약을 따낼 수 있을 것입니다.
- **No**, even if you offered a lower price, you still wouldn't get the contract.
  아니요, 만약 낮은 가격을 제시하더라도 계약을 따내지 못할 것입니다.

293

Will your supplier deliver more parts if you pay all the money you owe them?

당신이 지불해야 할 금액을 다 내면 당신의 공급업체가 더 많은 부품을 납품할까요?

- **Yes**, our supplier will deliver more parts if we pay all the money we owe them.
  네, 우리가 지불해야 할 금액을 다 내면 공급업체가 더 많은 부품을 납품할 것입니다.
- **No**, our supplier won't deliver any more parts, even if we pay all the money we owe them.
  아니요, 우리가 지불해야 할 금액을 다 내더라도 공급업체는 어떤 부품도 납품하지 않을 것입니다.

294

Where can I find the answer?

답은 어디에서 찾을 수 있습니까?

- If you turn to page 74 and look at the second paragraph, you will find the answer.
  74쪽을 펴서 두 번째 단락을 보면 답을 찾을 수 있습니다.

295

If I need more information, may I contact you?

정보가 더 필요하다면 당신에게 연락해도 되겠습니까?

- **Yes**, if you need any more information, please don't hesitate to contact me at your earliest convenience.
  네, 정보가 더 필요하시면 제게 가장 빠른 때에 주저 없이 연락주세요.

296

Would you like to say something?

더 하실 말씀 있으신가요?

- If I can interrupt for a moment, I'd like to mention that we need to be focused on the agenda during the meeting.
  네, 제가 잠시 끼어들 수 있다면 우리가 회의 중 의제에 좀 더 집중해야 한다고 말하고 싶습니다.

297

Would you prefer something a bit less spicy?

조금 덜 매운 것을 드시겠습니까?

- **Yes**, if you don't mind, I'd prefer something a bit less spicy.
  네, 괜찮다면 저는 조금 덜 매운 것이 좋습니다.
- **No**, this is fine. I feel like eating something spicy.
  아니요, 괜찮습니다. 저는 매운 음식 먹는 걸 좋아합니다.

298	**If you were me, would you avoid causing problems with the company?** 만약 당신이 나라면, 회사에 문제를 일으키는 걸 피하시겠습니까?	• **Yes**, if I were you, I'd avoid causing problems with the company. 네, 제가 당신이라면 회사에 문제를 일으키는 건 피했을 것입니다. • **No**, if I were you, I wouldn't avoid causing problems with the company. 아니요, 제가 당신이라면 회사에 문제를 일으키는 걸 피하지 않을 것입니다.
299	**If I talked to him one-on-one, might he change his mind?** 만약 제가 그에게 개인적으로 이야기를 한다면 그는 생각을 바꿀까요?	• **Yes**, if you talked to him one-on-one, he might change his mind. 네, 당신이 그에게 직접 이야기하면 그는 생각을 바꿀지도 모릅니다. • **No**, even if you talked to him one-on-one, he still might not change his mind. 아니요, 당신이 그에게 직접 이야기해도 그는 생각을 바꾸지 않을 것입니다.
300	**If you moved production to Slovakia, might your costs be as high as in Korea?** 당신이 슬로바키아로 생산 시설을 옮겼다면 당신의 비용이 한국에서만큼 비쌌을까요?	• **Yes**, if we moved production to Slovakia, our costs might be just as high as in Korea. 네, 만약 우리가 슬로바키아로 생산 시설을 옮겼다고 해도 저희의 비용은 아마 한국에서만큼 비쌌을 것입니다. • **No**, if we moved production to Slovakia, our costs might not be as high as in Korea. 아니요, 우리가 슬로바키아로 생산 시설을 옮겼다면 저희의 비용은 한국에서만큼 비싸지 않았을 것입니다.
301	**What do we need to decide today?** 우리가 오늘 결정해야 할 것이 무엇입니까?	• What we need to decide today is our marketing strategy for next quarter. 우리가 오늘 결정해야 할 것은 다음 분기 마케팅 전략입니다.
302	**What was the main thing that we talked about?** 우리가 이야기한 것 중 핵심이 무엇이었습니까?	• The main thing that we talked about was the budget forecast. 우리가 이야기한 주요 내용은 예산 전망에 관한 것이었습니다.
303	**Would you recommend the hotel where you stayed?** 당신이 묵었던 호텔을 추천해주시겠습니까?	• **Yes**, I would recommend the hotel where I stayed. 네, 제가 묵었던 호텔을 추천해드리겠습니다. • **No**, I wouldn't recommend the hotel where I stayed. 아니요, 제가 묵었던 호텔은 추천해드릴 수 없습니다.
304	**Do you get what I am saying?** 제 말이 무슨 말인지 아시겠습니까?	• **Yes**, I get what you're saying. 네, 당신이 무슨 말을 하는지 이해했습니다. • **No**, I don't get what you're saying. 아니요, 당신이 무슨 말을 하는지 이해하지 못했습니다.
305	**Is there anyone I should meet?** 제가 만나야 할 사람이 있나요?	• **Yes**, I'd like you to meet a colleague who works in the Amsterdam office. 네, 암스테르담 사무실에서 일하는 동료를 만나보세요.

306 Is that all you wanted to say about training?
교육에 대해서 하고 싶은 말이 그게 다입니까?

- **Yes**, that's all I wanted to say about training.
  네, 제가 교육에 대해서 하고 싶었던 말은 그게 다입니다.
- **No**, I have something else to explain.
  아니요, 다른 설명할 것이 있습니다.

307 Have you introduced any new products?
신제품을 선보인 적이 있습니까?

- **Yes**, we've introduced a new product that is aimed at the youth market.
  네, 우리는 청소년 시장을 겨냥한 신제품을 선보인 적이 있습니다.
- **No**, we haven't introduced any new products.
  아니요, 우리는 신제품을 선보인 적이 없습니다.

308 What was the main thing that we discussed?
판매 계획이 우리가 논의한 주요 내용이었습니까?

- The sales plan was the main thing that we discussed.
  판매 계획이 우리가 논의한 주요 내용이었습니다.

309 What was your most memorable day at this company?
이 회사에서 가장 기억에 남는 일이 무엇인가요?

- I'll always remember the day they made me a team leader.
  저는 그들이 저를 팀장으로 만든 날을 언제나 기억할 것입니다.

310 Did the pharmacy have what you needed?
약국에 당신이 필요한 것이 있었습니까?

- **Yes**, the pharmacy had what I needed.
  네, 약국에 제가 필요한 것이 있었습니다.
- **No**, the pharmacy didn't have what I needed.
  아니요, 약국에 제가 필요한 것이 없었습니다.

311 Was it easy to follow what she said?
그녀의 말에 따르는 것이 쉬웠습니까?

- **Yes**, it was easy to follow what she said.
  네, 그녀의 말에 따르는 것이 쉬웠습니다.
- **No**, it wasn't easy to follow what she said.
  아니요, 그녀의 말에 따르는 건 쉽지 않았습니다.

312 Do you have any days left of annal leave?
남은 연차가 있나요?

- **Yes**, I have three days left of annual leave.
  네, 연차 휴가가 3일 남았습니다.
- **No**, I don't have any days left of annual leave.
  아니요, 저는 연차 휴가가 남지 않았습니다.

313 Did the sales assistant say you could have a discount?
영업 보조 사원이 할인해줄 수 있다고 말했습니까?

- **Yes**, the sales assistant, who was only about 19, said I could have a discount.
  네, 약 19살 정도의 영업 보조 사원이 제가 할인받을 수 있다고 말했습니다.
- **No**, the sales assistant didn't say I could have a discount.
  아니요, 영업 보조 사원이 제가 할인받을 수 있다고 말하지 않았습니다.

314

Does the candidate who Director Kim is interviewing this afternoon have an MBA in marketing?

오늘 오후 김 이사님과 면접을 보기로 한 지원자는 마케팅 분야에서 MBA를 갖고 있습니까?

- **Yes**, the candidate who Director Kim is interviewing this afternoon has an MBA in marketing.
  네, 오늘 오후 김 이사님과 면접을 보기로 한 지원자는 마케팅 분야 MBA 를 갖고 있습니다.
- **No**, the candidate who Director Kim is interviewing this afternoon doesn't have an MBA in marketing.
  아니요, 오늘 오후 김 이사님과 면접을 보기로 한 지원자는 마케팅 분야 MBA를 갖고 있지 않습니다.

315

Which markets do we need to focus on?

우리가 집중해야 할 시장은 어디입니까?

- The markets that we need to focus on are Brazil and Russia.
  우리가 집중해야 할 시장은 브라질과 러시아입니다.

316

Was General Electric run by Jack Welch?

제너럴 일렉트릭은 잭 웰치에 의해 운영되었습니까?

- **Yes**, General Electric was run by Jack Welch, who was born in 1935.
  네, 제너럴 일렉트릭은 1935년에 태어난 잭 웰치에 의해 운영되었습니다.
- **No**, General Electric wasn't run by Jack Welch.
  아니요, 제너럴 일렉트릭은 잭 웰치에 의해 운영되지 않았습니다.

317

What do you think of JTBC?

JTBC에 대해 어떻게 생각하시나요?

- JTBC is a news organization whose reputation is excellent.
  JTBC는 평판이 좋은 뉴스 회사입니다.

318

Which online retailer's website do you use most often?

당신이 가장 자주 사용하는 온라인 유통업체는 무엇입니까?

- The online retailer whose website I use most often is Coupang.
  제가 가장 자주 사용하는 온라인 유통업체는 쿠팡입니다.

319

Do you understand the reason why he resigned from his job?

당신은 그가 사임하게 된 이유를 이해하십니까?

- **Yes**, I understand the reason why he resigned from his job.
  네, 저는 그가 사임하게 된 이유를 이해합니다.
- **No**, I don't understand the reason why he resigned from his job.
  아니요, 저는 그가 사임하게 된 이유를 이해하지 못합니다.

320

What did the sales assistant who you spoke to yesterday say?

어제 통화한 영업 보조 사원이 뭐라고 했습니까?

- The sales assistant who I spoke to yesterday said I could have a discount.
  어제 통화한 영업 보조 사원이 제가 할인받을 수 있다고 말했습니다.

321

Does Thursday at 2:30 pm suit you?

목요일 오후 2시 30분 괜찮으십니까?

- **Yes**, Thursday at 2:30 pm suits me.
  네, 목요일 오후 2시 30분 괜찮습니다.
- **No**, Thursday at 2:30 pm doesn't suit me.
  아니요, 목요일 오후 2시 30분은 괜찮지 않습니다.

322	**Where will we meet?** 어디서 만나실까요?	• I'll meet you at the main entrance. 네, 정문에서 만나시지요.
323	**Were you waiting at the bus stop?** 당신은 버스정류장에서 기다리고 있었습니까?	• **Yes**, I was waiting at the bus stop. 네, 저는 버스정류장에서 기다리고 있었습니다. • **No**, I wasn't waiting at the bus stop. 아니요, 저는 버스정류장에서 기다리고 있지 않았습니다.
324	**Was her passport in her bag?** 그녀의 여권은 가방 안에 있었나요?	• **Yes**, her passport was in her bag. 네, 그녀의 여권은 가방 안에 있었습니다. • **No**, her passport wasn't in her bag. 아니요, 그녀의 여권은 가방 안에 있지 않았습니다.
325	**Are your clothes manufactured in Japan?** 당신(의 회사)의 옷은 일본에서 제조되고 있습니까?	• **Yes**, our clothes are manufactured in Japan. 네, 우리 옷은 일본에서 제조되고 있습니다. • **No**, our clothes aren't manufactured in Japan. 아니요, 우리 옷은 일본에서 제조되는 것이 아닙니다.
326	**What are you doing in here?** 여기서 무얼 하고 있었습니까?	• The door was open, so I walked in. 문이 열려 있어서 저는 안으로 걸어 들어갔습니다.
327	**Do you have a picture of your wife and children on your desk?** 당신의 책상에는 아내와 아이들 사진이 있습니까?	• **Yes**, I have a picture of my wife and children on my desk. 네, 제 책상에는 아내와 아이들 사진이 있습니다. • **No**, I don't have a picture of my wife and children on my desk. 아니요, 제 책상에는 아내와 아이들 사진이 없습니다.
328	**Is there a clock on the wall over there?** 저쪽 벽에 시계가 있나요?	• **Yes**, there is a clock on the wall over there. 네, 저쪽 벽에 시계가 있습니다. • **No**, there isn't a clock on the wall over there. 아니요, 저쪽 벽에 시계가 없습니다.
329	**Can I look in the appendix at the end of the report?** 제가 보고서 끝에 있는 부록을 봐도 됩니까?	• **Yes**, you can look in the appendix at the end of the report. 네, 당신은 보고서 끝에 있는 부록을 볼 수 있습니다. • **No**, you can't look in the appendix at the end of the report. 아니요, 당신은 보고서 끝에 있는 부록을 볼 수 없습니다.
330	**Do you usually get up at six o'clock?** 당신은 보통 6시 정각에 일어나나요?	• **Yes**, I usually get up at six o'clock. 네, 저는 보통 6시 정각에 일어납니다. • **No**, I don't usually get up at six o'clock. 아니요, 저는 보통 6시 정각에 일어나지 않습니다.
331	**Would you call me at lunchtime?** 점심시간에 저에게 전화해주시겠습니까?	• **Yes**, I'll call you at lunchtime. 네, 점심시간에 당신에게 전화하겠습니다. • **No**, I can't call you at lunchtime. I'm busy. 아니요, 점심시간에 당신에게 전화할 수 없습니다. 바쁘거든요.

332	**How fast did your manager drive?** 당신의 매니저는 얼마나 빨리 운전했습니까?	• My manager drove at 100km an hour. 제 매니저는 시속 100km로 운전했습니다.
333	**Does water boil at 100 degrees?** 물은 100도에서 끓습니까?	• **Yes**, water boils at 100 degrees. 네, 물은 100도에서 끓습니다. • **No**, water doesn't boil at 100 degrees. 아니요, 물은 100도에서 끓지 않습니다.
334	**Do you work best in the morning?** 당신은 아침에 가장 일을 잘합니까?	• **Yes**, I work best in the morning. 네, 저는 아침에 가장 일을 잘합니다. • **No**, I don't work best in the morning. 아니요, 저는 아침에 가장 일을 잘하지 않습니다.
335	**Do you usually go out in the evening?** 당신은 보통 저녁에 외출을 하나요?	• **Yes**, I usually go out in the evening. 네, 저는 보통 저녁에 외출을 합니다. • **No**, I don't usually go out in the evening. 아니요, 저는 보통 저녁에 외출을 하지 않습니다.
336	**When did we meet?** 우리가 언제 만났습니까?	• We met on a cold afternoon in early spring. 우리는 초봄 추운 오후에 만났습니다.
337	**When did it happen?** 그 일이 언제 일어났습니까?	• It happened in July last year. 그 일은 작년 7월에 일어났습니다.
338	**Will you call me on Tuesday?** 화요일에 전화해주시겠습니까?	• **Yes**, I'll call you on Tuesday. 네, 화요일에 전화드리겠습니다. • **No**, I won't call you on Tuesday. 아니요, 화요일에 전화하지 않겠습니다.
339	**Is your birthday on March 21?** 당신의 생일이 3월 21일입니까?	• **Yes**, my birthday is on March 21. 네, 제 생일은 3월 21일입니다. • **No**, my birthday isn't on March 21. 아니요, 제 생일은 3월 21일이 아닙니다.
340	**Will we get to the airport on time?** 우리가 제 시간에 공항에 도착할 수 있을까요?	• **Yes**, we'll get to the airport on time. 네, 우리는 제 시간에 공항에 도착할 수 있습니다. • **No**, we won't get to the airport on time. 아니요, 우리는 제 시간에 공항에 도착할 수 없습니다.
341	**When should I give you the attached forms?** 첨부된 양식을 언제까지 보내드리면 됩니까?	• You can complete the attached forms and return them to me by 3 June. 첨부된 양식을 작성해 6월 3일까지 제게 보내주시면 됩니다.
342	**How has the company been doing?** 회사가 잘되고 있습니까?	• Until recently, the company was doing well. 최근까지 회사는 잘되고 있었습니다.

343	Can you explain the difference between South and North Korea? 당신은 남한과 북한의 차이점을 설명할 수 있습니까?	• **Yes**, I can explain the difference between South and North Korea. 네, 저는 남한과 북한의 차이점을 설명할 수 있습니다. • **No**, I can't explain the difference between South and North Korea. 아니요, 저는 남한과 북한의 차이점을 설명할 수 없습니다.
344	Did we sit next to each other? 우리가 옆자리에 앉았나요?	• **Yes**, we sat next to each other. 네, 우리는 옆자리에 앉았습니다. • **No**, we didn't sit next to each other. 아니요, 우리는 옆자리에 앉지 않았습니다.
345	Did you have to stand up in front of the whole management team? 당신은 전체 경영진 앞에 서 있어야 했습니까?	• **Yes**, I had to stand up in front of the whole management team. 네, 저는 전체 경영진 앞에 서 있어야 했습니다. • **No**, I didn't have to stand up in front of the whole management team. 아니요, 저는 전체 경영진 앞에 서 있을 필요가 없었습니다.
346	Does he sit at the back of the office? 그는 사무실 뒤쪽에 앉습니까?	• **Yes**, he sits at the back of the office. 네, 그는 사무실 뒤쪽에 앉습니다. • **No**, he doesn't sit at the back of the office. 아니요, 그는 사무실 뒤쪽에 앉지 않습니다.
347	Is payment of the above invoice now overdue? 위의 인보이스 지불 기한이 지났습니까?	• **Yes**, we have to inform you that payment of the above invoice is now overdue. 네, 우리는 위의 인보이스 지불 기한이 지났다는 것을 당신에게 알려드려야 합니다. • **No**, you still have time to pay it- it's due on the 3rd. 아니요, 아직 지불 기한이 남았습니다. 3일까지입니다.
348	Did inflation stay below 4% last month? 지난달 물가상승률이 4%를 밑돌았습니까?	• **Yes**, inflation stayed below 4% last month. 네, 지난달 물가상승률은 4%를 밑돌았습니다. • **No**, inflation didn't stay below 4% last month. 아니요, 지난달 물가상승률은 4%를 밑돌지 않았습니다.
349	Can you send it to me by fax? 그걸 팩스로 제게 보내주시겠어요?	• **Yes**, I can send it to you by fax. 네, 팩스로 보내드리겠습니다. • **No**, I can't send it to you by fax. 아니요, 팩스로 보내드릴 수 없습니다.
350	Was he on the plane from New York? 그는 뉴욕에서 온 비행기에 타고 있었습니까?	• **Yes**, he was on the plane from New York. 네, 그는 뉴욕에서 온 비행기에 타고 있었습니다. • **No**, he wasn't on the plane from New York. 아니요, 그는 뉴욕에서 온 비행기에 타고 있지 않았습니다.

351	**Did she put all her energy into her work?** 그녀는 일에 전력을 다했습니까?	• **Yes**, she put all her energy into her work. 네, 그녀는 일에 전력을 다했습니다. • **No**, she didn't put all her energy into her work. 아니요, 그녀는 일에 전력을 다하지 않았습니다.
352	**Is our software out of date?** 우리의 소프트웨어는 구식입니까?	• **Yes**, our software is out of date. 네, 우리의 소프트웨어는 구식입니다. • **No**, our software isn't out of date. 아니요, 우리의 소프트웨어는 구식이 아닙니다.
353	**Is she on holiday?** 그녀는 휴가 중인가요?	• **Yes**, she is on holiday. 네, 그녀는 휴가 중입니다. • **No**, she is not on holiday. 아니요, 그녀는 휴가 중이 아닙니다.
354	**Did we discuss the plan?** 그 계획에 대해서 토론했습니까?	• **Yes**, we discussed the plan. 네, 우리는 그 계획에 대해서 토론했습니다. • **No**, we didn't discuss the plan. 아니요, 우리는 그 계획에 대해서 토론하지 않았습니다.
355	**Is she good at training new employees?** 그녀는 새로운 직원들을 잘 코칭합니까?	• **Yes**, she is good at training new employees. 네, 그녀는 새로운 직원들을 잘 코칭합니다. • **No**, she isn't good at training new employees. 아니요, 그녀는 새로운 직원들을 잘 코칭하지 못합니다.
356	**Are you still sweating over that report?** 당신은 아직도 그 보고서 때문에 땀 흘리고 있나요?	• **Yes**, I'm still sweating over this report. 네, 저는 아직도 이 보고서 때문에 땀 흘리고 있습니다. • **No**, I'm not sweating over this report anymore. 아니요, 저는 더 이상 이 보고서 때문에 땀 흘리고 있지 않습니다.
357	**Are you under pressure to meet all your deadlines?** 당신들은 정말로 모든 마감일을 맞추어야 한다는 압박감에 시달리고 있습니까?	• **Yes**, we're under pressure to meet all our deadlines. 네, 우리는 모든 마감일을 맞추어야 한다는 압박감에 시달리고 있습니다. • **No**, we aren't under pressure to meet all our deadlines. 아니요, 우리는 모든 마감일을 맞추어야 한다는 압박감에 시달리고 있지 않습니다.
358	**Is it possible to infect another person through kissing?** 키스를 통해 다른 사람을 감염시키는 것이 가능합니까?	• **Yes**, it's possible to infect another person through kissing. 네, 키스를 통해 다른 사람을 감염시키는 것이 가능합니다. • **No**, it isn't possible to infect another person through kissing. 아니요, 키스를 통해 다른 사람을 감염시키는 건 불가능합니다.
359	**Is there a virus going around the office?** 사무실 주변에 바이러스가 퍼지고 있습니까?	• **Yes**, there's a virus going around the office. 네, 사무실 주변에 바이러스가 퍼지고 있습니다. • **No**, there isn't a virus going around the office. 아니요, 사무실 주변에 바이러스가 퍼지고 있지 않습니다.

360	**How is her performance at work?** 그녀의 업무 실력은 어떻습니까?	• She is working with vitality and new ideas. 그녀는 활력과 새로운 아이디어를 갖고 일하고 있습니다.
361	**Did you pay for the product in installments?** 당신은 할부로 물건값을 지불했습니까?	• **Yes**, we paid for the product in installments. 네, 우리는 할부로 물건값을 지불했습니다. • **No**, we didn't pay for the product in installments. 아니요, 우리는 할부로 물건값을 지불하지 않았습니다.
362	**Has the meeting been rescheduled for next week?** 회의 일정이 다음 주로 변경되었습니까?	• **Yes**, the meeting has been rescheduled for next week. 네, 회의 일정이 다음 주로 변경되었습니다. • **No**, the meeting hasn't been rescheduled for next week. 아니요, 회의 일정이 다음 주로 변경되지 않았습니다.
363	**Is Hyundai known for its cars?** 현대는 자동차로 유명합니까?	• **Yes**, Hyundai is known for its cars. 네, 현대는 자동차로 유명합니다. • **No**, Hyundai isn't known for its cars. 아니요, 현대는 자동차로 유명하지 않습니다.
364	**Have you lived here since 1994?** 1994년부터 여기에서 살았습니까?	• **Yes**, we've lived here since 1994. 네, 우리는 1994년부터 여기에서 살았습니다. • **No**, we haven't lived here since 1994. 아니요, 우리는 1994년 이후로 여기에서 살지 않았습니다.
365	**Has it been a long time since they left?** 그들이 떠난 지 오래되었나요?	• **Yes**, it's been a long time since they left. 네, 그들이 떠난 지 오래되었습니다. • **No**, it hasn't been a long time since they left. 아니요, 그들이 떠난 지 얼마 되지 않았습니다.
366	**Has she been off work since Friday?** 그녀는 금요일 이후로 일을 쉬고 있습니까?	• **Yes**, she has been off work since Friday. 네, 그녀는 금요일 이후로 일을 쉬고 있습니다. • **No**, she hasn't been off work since Friday. 아니요, 그녀는 금요일 이후로 일을 쉬고 있지 않습니다.
367	**How long ago did you buy it?** 당신은 그것을 얼마나 오래전에 샀습니까?	• I bought it 3 years ago. 3년 전에 샀습니다.
368	**When did it happen?** 언제 그 일이 일어났습니까?	• It happened almost exactly a year ago. 거의 정확히 1년 전에 그 일이 일어났습니다.
369	**Did she join the company six months ago?** 그녀는 6개월 전에 입사했습니까?	• **Yes**, she joined the company six months ago. 네, 그녀는 6개월 전에 입사했습니다. • **No**, she didn't join the company six months ago. 아니요, 그녀는 6개월 전에 입사하지 않았습니다.

370	**Have you just arrived?** 방금 도착했나요?	• **Yes**, I've just arrived. 네, 방금 도착했습니다. • **No**, I got here earlier. 아니요, 일찍 이곳에 도착했습니다.
371	**Are you listening?** 듣고 계십니까?	• **Yes**, I'm listening. 네, 듣고 있습니다. • **No**, I wasn't listening. I just zoned out for a moment, sorry. 아니요, 듣고 있지 않았습니다. 죄송합니다, 잠깐 멍해졌었습니다.
372	**Was it just an ordinary day?** 그냥 평범한 하루였습니까?	• **Yes**, it was just an ordinary day. 네, 그냥 평범한 하루였습니다. • **No**, it wasn't just an ordinary day. 아니요, 그냥 평범한 하루는 아니었습니다.
373	**Is Monday already booked?** 월요일은 이미 예약되었나요?	• **Yes**, Monday is already booked. 네, 월요일은 이미 예약되었습니다. • **No**, Monday isn't booked yet. 아니요, 월요일은 아직 예약되지 않았습니다.
374	**Have we already been introduced?** 우리는 벌써 소개되었습니까?	• **Yes**, we've already been introduced. 네, 우리는 이미 소개되었습니다. • **No**, we haven't been introduced yet. 아니요, 우리는 아직 소개되지 않았습니다.
375	**Have we spent all our budget already?** 우리가 예산을 벌써 다 썼습니까?	• **Yes**, we've spent all our budget already. 네, 우리는 예산을 벌써 다 썼습니다. • **No**, we haven't spent all our budget yet. 아니요, 우리는 아직 예산을 다 쓰지 않았습니다.
376	**Have you decided what to do yet?** 어떻게 해야 할지 결정하셨습니까?	• **Yes**, I've decided what to do. 네, 저는 어떻게 할지 결정했습니다. • **No**, I haven't decided what to do yet. 아니요, 어떻게 할지 아직 결정하지 못했습니다.
377	**Have you finished your report yet?** 보고서를 끝냈습니까?	• **Yes**, I have already finished my report. 네, 저는 보고서를 다 끝냈습니다. • **No**, I haven't finished my report yet. 아니요, 저는 아직 보고서를 다 끝내지 못했습니다.
378	**Have you packed your suitcase yet?** 여행 가방을 챙겼습니까?	• **Yes**, I've already packed my suitcase. 네, 저는 이미 여행 가방을 챙겼습니다. • **No**, I haven't packed my suitcase yet. 아니요, 저는 아직 여행 가방을 챙기지 못했습니다.

379	**Has the meeting finished yet?** 미팅이 끝났습니까?	• **Yes**, it's already finished. 네, 이미 끝났습니다. • **No**, it hasn't finished yet. 아니요, 아직 끝나지 않았습니다.
380	**Are you excited about starting this class?** 이 수업을 시작하게 되어 신납니까?	• **Yes**, I've been waiting for this class since last week. 네, 저는 지난주부터 이 수업을 기다리고 있었습니다.
381	**Is there a manager available?** 매니저를 만날 수 있을까요?	• **Yes**, there's a manager here. 네, 매니저가 이곳에 있습니다. • **No**, there's no manager available. 아니요, 지금 만나실 수 있는 매니저가 안 계시네요.
382	**Do you have anything else to tell me?** 다른 할 말이 있으십니까?	• **Yes**, there's just one more thing to tell you. 네, 한 가지만 더 말씀드릴 것이 있습니다. • **No**, there's nothing else to tell you. 아니요, 더 말씀드릴 것이 없습니다.
383	**Is there anyone else I can speak to about our meeting?** 우리의 회의에 대해 이야기할 사람이 또 있습니까?	• **Yes**, there's someone else you can speak to about our meeting. 네, 우리의 회의에 대해 이야기할 사람이 있습니다. • **No**, there's no one else you can speak to about our meeting. 아니요, 우리의 회의에 대해 이야기할 사람이 없습니다.
384	**Is there anything else that I can help you with today?** 오늘 제가 도와드릴 다른 일이 있습니까?	• **Yes**, there's something else that you can help me with today. 네, 오늘 저를 도와줄 수 있는 다른 일이 있습니다. • **No**, there's nothing else that you can help me with today. 아니요, 오늘 저를 도와줄 수 있는 일이 없습니다.
385	**Was there anything else that you'd like to ask?** 또 물어보고 싶은 것이 있었습니까?	• **Yes**, there was something else that I'd like to ask. 네, 더 물어보고 싶은 것이 있었습니다. • **No**, there wasn't anything else that I'd like to ask. 아니요, 더 물어보고 싶은 것이 없었습니다.
386	**Is there a flight at 2 pm?** 오후 2시에 비행기가 있나요?	• **Yes**, there's a flight at 2 pm. 네, 오후 2시에 비행기가 있습니다. • **No**, there isn't a flight at 2 pm. 아니요, 오후 2시에 비행기가 없습니다.
387	**Are there nine members in your team?** 당신의 팀은 9명인가요?	• **Yes**, there are nine members in my team. 네, 저희 팀에는 9명의 멤버가 있습니다. • **No**, there aren't nine members in my team. 아니요, 저희 팀 멤버는 9명이 아닙니다.

388

Is there any answer from her phone?
그녀가 전화를 받았나요?

- **Yes**, she answered.
  네, 그녀가 전화를 받았습니다.
- **No**, there is no answer from her phone.
  아니요, 그녀가 전화를 받지 않았습니다.

389

Are there any messages for me this morning?
오늘 아침에 제게 온 메시지가 있습니까?

- **Yes**, there're some messages for you this morning.
  네, 오늘 아침에 당신에게 온 메시지들이 있습니다.
- **No**, there aren't any messages for you this morning.
  아니요, 오늘 아침에 당신에게 온 메시지가 없습니다.

390

Was there an accident last night?
어젯밤에 사고가 있었나요?

- **Yes**, there was an accident last night.
  네, 어젯밤에 사고가 있었습니다.
- **No**, there wasn't an accident last night.
  아니요, 어젯밤에 사고가 없었습니다.

391

Is there anything to eat in the fridge?
냉장고에 먹을 것이 있나요?

- **Yes**, there's something to eat in the fridge.
  네, 냉장고에 먹을 것이 있습니다.
- **No**, there isn't anything to eat in the fridge.
  아니요, 냉장고에 먹을 것이 없습니다.

392

Are there any exceptions?
예외 사항이 있습니까?

- **Yes**, there are some exceptions.
  네, 예외 사항이 있습니다.
- **No**, there aren't any exceptions.
  아니요, 예외 사항이 없습니다.

393

Is there another copy machine that I can use right away?
지금 바로 사용할 수 있는 복사기가 또 있습니까?

- **Yes**, there is another copy machine that you can use right away.
  네, 지금 바로 사용할 수 있는 복사기가 또 있습니다.
- **No**, there's no other copy machine.
  아니요, 다른 복사기는 없습니다.

394

Is there another meeting room that we can use?
우리가 이용할 수 있는 다른 회의실이 있습니까?

- **Yes**, there's another meeting room that you can use.
  네, 우리가 이용할 수 있는 다른 회의실이 있습니다.
- **No**, there is no other meeting room.
  아니요, 다른 회의실은 없습니다.

395

Is there a person in charge of the new project?
새 프로젝트에 책임자가 있습니까?

- **Yes**, there's a person in charge of the new project.
  네, 새 프로젝트에 책임자가 있습니다.
- **No**, there's no one in charge of the new project.
  아니요, 새 프로젝트에 책임자가 없습니다.

396

Will there be time for questions at the end of your presentation?
발표 마지막에 질문을 위한 시간이 있습니까?

- **Yes**, there'll be time for questions at the end of my presentation.
  네, 발표 마지막에 질문을 위한 시간이 있을 것입니다.
- **No**, there won't be time for questions at the end of my presentation.
  아니요, 발표 마지막에 질문을 위한 시간은 없을 것입니다.

397	**Is there a clause regarding contract termination?** 계약 해지에 관한 조항이 있습니까?	• **Yes**, there is a clause regarding contract termination. 네, 계약 해지에 관한 조항이 있습니다. • **No**, there is no clause regarding contract termination. 아니요, 계약 해지에 관한 조항은 없습니다.
398	**Are there any better ideas on this matter?** 이 문제에 대해 더 좋은 생각이 있습니까?	• **Yes**, there are some better ideas on this matter. 네, 이 문제에 대해 더 좋은 생각이 있습니다. • **No**, there are not any better ideas on this matter. 아니요, 이 문제에 대해 더 좋은 생각은 없습니다.
399	**Is there anything else that we need to discuss?** 우리가 의논해야 하는 다른 내용이 있습니까?	• **Yes**, there is something else that we need to discuss. 네, 우리가 의논해야 하는 다른 내용이 있습니다. • **No**, there isn't anything else that we need to discuss. 아니요, 우리가 의논해야 하는 내용은 없습니다.
400	**Is there anything you can't eat?** 못 먹는 음식이 있으신가요?	• **Yes**, there are some things I can't eat. 네, 못 먹는 것들이 있습니다. • **No**, there isn't anything I can't eat. 아니요, 못 먹는 것이 없습니다.
401	**Will some take early retirement?** 몇 사람은 조기 퇴직을 하는 것입니까?	• **Yes**, some will take early retirement. 네, 몇 사람은 조기 퇴직을 할 것입니다. • **No**, no one will take early retirement. 아니요, 아무도 조기 퇴직을 하지 않을 것입니다.
402	**Do you have some money?** 돈이 좀 있으십니까?	• **Yes**, I have some money. 네, 저는 돈이 좀 있습니다. • **No**, I don't have any money. 아니요, 저는 돈이 없습니다.
403	**Would you like some coffee?** 커피 드시겠습니까?	• **Yes**, I'd like some coffee. 네, 커피 좋습니다. • **No**, I wouldn't like any coffee. 아니요, 커피는 괜찮습니다.
404	**Do you need anything to read when you are on a plane?** 비행기 탈 때 읽을거리가 필요하십니까?	• **Yes**, I need something to read when I am on a plane. 네, 저는 비행기 탈 때 읽을 것이 필요합니다. • **No**, I don't need anything to read when I am on a plane. 아니요, 저는 비행기 탈 때 읽을 것이 필요하지 않습니다.

405	**Does he need any advice from his colleague?** 그에게 동료의 조언이 필요합니까?	• **Yes**, he needs some advice from his colleague. 네, 그는 동료의 조언이 필요합니다. • **No**, he doesn't need any advice from his colleague. 아니요, 그는 동료의 조언이 필요하지 않습니다.
406	**Are some of your colleagues very smart?** 몇몇 동료들은 매우 똑똑합니까?	• **Yes**, some of my colleagues are very smart. 네, 몇몇 동료들은 매우 똑똑합니다. • **No**, none of my colleagues are very smart. 아니요, 동료들 중 어느 누구도 그렇게 똑똑하지 않습니다.
407	**Has our company got some money?** 우리 회사가 자금을 좀 갖고 있습니까?	• **Yes**, our company has got some money. 네, 우리 회사는 어느 정도 자금을 갖고 있습니다. • **No**, our company hasn't got any money. 아니요, 우리 회사는 돈이 없습니다.
408	**Did you buy something special with the bonus you got?** 당신이 받은 보너스로 무언가 특별한 걸 샀습니까?	• **Yes**, I bought new clothes with the bonus I got. 네, 저는 보너스로 새 옷을 샀습니다. • **No**, I didn't buy anything with the bonus I got. 아니요, 저는 보너스로 아무것도 사지 않았습니다.
409	**What did you do after work?** 어제 퇴근 후에 무엇을 했나요?	• I got home, had something to eat, and went to bed right away. 집으로 가서 무언가를 먹고 곧바로 잤습니다.
410	**Did anyone break the windows last night?** 어젯밤에 창문을 깬 사람이 있습니까?	• **Yes**, someone broke the windows last night. 네, 어젯밤에 누군가가 창문을 깼습니다. • **No**, nobody broke the windows last night. 아니요, 어젯밤에 아무도 창문을 깨지 않았습니다.
411	**Has anybody broken this window?** 이 창문을 깨뜨린 사람이 있습니까?	• **Yes**, someone has broken this window. 네, 누군가가 이 창문을 깨뜨렸습니다. • **No**, nobody has broken this window. 아니요, 아무도 이 창문을 깨뜨리지 않았습니다.
412	**Is there anything to do around here?** 여기 주변에 할 만한 게 있습니까?	• **Yes**, there are some museums. 네, 몇몇 박물관이 있습니다. • **No**, there isn't anything to do around here. 아니요, 여기 주변에 할 만한 게 없습니다.
413	**Did the president say something to you?** 대통령께서 무슨 말씀을 하셨습니까?	• **Yes**, the president said something to me. 네, 대통령께서 무슨 말씀을 하셨습니다. • **No**, the president didn't say anything to me. 아니요, 대통령께서 아무 말도 하지 않으셨습니다.

414

Do you need to speak to anyone in the financial department?
재무팀 직원과 통화하고 싶으십니까?

- **Yes**, I need to speak to someone in the financial department.
  네, 저는 재무팀 직원과 통화하고 싶습니다.
- **No**, I don't need to speak to anyone in the financial department.
  아니요, 재무팀 직원과 통화할 필요는 없습니다.

415

Was she about to say anything important?
그녀가 중요한 말을 하려던 참이었습니까?

- **Yes**, she was about to say something important.
  네, 그녀가 중요한 말을 하려던 참이었습니다.
- **No**, she wasn't about to say anything important.
  아니요, 그녀는 중요한 말을 하려던 게 아니었습니다.

416

Would you have some more tea?
차를 좀 더 드시겠습니까?

- **Yes**, I'd love some more tea.
  네, 차를 좀 더 마시겠습니다.
- **No**, it's OK.
  아니요, 괜찮습니다.

417

Can I choose any computer I would like?
제가 원하는 컴퓨터를 고를 수 있습니까?

- **Yes**, you can choose any computer you would like. You deserve it.
  네, 당신이 원하는 컴퓨터를 고를 수 있습니다. 그럴 자격이 있습니다.
- **No**, you can't choose any computer you would like. You don't deserve it.
  아니요, 당신이 원하는 컴퓨터를 고를 수 없습니다. 그럴 자격이 없습니다.

418

Have you seen any clients today?
오늘 고객을 좀 보았습니까?

- **Yes**, I've seen some clients today.
  네, 오늘 몇몇 고객을 보았습니다.
- **No**, I haven't seen any clients today.
  아니요, 오늘 아무 고객도 보지 못했습니다.

419

Does she have any money with her at the moment?
그녀는 현재 돈을 좀 가지고 있습니까?

- **Yes**, she has some money with her at the moment.
  네, 그녀는 지금 돈이 좀 있습니다.
- **No**, she doesn't have any money with her at the moment.
  아니요, 그녀는 지금 돈이 하나도 없습니다.

420

Have you been on business to any places in South America?
당신은 남아메리카로 출장을 가본 적 있으십니까?

- **Yes**, I've been on business to some places in South America.
  네, 저는 남아메리카로 출장을 가본 적 있습니다.
- **No**, I haven't been on business to any places in South America.
  아니요, 저는 남아메리카 어디로도 출장을 간 적이 없습니다.

421

Do you deal with customer service in your job?
당신은 회사에서 고객 서비스 업무를 다루십니까?

- **Yes**, I deal with customer service in my job.
  네, 저는 회사에서 고객 서비스 업무를 다룹니다.
- **No**, I don't deal with customer service in my job.
  아니요, 저는 회사에서 고객 서비스 업무를 다루지 않습니다.

422	**Do you think your business is going well?** 당신의 사업이 잘되고 있다고 생각하십니까?	• **Yes**, I think my business is going well. 네, 저는 사업이 잘되고 있다고 생각합니다. • **No**, I don't think my business is going well. 아니요, 저는 사업이 잘되고 있다고 생각하지 않습니다.
423	**How long does it take to get to work from here?** 여기서 회사까지 가는 데 얼마나 걸리나요?	• It take 30 minutes to get to work from here. 여기서 회사까지 가는 데 30분이 걸립니다.
424	**Does this machine run on electricity or battery?** 이 기계는 전기로 작동합니까, 배터리로 작동합니까?	• This machine runs on electricity. 이 기계는 전기로 작동합니다. • This machine runs on battery. 이 기계는 배터리로 작동합니다.
425	**Can you get here early?** 여기로 일찍 올 수 있습니까?	• **Yes**, I can get there early. 네, 저는 거기에 일찍 갈 수 있습니다. • **No**, I can't get there early. 아니요, 저는 거기에 일찍 갈 수 없습니다.
426	**Did he get a new position?** 그는 새 직책을 얻었습니까?	• **Yes**, he got a new position as an advertising executive. 네, 그는 광고 임원직 자리를 새로 얻었습니다. • **No**, he didn't get a new position. 아니요, 그는 새 직책을 얻지 못했습니다.
427	**Did you get a computer from your company for work?** 당신은 회사에서 업무용 컴퓨터를 받았습니까?	• **Yes**, I got a computer from my company for work. 네, 저는 회사에서 업무용 컴퓨터를 받았습니다. • **No**, I didn't get a computer from my company for work. 아니요, 저는 회사에서 업무용 컴퓨터를 받지 않았습니다.
428	**Will you get this finished by lunch time?** 점심시간까지 이 일을 끝낼 수 있나요?	• **Yes**, I'll get this finished by lunch time. 네, 저는 점심시간까지 이 일을 끝낼 것입니다. • **No**, I won't get this finished by lunch time. 아니요, 저는 점심시간까지 이 일을 끝내지 못할 것입니다.
429	**Do you take it in turns to do the housework?** 집안일을 돌아가면서 하나요?	• **Yes**, we take it in turns to do the housework. 네, 우리는 집안일을 돌아가면서 합니다. • **No**, we don't take it in turns to do the housework. 아니요, 우리는 집안일을 돌아가면서 하지 않습니다.
430	**Does your friend make you laugh?** 당신의 친구가 당신을 웃게 하나요?	• **Yes**, my friend makes me laugh. 네, 제 친구는 저를 웃게 합니다. • **No**, my friend doesn't make me laugh. 아니요, 제 친구는 저를 웃게 하지 않습니다.

431

Do you always make the same mistake?
당신은 항상 같은 실수를 합니까?

- **Yes**, I always make the same mistake.
  네, 저는 항상 같은 실수를 합니다.
- **No**, I never make the same mistake.
  아니요, 저는 같은 실수는 절대 하지 않습니다.

432

Do we have enough time to make a plan for the meeting?
우리에게 회의 계획을 세울 시간이 충분한가요?

- **Yes**, we have enough time to make a plan for the meeting.
  네, 우리에게는 회의 계획을 세울 시간이 충분합니다.
- **No**, we don't have enough time to make a plan for the meeting.
  아니요, 우리에게는 회의 계획을 세울 시간이 충분하지 않습니다.

433

Is it easy to make profits?
이윤을 남기는 것이 쉽나요?

- **Yes**, it is easy to make profits.
  네, 이윤을 남기는 것은 쉽습니다.
- **No**, it isn't easy to make profits.
  아니요, 이윤을 남기는 것은 쉽지 않습니다.

434

Can I make as many photocopies as I need?
제가 필요한 만큼 복사를 할 수 있습니까?

- **Yes**, you can make as many photocopies as you need.
  네, 당신은 필요한 만큼 복사를 할 수 있습니다.
- **No**, you can't make as many photocopies as you need.
  아니요, 당신은 필요한 만큼 복사를 할 수 없습니다.

435

What is the secret to a successful business?
성공적인 사업의 비결이 무엇입니까?

- In any successful business, you have to make compromises.
  어떤 성공적인 사업에서든 당신은 타협을 해야 합니다.

436

Do you have an appointment with the dentist this afternoon?
오늘 오후에 치과의사와 약속이 있나요?

- **Yes**, I have an appointment with the dentist this afternoon.
  네, 저는 오늘 오후에 치과의사와 약속이 있습니다.
- **No**, I don't have an appointment with the dentist this afternoon.
  아니요, 저는 오늘 오후에 치과의사와 약속이 없습니다.

437

Do you have an excellent reputation for service?
당신은 서비스에 대해 훌륭한 평판을 받고 있습니까?

- **Yes**, we have an excellent reputation for service.
  네, 우리는 서비스에 대해 훌륭한 평판을 받고 있습니다.
- **No**, we don't have an excellent reputation for service.
  아니요, 우리는 서비스에 대해 훌륭한 평판을 받고 있지 않습니다.

438

Do you have any suggestions?
다른 제안이 있습니까?

- **Yes**, I have some suggestions.
  네, 저는 다른 제안이 있습니다.
- **No**, I don't have any suggestions.
  아니요, 저는 아무 제안도 없습니다.

439

Will you have her call me back?

그녀에게 전화해달라고 해주시겠습니까?

- **Yes**, I will have her call you back.
  네, 그녀에게 전화해드리라고 하겠습니다.
- **No**, I won't have her call you back.
  아니요, 그녀에게 전화해드리라고 하지 않을 것입니다.

440

Do you have any cash on you?

당신은 현금을 갖고 있습니까?

- **Yes**, I have some cash on me.
  네, 저는 현금을 조금 갖고 있습니다.
- **No**, I don't have any cash on me.
  아니요, 저는 현금이 하나도 없습니다.

441

Could you give me a few more details?

몇 가지 세부 사항을 더 알려주실 수 있습니까?

- **Yes**, I can give you a few more details.
  네, 몇 가지 세부 사항을 더 알려드리겠습니다.
- **No**, I can't give you any more details.
  아니요, 몇 가지 세부 사항을 더 알려드릴 수 없습니다.

442

Can you give me a date for another appointment?

약속 날짜를 다른 날로 바꿔주실 수 있습니까?

- **Yes**, I can give you a date for another appointment.
  네, 다른 날로 바꿔드리겠습니다.
- **No**, I can't give you a date for another appointment.
  아니요, 다른 날로 바꿔드릴 수 없습니다.

443

Is there anything else you'd like to say?

시간을 내어준 모든 분들께 매우 감사하고 있습니까?

- **Yes**, I'd like to say that we're very grateful to all the people who have given their time.
  네, 우리는 시간을 내어준 모든 분들께 매우 감사드립니다.
- **No**, that's it.
  아니요, 끝입니다.

444

I'm nearly ready. Can you give me a couple of minutes?

저는 거의 다 준비되었습니다. 몇 분만 주시겠습니까?

- **Yes**, I can give you a couple of minutes.
  네, 몇 분 더 드릴 수 있습니다.
- **No**, we're going to be late.
  아니요, 우리는 늦을 것입니다.

445

Has what I said given you some ideas?

제가 한 말이 당신에게 아이디어를 주었습니까?

- **Yes**, what you said has given me some ideas.
  네, 당신이 한 말이 제게 아이디어를 줬습니다.
- **No**, what you said hasn't given me any ideas.
  아니요, 당신이 한 말이 제게 아이디어를 준 것은 아닙니다.

446

Can I give you a call when I get back from vacation?

휴가에 다녀온 뒤 전화를 드려도 되겠습니까?

- **Yes**, you can give me a call when you get back from vacation.
  네, 휴가에 다녀온 뒤 전화해주세요.
- **No**, you can't give me a call when you get back from vacation. It's urgent.
  아니요, 휴가에 다녀온 뒤 전화하면 안 됩니다. 긴급한 일입니다.

447 Did you give over 200 free copies of the software to a local educational institution?

200개 이상의 소프트웨어를 지역 교육 기관에 무료로 배포했습니까?

- **Yes**, we gave over 200 free copies of the software to a local educational institution.
  네, 우리는 200개 이상의 소프트웨어를 지역 교육 기관에 무료로 배포했습니다.
- **No**, we didn't give over 200 free copies of the software to a local educational institution.
  아니요, 우리는 200개 이상의 소프트웨어를 지역 교육 기관에 무료로 배포하지 않았습니다.

448 Should I give at least two days to write the report?

보고서를 작성하는 데 적어도 이틀은 드려야 합니까?

- **Yes**, you should give at least two days to write the report.
  네, 보고서를 작성하는 데 적어도 이틀은 주셔야 합니다.
- **No**, you shouldn't give two days to write the report. It's urgent.
  아니요, 보고서를 작성하는 데 이틀을 드릴 수 없습니다. 긴급한 일입니다.

449 Can you give me any discount?

할인해주시겠어요?

- **Yes**, I can give you some discount.
  네, 제가 할인해드릴게요.
- **No**, I can't give you any discount.
  아니요, 할인해드리지 않습니다.

450 Can I give you my honest opinion?

제가 솔직한 의견을 말씀드려도 될까요?

- **Yes**, you can give me your honest opinion.
  네, 솔직한 의견을 말해주셔도 됩니다.
- **No**, you can't give me your honest opinion.
  아니요, 당신은 솔직한 의견을 말할 수 없습니다.

451 Did you take my pen by mistake?

당신이 실수로 제 펜을 가져갔나요?

- **Yes**, I took it by mistake.
  네, 제가 실수로 가져갔습니다.
- **No**, I didn't take it.
  아니요, 저는 가져가지 않았습니다.

452 When they got divorced, did his wife take everything?

그들이 이혼했을 때 그의 아내가 모든 것을 가져갔습니까?

- **Yes**, when they got divorced, his wife took everything.
  네, 그들이 이혼했을 때 그의 아내가 모든 것을 가져갔습니다.
- **No**, when they got divorced, his wife didn't take everything.
  아니요, 그들이 이혼했을 때 그의 아내가 모든 것을 가져가지 않았습니다.

453 Can I take the elevator to the fourth floor?

제가 4층까지 엘리베이터를 탈 수 있습니까?

- **Yes**, you can take the elevator to the fourth floor.
  네, 당신은 4층까지 엘리베이터를 탈 수 있습니다.
- **No**, you can't take the elevator to the fourth floor.
  아니요, 당신은 4층까지 엘리베이터를 탈 수 없습니다.

454 How has the takeover affected you?

기업 인수가 당신에게 어떤 영향을 미쳤습니까?

- The takeover has affected me greatly.
  기업 인수는 제게 아주 좋게 작용했습니다.

455	**Can you take care of this project?** 당신이 이 프로젝트를 맡아주시겠습니까?	• **Yes**, I can take care of this project. 네, 제가 이 프로젝트를 맡겠습니다. • **No**, I can't take care of this project. 아니요, 저는 이 프로젝트를 맡을 수 없습니다.
456	**How long did it take you to learn English?** 당신은 영어를 배우는 데 얼마나 걸렸습니까?	• It took me 3 months to learn English. 저는 영어를 배우는 데 3개월이 걸렸습니다.
457	**Do you take a vacation every summer?** 당신은 매년 여름휴가를 가나요?	• **Yes**, we take a vacation every summer. 네, 우리는 매년 여름휴가를 갑니다. • **No**, we don't take a vacation every summer. 아니요, 우리는 매년 여름휴가를 가지 않습니다.
458	**How long does it take to finish your report?** 보고서를 끝내는 데 얼마나 걸립니까?	• It takes 2 hours to finish my report. 보고서를 끝내는 데 2시간 정도 걸립니다.
459	**Will the extension of the subway take several months?** 지하철을 연장하는 데 수개월이 걸릴까요?	• **Yes**, the extension of the subway will take several months. 네, 지하철을 연장하는 데 몇 달쯤 걸릴 것입니다. • **No**, the extension of the subway won't take several months. 아니요, 지하철을 연장하는 데 몇 달이 걸리진 않을 것입니다.
460	**Will it take him a while to get his company established?** 그가 회사를 설립하는 데 시간이 좀 걸릴까요?	• **Yes**, it will take him a while to get his company established. 네, 그가 회사를 설립하는 데 시간이 좀 걸릴 것입니다. • **No**, he will get his company established quickly. 아니요, 그는 빠르게 회사를 세울 것입니다.
461	**What job are you applying for?** 당신은 어떤 일자리에 지원하십니까?	• I am applying for a job in the marketing department. 저는 마케팅 부서에 지원합니다.
462	**What does it depend on?** 그것은 무엇에 달려 있습니까?	• It depends on the amount of loss. 그것은 손실액에 달려 있습니다.
463	**Did they agree to a discount of 3%?** 그들이 3% 할인에 동의했습니까?	• **Yes**, they agreed to a discount of 3%. 네, 그들이 3% 할인에 동의했습니다. • **No**, they didn't agree to a discount of 3%. 아니요, 그들은 3% 할인에 동의하지 않았습니다.
464	**Have you heard about the merger?** 당신은 합병에 대해 들어보셨습니까?	• **Yes**, I've heard about the merger. 네, 저는 합병에 대해 들어봤습니다. • **No**, I haven't heard about the merger. 아니요, 저는 합병에 대해 들어본 적이 없습니다.

465	**What did you discuss with the CEO?** CEO와 무엇을 논의하셨습니까?	• We discussed the project. 우리는 그 프로젝트에 대해 의논했습니다.
466	**Are you serious about outsourcing the core parts?** 핵심 부품을 아웃소싱하는 것에 대해 고심하고 계십니까?	• **Yes**, I'm serious about outsourcing the core parts. 네, 저는 핵심 부품을 아웃소싱하는 것에 대해 고심하고 있습니다. • **No**, I'm not serous about outsourcing the core parts. 아니요, 저는 핵심 부품을 아웃소싱하는 것에 대해 고심하지 않습니다.
467	**Is the management really annoyed about the strike?** 경영진은 정말로 파업에 대해 난처해하고 있습니까?	• **Yes**, the management is really annoyed about the strike. 네, 경영진은 파업에 대해 정말 난처해하고 있습니다. • **No**, the management isn't really annoyed about the strike. 아니요, 경영진은 파업에 대해 난처해하고 있지 않습니다.
468	**Is she good at planning new things?** 그녀는 새로운 것들을 잘 기획합니까?	• **Yes**, she is good at planning new things. 네, 그녀는 새로운 것들을 잘 기획합니다. • **No**, she isn't good at planning new things. 아니요, 그녀는 새로운 것들을 잘 기획하지 못합니다.
469	**Do you know what time it is?** 몇 시인지 아십니까?	• I'm sorry for being late. There was a traffic jam on the way here. 늦어서 미안합니다. 오는 길에 차가 많이 막혔습니다.
470	**Did you sell the business at a good price?** 그 사업을 좋은 가격에 팔았습니까?	• **Yes**, we sold the business at a good price. 네, 우리는 그 사업을 좋은 가격에 팔았습니다. • **No**, we didn't sell the business at a good price. 아니요, 우리는 그 사업을 좋은 가격에 팔지 못했습니다.
471	**Did it just happen by accident?** 우연히 그런 일이 발생한 건가요?	• **Yes**, it just happened by accident. 네, 그냥 우연히 발생한 것입니다. • **No**, it didn't happen by accident. 아니요, 이것은 우연히 발생한 것이 아닙니다.
472	**Will there be a lot of apartments for sale?** 분양 아파트들이 많이 나올까요?	• **Yes**, there will be a lot of apartments for sale. 네, 분양 아파트들이 많이 나올 것입니다. • **No**, there won't be a lot of apartments for sale. 아니요, 분양 아파트들이 많이 나오지 않을 것입니다.
473	**Have I paid 30% of the total cost in advance?** 제가 총 비용의 30%를 선불로 지불했습니까?	• **Yes**, you have paid 30% of the total cost in advance. 네, 당신은 총 비용의 30%를 선불로 지불했습니다. • **No**, you haven't paid 30% of the total cost in advance. 아니요, 당신은 총 비용의 30%를 선불로 지불하지 않았습니다.

474	**Did you find any information about their company on the internet?** 인터넷에서 그들의 회사에 대한 정보를 찾았습니까?	• **Yes**, I found some information about their company on the internet. 네, 저는 인터넷에서 그들의 회사에 대한 정보를 찾았습니다. • **No**, I didn't find any information about their company on the internet. 아니요, 저는 인터넷에서 그들의 회사에 대한 정보를 찾지 못했습니다.
475	**Has this product been on the market for over a year?** 이 제품은 출시된 지 1년이 넘었습니까?	• **Yes**, this product has been on the market for over a year. 네, 이 제품은 출시된 지 1년이 넘었습니다. • **No**, this product hasn't been on the market for over a year. 아니요, 이 제품은 출시된 지 1년이 넘지 않았습니다.
476	**Is our software completely up to date?** 우리 소프트웨어는 완전히 최신 상태입니까?	• **Yes**, our software is completely up to date. 네, 우리 소프트웨어는 완전히 최신 상태입니다. • **No**, our software isn't up to date. 아니요, 우리 소프트웨어는 완전히 최신 상태가 아닙니다.
477	**When should I pay?** 지금 지불할 수 있습니까?	• You can pay now or later. It's up to you. 지금 지불할 수도 있고 나중에 낼 수도 있습니다. 그건 당신에게 달려 있습니다.
478	**Did you look up her name in the telephone directory?** 전화번호부에서 그녀의 이름을 찾으셨습니까?	• **Yes**, I looked up her name in the telephone directory. 네, 전화번호부에서 그녀의 이름을 찾았습니다. • **No**, I didn't look up her name in the telephone directory. 아니요, 전화번호부에서 그녀의 이름을 찾지 못했습니다.
479	**Are you available for an interview next week?** 다음 주에 면접이 가능한가요?	• **Yes**, I look forward to meeting you. 네, 당신과 만나는 게 무척 기대되네요. • **No**, I'm out of town next week. 아니요, 다음 주에 출장을 갑니다.
480	**Is it a good place to work?** 그곳은 일하기 좋은 곳인가요?	• **Yes**, it's a good place to work. 네, 일하기 좋은 곳입니다. • **No**, it isn't a good place to work. 아니요, 일하기 좋은 곳이 아닙니다.
481	**Do you get over a hundred emails every day?** 당신은 매일 100개가 넘는 이메일을 받습니까?	• **Yes**, I get over a hundred emails every day. 네, 저는 매일 100개가 넘는 이메일을 받습니다. • **No**, I don't get over a hundred emails every day. 아니요, 저는 매일 100개가 넘는 이메일을 받지 않습니다.

482 **Are you going for an interview at Siemens next week?**

당신은 다음 주에 지멘스에 면접을 보러 갑니까?

- **Yes**, I'm going for an interview at Siemens next week.

  네, 저는 다음 주에 지멘스에 면접을 보러 갑니다.
- **No**, I'm not going for an interview at Siemens next week.

  아니요, 저는 다음 주에 지멘스에 면접을 보러 가지 않습니다.

483 **Do we need to call a technician?**

기술자를 불러야 하나요?

- **Yes**, we need to call a technician.

  네, 우리는 기술자를 불러야 합니다.
- **No**, we don't need to call a technician.

  아니요, 우리는 기술자를 부를 필요가 없습니다.

484 **Is Anne a lawyer?**

앤은 변호사인가요?

- **Yes**, Anne is a lawyer.

  네, 앤은 변호사입니다.
- **No**, Anne isn't a lawyer.

  아니요, 앤은 변호사가 아닙니다.

485 **Do we need a meeting?**

미팅이 필요한가요?

- **Yes**, we need a meeting.

  네, 미팅이 필요합니다.
- **No**, we don't need a meeting.

  아니요, 미팅이 필요하지 않습니다.

486 **Were you speaking to the Sales Director about their new product?**

그들의 신제품에 대해 영업부장에게 이야기했습니까?

- **Yes**, I was speaking to the Sales Director about their new product.

  네, 저는 그들의 신제품에 대해 영업부장에게 이야기했습니다.
- **No**, I wasn't speaking to the Sales Director about their new product.

  아니요, 저는 그들의 신제품에 대해 영업부장에게 이야기하지 않았습니다.

487 **Do you have a suggestion to make?**

제안할 것이 있습니까?

- **Yes**, I have a suggestion to make.

  네, 저는 제안할 것이 있습니다.
- **No**, I don't have a suggestion to make.

  아니요, 저는 제안할 것이 없습니다.

488 **Have you started a business of your own?**

당신은 당신의 사업을 시작해본 적 있으십니까?

- **Yes**, I've started a business of my own.

  네, 저는 제 사업을 시작해본 적이 있습니다.
- **No**, I haven't started a business of my own.

  아니요, 저는 제 사업을 시작해본 적이 없습니다.

489 **What do you think of the suggestion I made at the last meeting?**

지난번 회의에서 제가 한 제안에 대해 어떻게 생각하십니까?

- The suggestion you made at the last meeting was very interesting.

  지난번 회의에서 당신이 한 제안은 매우 흥미로웠습니다.

490

Is the business we are in very competitive?

우리가 하고 있는 사업은 경쟁이 심한 편입니까?

- **Yes**, the business we are in is very competitive.
  네, 우리가 하고 있는 사업은 경쟁이 심한 편입니다.
- **No**, the business we are in isn't very competitive.
  아니요, 우리가 하고 있는 사업은 경쟁이 심한 편이 아닙니다.

491

Can you give me the information?

제게 그 정보를 줄 수 있습니까?

- **Yes**, I can give you the information.
  네, 저는 당신에게 그 정보를 줄 수 있습니다.
- **No**, I can't give you the information.
  아니요, 저는 당신에게 그 정보를 줄 수 없습니다.

492

Is this report about the research you're doing?

이 보고서는 당신이 하고 있는 연구에 관한 것입니까?

- **Yes**, this report is about the research we're doing.
  네, 이 보고서는 우리가 하고 있는 연구에 관한 것입니다.
- **No**, this report isn't about the research we're doing.
  아니요, 이 보고서는 우리가 하고 있는 연구에 관한 것이 아닙니다.

493

Did you send the invoice this morning?

오늘 아침에 인보이스를 보냈습니까?

- **Yes**, I sent the invoice this morning.
  네, 저는 오늘 아침에 인보이스를 보냈습니다.
- **No**, I didn't send the invoice this morning.
  아니요, 저는 오늘 아침에 인보이스를 보내지 않았습니다.

494

Must invoices be paid within an hour?

인보이스는 1시간 이내에 반드시 지불되어야 합니까?

- **Yes**, invoices must be paid within an hour.
  네, 인보이스는 1시간 이내에 지불되어야 합니다.
- **No**, invoices don't have to be paid within an hour.
  아니요, 인보이스는 1시간 이내에 지불할 필요가 없습니다.

495

Do you work in the insurance business?

당신은 보험업에 종사하십니까?

- **Yes**, I work in the insurance business.
  네, 저는 보험업에 종사하고 있습니다.
- **No**, I don't work in the insurance business.
  아니요, 저는 보험업에 종사하지 않습니다.

496

Is business going well at the moment?

지금 사업이 잘되고 있습니까?

- **Yes**, business is going well at the moment.
  네, 지금 사업이 잘되고 있습니다.
- **No**, business isn't going well at the moment.
  아니요, 지금 사업이 잘되고 있지 않습니다.

497

Was the information helpful?

그 정보가 도움이 됐습니까?

- **Yes**, I am grateful for the information you gave me.
  네, 그 정보를 알려주셔서 감사합니다.
- **No**, it didn't help much.
  아니요, 그다지 도움이 되지 않았습니다.

498

Is information power?

정보는 힘입니까?

- **Yes**, information is power.
  네, 정보는 힘입니다.
- **No**, information isn't power.
  아니요, 정보는 힘이 아닙니다.

499

What kind of ingredients do you use in your food?

음식에 어떤 재료를 사용하나요?

- We only use the best quality ingredients in our food.

  우리는 우리 음식에 오직 최고 품질의 재료만을 사용합니다.

500

In your experience, are the Portuguese and the Dutch very good negotiators?

당신의 경험상 포르투갈 사람들과 네덜란드 사람들은 뛰어난 협상가입니까?

- **Yes**, in my experience, the Portuguese and the Dutch are very good negotiators.

  네, 제 경험상 포르투갈 사람들과 네덜란드 사람들은 뛰어난 협상가입니다.

- **No**, in my experience, the Portuguese and the Dutch aren't very good negotiators.

  아니요, 제 경험상 포르투갈 사람들과 네덜란드 사람들은 뛰어난 협상가가 아닙니다.